Purpurkopfbarben in einem dekorativ bepflanzten Aquarium.

Eine der vielen *Geophagus*-Arten aus Südamerika bei der Maulbrutpflege. Da der Brut scheinbar Gefahr drohte, hatte das Elterntier die Jungen zu ihrem Schutz ins Maul genommen und entläßt sie nun wieder.

Fachberater

Helmuth Pinter: Salmler, Barben, Bärblinge

Harro Hieronimus: Schmerlen, Regenbogenfische, Welse

Jürgen Schmidt: Labyrinthfische

Steffen Hellner: Killifische

Hans Horsthemke: Grundeln

Peter Scheinert: Fischkrankheiten

Ulrich Schliewen

WASSERWELT AQUARIUM

300 Süßwasserfische und Pflanzen

in Gesellschafts-, Art- und Biotop-Aquarien, Experten-Rat fürs Einrichten, Bepflanzen, Pflegen und Züchten

Mit Farbfotos bekannter Aquarienfotografen

Zeichnungen: Heiner O. Neuendorf

Inhalt

Foto auf Seite2/3: Beispielhaft eingerichtetes und bepflanztes Gesellschaftsaquarium für südamerikanische Fische. Der Besatz: ein Schwarm Kirschflecksalmler, ein Trupp Skalare und als Oberflächenfische Silberbeilbauchfische und Rotflossenglassalmler.

Holländisches Pflanzen-aquarium, in dem die Pflanzen die Hauptrolle spielen.

Damit Ihr Aquarium zum Naturerlebnis wird

Ein Wort zuvor

Ob jung oder alt, ob Anfänger oder Fortgeschrittener – eines haben Aquarianer gemeinsam: sie liebäugeln immer wieder mit neuen Fischarten. Kein Wunder, denn die tropischen Süßwasserfische mit ihren schillernden Farben und ihren faszinierenden Verhaltensweisen machen das Aquarium zu einem Erlebnis-Pool, der jeden Tag spannende Unterhaltung frei Haus liefert. Doch das sollte keinen dazu verführen, zu viele Fische in ein Becken einzusetzen oder gar Fische zu vergesellschaften, die unterschiedliche Ansprüche haben. Wer die Wasserwelt Aquarium in ihrer ganzen Schönheit, Vielfalt und mit ungetrübter Freude erleben möchte, muß die Lebensansprüche der einzelnen Fische und Pflanzen kennen und zudem über spezielles aquaristisches Wissen verfügen.

Fische artgerecht halten: Worauf es dabei ankommt, erklärt Aquaristik-Experte Ulrich Schliewen in diesem Großen GU Ratgeber. Für jeden nachvollziehbar – auch für Anfänger – gibt er praktischen Rat und präzise Anleitungen fürs Einrichten, Bepflanzen und Pflegen von Gesellschafts-, Art- und Biotop-Aquarien. Kompaktes Wissen über die wichtigen chemischen Prozesse im Wasser, dazu viele praktische Ratschläge fürs richtige Aquarienwasser und die so wichtige Wasserpflege sind auf einer farbigen Praxis-Seite zusammengefaßt. Weitere Praxis-Seiten mit anschaulichen Zeichnungen und leicht verständlichen Anleitungen vermitteln das Know-how für die artgerechte Pflanzenpflege, das Behandeln häufiger Fischkrankheiten und das Züchten von Aquarienfischen. Ein Aquaristik-Lexikon liefert fundiertes Wissen rund ums Aquarium.

Das besondere Thema: Biotop-Aquarien einrichten und gestalten. Der Schlüssel für eine artgerechte Haltung ist das Wissen unter welchen Lebensbedingungen die Fische in ihrem Heimatbiotop leben. Deshalb gibt der Autor in einem speziellen Kapitel praktische Anleitungen für das Einrichten naturnaher Becken, dazu im Artenteil für jede Fischart detaillierte Angaben zum Heimatbiotop.

Die Fotos in diesem Buch: Brillante Farbfotos, aufgenommen von den besten europäischen Aquaristik-Fotografen, zeigen gesunde Fische in ihren natürlichen Farben – so wie sie bei artgerechter Pflege im Aquarium zu beobachten sind.

Der Steckbriefteil: In diesem farbig markierten Artenteil, der 15 große Fischgruppen umfaßt, findet der Aquarianer individuelle Pflegeanleitungen für über 250 beliebte Aquarienfische, darunter auch selten gehaltene Arten. Mit präzisen Angaben über Wasserwerte, spezielle Haltungs- und Pflegeansprüche, das artgerechte Futter sowie mit wertvollen Tips für die Vergesellschaftung.

Das Besondere am Artenteil: Die Pflegeanleitungen jener Fischgruppen, mit denen der Autor selbst wenig praktische Erfahrung hat, sind von anerkannten Spezialisten geprüft und fallweise ergänzt worden. So ist das Wissen und die langjährige praktische Erfahrung vieler Fachleute mit in dieses Buch eingeflossen – zum Nutzen aller Aquarianer, die mehr aus ihrem Hobby machen wollen.

Viel Freude an Ihrem Aquarium und spannende Naturerlebnisse wünschen Ihnen der Autor und die GU Naturbuch-Redaktion.

Autor und Verlag danken allen, die zum Gelingen dieses Buches beigetragen haben, insbesondere den auf der Titelseite genannten Fachberatern für ihre hilfreiche Unterstützung, dem Zeichner Heiner O. Neuendorf für seine anschaulichen Zeichnungen, den Fotografen für ihre hervorragenden Fotos sowie den Herren Walter Foersch, Maurice Kottelat, Rainer Stawikowski und Arthur Werner für ihren fachkundigen Rat.

Roter Cichlide aus Westafrika beschützt seine Brut. ▷

Das Lebenselement der Fische

Fische stehen mit dem Wasser in viel engerem Kontakt als landlebende Tiere mit der Luft. Die Kiemen der Fische sind nicht nur Atmungsorgane, sondern sorgen gleichzeitig für die Aufnahme von Stoffen, die im Wasser gelöst sind und die jeder Fisch zum Leben braucht. Wegen dieser engen Beziehung zwischen dem Fisch und seinem Lebenselement spielt das richtige Aquarienwasser beim Fischehalten eine besonders wichtige Rolle.

Wasser in der Natur und im Aquarium

Ohne Zutun des Aquarianers entsteht im Aquarium kein gesunder Lebensraum für die Fische. Dafür gibt es gute Gründe:
In der Natur stehen die Faktoren, welche die Wasserqualität prägen, in einem Gleichgewicht, wenn es sich um ein eingespieltes Ökosystem handelt, wie es zum Beispiel ein gesunder See darstellt. Tiere, Pflanzen und Bakterien halten einen Stoffkreislauf in Gang, der dafür sorgt, daß sich nicht zu viele giftige Stoffwechselprodukte ansammeln: Das Wasser lebt.
Im Aquarium sieht die Situation anders aus. Das Wasser, das aus der Leitung kommt, ist biologisch fast tot. Es muß erst zum Leben erweckt werden, bevor Fische darin existieren können (→ Fahrplan fürs Einrichten, Seite 23). Und anschließend muß das Aquarium ständig überwacht und gepflegt werden. Denn in der begrenzten Wasserwelt können die Grundbedingungen für ein biologisches Gleichgewicht nur mit Hilfe von Filter- und Wasseraufbereitungstechnik nachgeahmt und erhalten werden. Der gezielte Einsatz von natürlichen Mitteln, zum Beispiel von Pflanzen und Bakterien, kann diesen Vorgang unterstützen.

Wasserqualität im Aquarium: Natürlich muß man als Aquarianer kein Chemiker sein, um die richtige Wasserqualität für seine Fische zu schaffen. Aber ein wenig muß man schon über die »unsichtbaren« Vorgänge unter der Wasseroberfläche wissen. Dazu benötigt man Grundwissen über jene Faktoren, die für eine gute Wasserqualität ausschlaggebend sind: die Wasserhärte, der Säuregrad (pH-Wert) des Wassers, der Nitrit/Nitratgehalt und die im Wasser gelösten Gase Sauerstoff und Kohlendioxid.

Die Wasserhärte

Die Härte des Wassers hängt vom Gehalt bestimmter Salze ab, die im Wasser gelöst sind. Dazu gehören vor allem Karbonate und Hydrogenkarbonate. Betrachtet man allein den Gehalt an diesen Salzen, so spricht man von Karbonathärte.
Karbonathärte (KH): Darauf müssen Sie besonders achten, denn sie wirkt sich auf den pH-Wert (→ Seite 12) und den Gehalt an Kohlendioxid (→ Seite 14) aus. Wie diese Werte, von denen das Wohlbefinden der Fische und Pflanzen abhängt, sich gegenseitig beeinflussen, sehen Sie auf der Zeichnung Seite 17. Die Meßwerte werden in °dKH angegeben.
Nichtkarbonathärte (NKH): Neben den Karbonaten tragen noch weitere Salze zur Wasserhärte bei, zum Beispiel Sulfate. Ihr Anteil an der Wasserhärte wird als Nichtkarbonathärte bezeichnet; sie spielt im Gegensatz zur Karbonathärte eine untergeordnete Rolle im Aquarium.
Gesamthärte: Im Normalfall ergibt die Summe aus Karbonathärte und Nichtkarbonathärte die Gesamthärte des Wassers. Sie wird in Graden deutscher Gesamthärte (°dGH) angegeben.

Härtegrade des Wassers
Für die verschiedenen Härtegrade haben sich folgende Begriffe eingebürgert:

Sehr weiches Wasser	= bis 4 °dGH
Weiches Wasser	= bis 8 °dGH
Mittelhartes Wasser	= bis 12 °dGH
Hartes Wasser	= bis 18 °dGH
Sehr hartes Wasser	= mehr als 18 °dGH

***Neolamprologus spec. aff. brichardi* – ein erst 1988 entdeckter Cichlide aus dem Tanganyika-See.**

Die richtige Wasserhärte
Für Fische: Der weitaus größte Teil der Aquarienfische läßt sich in mittelhartem bis hartem Wasser pflegen. Genaue Angaben für einzelne Fischarten → Steckbriefteil, Seite 74 bis 151.
Für Pflanzen: Wer Wert auf guten Pflanzenwuchs legt, sollte die Karbonathärte zwischen 4° und 8°dGH einregeln.
Wichtig: Die Karbonathärte sollte nicht unter den Wert 3°dKH fallen. Sonst besteht die Gefahr, daß der pH-Wert weiter absinkt als erwünscht. In diesem Fall spricht man von einem schlecht pH-Wert-gepufferten Wasser, weil die Karbonathärte zur »Abpufferung« der Säureschwankungen beiträgt, die bei niedriger Karbonathärte leichter auftreten.

Wasserhärte messen
Im Aquarienhandel gibt es flüssige Meßreagenzien, mit denen man die Gesamt- und die Karbonathärte messen kann. Zieht man von der gemessenen Gesamthärte den Wert der Karbonathärte ab, so erhält man die Nichtkarbonathärte.
Hinweis: Wenn beim Messen die Karbonathärte größer ist als die Gesamthärte, liegt das an besonderen Salzen, die sich bei der Messung abweichend verhalten. Für die Praxis genügt es in diesem Fall, den hohen Wert der Karbonathärte einfach als die Gesamthärte zu betrachten.

Die Wasserhärte verändern
Hat das Leitungswasser nicht die Härte, die man für seine Fische und Pflanzen benötigt, kann man die Wasserhärte verändern, indem man die Karbonathärte, aber auch die Gesamthärte herabsetzt oder erhöht.
Senken der Karbonathärte: Ist zum Beispiel oft nötig für die Zucht von Weichwasserfischen. So können Sie die Karbonathärte senken:
• Torffilterung (→ Lexikon, Seite 69), wobei gleichzeitig durch organische Säuren das Wasser leicht angesäuert wird.
• Kationenaustauscher (Zoofachhandel).
• Voll entsalztes Wasser so lange dem Ausgangswasser beimischen, bis die gewünschte Karbonathärte erreicht ist (→ Seite 17). Das voll entsalzte Wasser gewinnt man aus der Umkehr-Osmose-Anlage oder aus voll entsalzenden Ionenaustauschern. Bei dieser Methode senkt sich auch die Nichtkarbonathärte zu einem gleichen Prozentsatz. Es entsteht so zu salzarmes Wasser, das

Zwergfadenfisch-Männchen beim Schaumnestbau.

Das laichbereite Weibchen findet sich am Nest ein.

wieder etwas aufgehärtet werden muß, bis der gewünschte Wert erreicht ist.

Senken der Gesamthärte: Wenn die zu hohe Gesamthärte vor allem auf der Nichtkarbonathärte beruht, kann es je nach den Ansprüchen der Fische sinnvoll sein, die Gesamthärte zu senken, zum Beispiel mit Umkehr-Osmose-Anlagen oder voll entsalzenden Ionenaustauschern.

Heben der Karbonathärte: Zu karbonatarmes Wasser hat oft einen instabilen pH-Wert, das heißt, für Fische unverträgliche pH-Schwankungen können leichter auftreten. Deshalb hebt man die Karbonathärte gezielt an: Über Korallenbruch so viele Tage lang filtern, bis die gewünschte Karbonathärte erreicht ist; dabei die Wasserhärte täglich messen.

Elektrischer Leitwert

Die Wasserhärte hat auch Einfluß auf den elektrischen Leitwert. Dieser gibt an, wie viele elektrisch geladene Teilchen (Ionen) im Wasser enthalten sind. Je höher die Wasserhärte, desto höher ist auch der elektrische Leitwert, da die Härtebildner in der Regel die größte Menge der Ionenbildner ausmachen.

Messen kann man den Leitwert mit einem elektrischen Leitwertmesser. Da der Leitwert aber nichts über die Art der Leitwertbildner (wie Karbonathärte oder Nichtkarbonathärte) aussagt, ist die Leitwertmessung für die Aquaristik meiner Ansicht nach von geringer Bedeutung.

Der Säuregrad (pH-Wert)

Der Säuregrad – ausgedrückt durch den pH-Wert – ist ein Maß für den Gehalt an Säuren und Laugen (Basen). Er ist vor allem abhängig vom Kohlendioxid – das im Wasser zum Teil als Kohlensäure vorliegt – und von der Karbonathärte. Diese beiden Stoffe stellen durch ihr Mengenverhältnis zueinander den pH-Wert ein. Dazu kommen noch andere Säuren- bzw. Laugenbildner, zum Beispiel Huminsäuren.

Für die meisten Aquarienfische ist der schwach saure Bereich (pH 6 bis 6,9) optimal.

pH-Werte des Wassers

Der pH-Bereich, der im Aquarium eine Rolle spielt, reicht von oft 4,5 bis 9. In der Aquaristik hat sich folgender Sprachgebrauch eingebürgert:

Stark sauer	= unter pH 6
Schwach sauer	= pH 6 bis 6,9
Neutral	= pH 7
Schwach alkalisch (basisch)	= pH 7,1 bis 8
Stark alkalisch (basisch)	= pH 8,1 bis 9

Messen des pH-Wertes: Im Zoofachhandel werden verschiedene Reagenzien und Geräte zur pH-Wert-Messung angeboten, zum Beispiel pH-Meßstäbchen und Flüssigindikatoren, die durch verschiedene Farben die pH-Bereiche angeben, oder Dauerindikatoren, die man im Becken

Engumschlungen werden die Eier abgelegt.

neben dem Thermometer anbringt.

- Nach der Neueinrichtung eines Beckens den pH-Wert täglich messen. Meistens hat er sich nach wenigen Tagen bis Wochen eingependelt. Anschließend genügt eine Messung im Abstand von 1 bis 2 Wochen, vorausgesetzt, Sie nehmen keine größeren Veränderungen im Becken vor.
- Sofort den pH-Wert kontrollieren, wenn Sie Veränderungen bei Fischen oder Pflanzen feststellen.

Mein Tip: Messen Sie immer zur gleichen Tageszeit. Nur so können Sie Ihren Meßwert mit früheren Ergebnissen vergleichen, da der pH-Wert in einem eingerichteten Becken tageszeitlichen Schwankungen unterliegt.
Senken des pH-Wertes: Für die Praxis ist wichtig zu wissen, daß sich der pH-Wert um so leichter senken läßt, je niedriger die Karbonathärte des Wassers ist. Das Absenken der Karbonathärte ist deshalb die gängigste Methode für die Senkung des pH-Wertes – oft kombiniert mit der karbonathärtesenkenden und durch Huminsäuren zusätzlich ansäuernden Torffilterung (→ Lexikon, Seite 69).
Düngung mit Kohlendioxid (CO_2) senkt ebenfalls den pH-Wert. Diese Methode setzt aber eine intensive Beschäftigung mit der Wirkungsweise der Düngegeräte und dem Zusammenhang zwischen pH-Wert, CO_2 und KH voraus (→ Praxis »Wasserchemie«, Seite 17).

Lebenswichtiger Sauerstoff (O_2)

Sauerstoff ist nicht nur in der Luft, sondern auch im Wasser enthalten. Fische und Unterwasserpflanzen brauchen ihn für die Atmung ebenso nötig wie die »Landbewohner«.
Zwei Eigenschaften des Sauerstoffs im Wasser muß der Aquarianer kennen und beachten:

- Je höher die Temperatur, desto weniger Sauerstoff ist im Wasser gelöst.
- Die maximale Menge an Sauerstoff im Wasser, die aus der Luft aufgenommen werden kann, wird nur durch die Belüftung erreicht. Eine Alternative bieten sogenannte Oxidatoren (→ Lexikon, Seite 67), die reinen Sauerstoff ins Wasser abgeben (Gebrauchsanleitung beachten!).

Pflanzen liefern unter Lichteinwirkung durch Photosynthese mehr Sauerstoff, als sie für die eigene Atmung verbrauchen. Nachts verwandeln sich die Pflanzen aber von Sauerstofflieferanten in Sauerstoffverbraucher.
Fische verbrauchen Sauerstoff. Außerdem produzieren sie organische Abfallstoffe, die durch Bakterien abgebaut werden müssen. Auch dieser Vorgang verbraucht Sauerstoff. Überbesatz an Fischen oder zu starke Fütterung verschlechtern also das Sauerstoffklima.

Pflanzennährstoff: Kohlendioxid (CO_2)

Kohlendioxid ist neben Sauerstoff das zweite Gas, das für einen guten Pflanzenwuchs in ausreichendem Maße im Wasser vorhanden sein muß. Im Wasser gelöst, wird es teilweise zur Kohlensäure. Kohlendioxid ist ein wichtiger Nährstoff für die Aquarienpflanzen, ohne den sie auf Dauer nicht existieren können.
CO_2-Mangel kann durch die Bildner der Karbonathärte entstehen. Sie entfernen in einer chemischen Reaktion das für Pflanzen verfügbare CO_2. Das bedeutet: Je höher die Karbonathärte ist, desto weniger CO_2 ist im Wasser verfügbar – und desto höher tendiert leider auch der pH-Wert (→ Seite 17).
Kalkränder auf den Blättern der Pflanzen sind ein deutliches Warnzeichen für Kohlensäuremangel.
Abhilfe schafft man durch CO_2-Düngung oder durch Senken der Karbonathärte. Wenn Sie prüfen wollen, ob der CO_2-Gehalt für Ihre Pflanzen ausreicht, können Sie ihn mit Hilfe von pH-Wert und Karbonathärte bestimmen (→ Tabelle »Kohlendioxid-Gehalt bestimmen«, Seite 14).

CO_2-Gehalt im Aquarium ermitteln

Pflanzen brauchen eine ausreichende CO_2-Versorgung. Anhand der untenstehenden Tabelle können Sie feststellen, ob genug CO_2 in ihrem Aquarienwasser vorhanden ist.
(Die Tabelle ist nicht anwendbar, wenn über Torf gefiltert wurde.)
Gehen Sie so vor: pH-Wert und KH messen, Werte auf der Tabelle suchen, am Schnittpunkt beider Werte finden Sie die im Aquarium vorhandene CO_2-Menge in mg/l.
Liegt der CO_2-Gehalt unter dem Mindestanspruch Ihrer Pflanzen (→ Praxis »Pflanzen«, Seite 26 bis 29), mit CO_2 nachdüngen oder die Karbonathärte senken bzw. Pflanzen durch anspruchslosere Arten ersetzen. Zuviel CO_2 austreiben, wenn Fische sich sichtbar unwohl fühlen, den Pflanzen schaden bis auf einige Cryptocorynen zu hohe Werte nicht.

Giftstoffe im Aquarium

Auch in optimal eingerichteten Becken verschlechtert sich mit der Zeit die Wasserqualität. Ursache dafür sind die Ausscheidungsprodukte der Fische und die Zwischenprodukte, die bei deren Abbau durch Bakterien entstehen. In höheren Konzentrationen wirken sie giftig und müssen deshalb wiederum durch Bakterien umgebaut und entfernt werden.
In der Natur geschieht das durch Bakterien und Pflanzen, die diese Stoffe als Nährstoffe verwenden und in ungiftige Substanzen verwandeln können. Im Aquarium kann man sich solche natürlichen Prozesse zunutze machen:
Kräftige Bepflanzung mit schnell wachsenden Pflanzen (bei guter Beleuchtung und Spurenelementversorgung) wandelt organische Abfallstoffe in Pflanzenmasse um.
Bakterien, Pilze und andere Kleinstlebewesen, denen man in einem nicht zu feinkörnigen und daher gut »durchlüfteten«, sauerstoffreichen Bodengrund Lebensraum bietet, tragen ebenfalls zum Abbau der Abfallstoffe bei.
Wichtig: Wie Sie mit Abfallstoffen in Ihrem Aquarium richtig umgehen, zeigen Ihnen die Praxis-Seiten 16 und 17.

Ammoniak (NH_3)

Ammoniak ist einer der Giftstoffe, die sich aus dem organischen Abfall, aus der Fäulnis von tierischen und pflanzlichen Stoffen entwickeln. Mit seinem »Bruder«, dem wesentlich weniger giftigen Ammonium (NH_4^+), steht Ammoniak in wechselseitiger Beziehung: Je nach dem pH-Wert des Wassers wandelt sich das gefährliche Ammoniak in das ungiftigere Ammonium um. Bei pH-Werten unter dem Neutralpunkt (also unter dem pH-Wert 7) liegt fast das gesamte Ammoniak als ungiftigeres Ammonium vor. Beachten Sie deshalb in der Praxis:

- Bei pH-Werten unter 7 hat dieser Abfallstoff eine weniger giftige Wirkung.
- Wenn Sie das Aquariumwasser wechseln, kann sich der pH-Wert plötzlich deutlich über den Neutralpunkt erhöhen, weil zum Beispiel das Leitungswasser einen höheren pH-Wert hat. War das Wasser vorher durch Stoffwechselprodukte stärker belastet (dichter Besatz, Wasserwechsel liegt lange zurück), wandelt sich schlagartig das relativ ungiftige Ammonium in das giftige Ammoniak um, und

CO_2-Gehalt im Aquarienwasser bestimmen

°dKH \ pH	6,0	6,4	6,8	7,2	7,6	8,0
1	30	11	4,5	2,0	1,0	0,5
2	59	24	9,5	3,5	1,5	0,5
3	87	35	14,0	5,5	2,0	1,0
4	118	47	18,5	7,5	3,0	1,0
5	147	59	23,0	9,5	3,5	1,5
6	177	71	28,0	11,0	4,5	2,0
8	240	94	37,0	15,0	6,0	2,5
10	300	118	47,0	18,5	7,5	3,0
15	440	176	70,0	28,0	11,0	4,5
20	590	240	94,0	37,0	14,5	6,0

- Tabelle nicht anwendbar bei Torffilterung.
- Der dunkel gefärbte Bereich zeigt die CO_2-Werte, die für Fische zu hoch sind.

CO_2-Werte = mg/l.

Handhabung der Tabelle: pH-Wert und KH messen, Werte auf der Tabelle suchen, am Schnittpunkt finden Sie den CO_2-Gehalt Ihres Aquarienwassers. Weichen gemessene pH- und KH-Werte von den in der Tabelle aufgeführten Werten ab, nehmen Sie die am nächsten liegenden Werte.

Salvins Buntbarsch (»*Cichlasoma*« *salvini*) – ein Paar bei einer harmlosen »ehelichen« Auseinandersetzung.

Vergiftungserscheinungen treten auf: Die Fische atmen heftig, oft stehen sie direkt unter der Wasseroberfläche. Diese Vergiftungserscheinungen können mit Sauerstoffmangel verwechselt werden. Abhilfe schafft entweder vorsichtiger Wasserwechsel von 90 % (zum Verdünnen des Giftes) oder vorsichtiges Absenken des pH-Wertes unter 7.

Nitrat (NO_3)

Nitrate sind Salze, die normalerweise beim Abbau der organischen Abfallstoffe im Aquarium entstehen. Leider ist in manchen ländlichen Gegenden das Leitungswasser oft stark mit Nitrat belastet, so daß auch unter optimalen Pflegebedingungen relativ hohe Nitratwerte gemessen werden.

Nitrat kontrollieren: Im Zoofachhandel gibt es einfache Meßstäbchen, mit denen Sie den Nitratgehalt Ihres Aquarien- und Leitungswassers prüfen können. Bei Werten über 25 ppm (= 0,0025 %) im Aquariumwasser ist ein Teilwasserwechsel empfehlenswert. Werte bis 80 ppm werden zwar von den meisten Fischen noch vertragen, auf Dauer aber sind sie keinem Fisch zuträglich (Folge: erhöhte Krankheitsanfälligkeit).

Mein Tip: Informationen über die Nitratbelastung Ihres Leitungswassers bekommen Sie auch beim Wasserwerk. Im Falle zu hoher Werte müssen Sie das Leitungswasser mit vollentsalztem Wasser »verdünnen«, um die Nitratwerte zu senken.

Hohen Nitratwerten vorbeugen: Vorbeugemaßnahmen, die ein Aquarianer kennen sollte:

- Kräftiger Pflanzenwuchs und nur geringer Fischbesatz lassen zu hohe Werte gar nicht erst entstehen.
- Häufiger Teilwasserwechsel sorgt für die Entfernung gelöster Abfallstoffe. Faustregel: Alle 1 bis 2 Wochen ¼ bis ⅓ des Beckeninhaltes wechseln.
- Absaugen des Bodengrundes mit dem Schlauch (bei Filterreinigung und Wasserwechsel) entfernt auch Abfallstoffe, die (noch) nicht im Wasser gelöst sind.
- Filter regelmäßig reinigen.

Hinweis: Auch im Leitungswasser können sich bestimmte Schadstoffe – zum Beispiel Atrazin – befinden, die auf Dauer für Fische schädlich sind. Wohnen Sie in einem betroffenen Gebiet, sollten Sie über Aktivkohle filtern, wodurch viele Giftstoffe effektiv entfernt werden.

PRAXIS
Wasserchemie

Aquarianer, die wissen, was im Wasser ihres Beckens vor sich geht, machen bei Pflegemaßnahmen, wie Wasserwechsel, Filterung oder Düngung, weniger Fehler. Für die Praxis sollte man einige wenige chemische Formeln kennen:

O_2 = Sauerstoff
CO_2 = Kohlendioxid (Gas)
"CO_2" = Kohlendioxid (in Wasser gelöst)
NH_4^+ = Ammonium
NO_2^- = Nitrit
NO_3^- = Nitrat
NH_3 = Ammoniak

Organische Abfallstoffe im Aquarienwasser
Zeichnung 1
Gasaustausch an der Wasseroberfläche: Gase (O_2, CO_2) aus der Luft können sich bis zu einer bestimmten Menge im Wasser lösen. Eine bewegte Wasseroberfläche unterstützt diesen Vorgang. Für diese Bewegung (= Belüftung) sorgt vor allem das ausströmende Filterwasser. Belüftung erhöht den O_2-Gehalt, treibt jedoch den wichtigen Pflanzennährstoff CO_2 aus.

• **Praxistip:** Ausreichend belüften. Diffusoren oder Ausströmersteine in bepflanzten Becken nur wenn unbedingt nötig verwenden, damit nicht zuviel CO_2 ausgetrieben wird.

Stoffwechsel der Fische: Hat Einfluß auf das Wassermilieu:
1. Fische veratmen Sauerstoff zu Kohlendioxid, damit tragen sie zur Sauerstoffminderung und zur Kohlendioxiderhöhung bei.
2. Die Ausscheidungen der Fische (organische Abfallstoffe) belasten das Wasser. Eine große Rolle spielt dabei das ausgeschiedene Ammonium (NH_4^+).

• **Praxistip:** Ausgewogener Fischbesatz hilft, eine Anhäufung von Stoffwechselprodukten zu vermeiden.

Stoffwechsel des Ammoniums (NH_4^+): Das relativ ungiftige NH_4^+ wird durch Bakterien, die sich im Bodengrund, im Filter und auch im Wasser befinden, zum giftigen Zwischenprodukt Nitrit (NO_2^-) umgewandelt. In einem gut gepflegten Becken verarbeiten andere Bakterien das Nitrit sofort zu harmloserem Nitrat (NO_3^-) weiter – das in höheren Konzentrationen allerdings ebenfalls giftig wirkt.
Ist der Bakterienhaushalt gestört, z.B. durch Medikamente oder durch schlecht belüfteten, verschlammten Bodengrund, kann zuviel Nitrit entstehen, was bei den Fischen zu Vergiftungserscheinungen führen kann.
Hinweis: Ammonium und andere organische Abfallprodukte entstehen auch durch verfaulende Futterreste und verwesende Teile von Lebewesen (Pflanzen, Fische, Schnecken usw.). Bei Überbelastung schaffen Bakterien den Umwandlungsprozeß nicht mehr.

• **Praxistip:** Gutes Bodenklima hilft bei der Umsetzung giftiger Stoffwechselprodukte.

Die Rolle der Pflanzen: Pflanzen haben im Aquarium zwei wichtige Aufgaben:
1. Sie nehmen Ammonium als Nährstoff auf, binden es und tragen so zum Abbau von Stoffwechselprodukten bei.

1 Die wichtigsten chemischen Vorgänge im Aquarienwasser: Gasaustausch, Einfluß und Wirkung der organischen Abfallstoffe sowie Wirkung und Aufgaben der Pflanzen und des Filters.

2. Um zu leben, brauchen Pflanzen sowohl CO_2 als auch O_2. Tagsüber tragen sie zur Sauerstoffanreicherung des Wassers bei, indem sie CO_2 aufnehmen, das sie u.a. in O_2 umsetzen und abgeben. Diesen Prozeß nennt man Photosynthese. Dabei produzieren sie mehr O_2, als sie selbst veratmen.

Wichtig: Nachts findet die Photosynthese nicht statt. Es wird also kein CO_2 verbraucht. Trotzdem atmet die Pflanze Sauerstoff (wie tagsüber auch). Daher sinkt nachts der Sauerstoffgehalt im Wasser.

- **Praxistip:** Nur bei ausreichender Beleuchtung und Versorgung mit CO_2 und anderen Nährstoffen können die Pflanzen ihre Aufgaben im Aquarium erfüllen.

pH-Wert und Ammoniak (NH_3): Nur bei schlecht gepflegtem Wasser liegen zu hohe Ammonium- bzw. Ammoniak-Werte vor:

- bei pH-Werten unter 6,8 liegt nur das harmlosere Ammonium vor,
- bei pH-Werten über 6,8 entsteht aus dem Ammonium das giftige Ammoniak. Je höher der pH-Wert, desto mehr Ammoniak ist im Wasser vorhanden.
- **Praxistip:** Achtung, wenn pH-Sprünge nach oben erfolgen (z.B. bei Wasserwechsel), entsteht plötzlich viel NH_3. Um diesen Vorgang zu vermeiden, nie die Wasserpflege vernachlässigen.

Rolle des Filters: In erster Linie sammelt der Filter ungelösten Schmutz (mechanische Filterwirkung). Erst in zweiter Linie verarbeiten Bakterien im Filter gelöste Stoffwechselprodukte weiter (biologische Filterwirkung). Unterschiedliche Filtersubstrate helfen beide Filterwirkungen zu optimieren (→ Seite 21 und 22).

- **Praxistip:** Regelmäßige Filterreinigung entfernt den ungelösten Schmutz, ersetzt aber nicht den Wasserwechsel.

Wasserwechsel: Damit entfernt man organische, gelöste Abfallprodukte (z.B. Nitrat).

- **Praxistip:** Regelmäßiger Wasserwechsel ist die wirkungsvollste Pflegemaßnahme zur Wasserreinigung!

Ausreichende Beleuchtung: Ist nötig für guten Pflanzenwuchs.

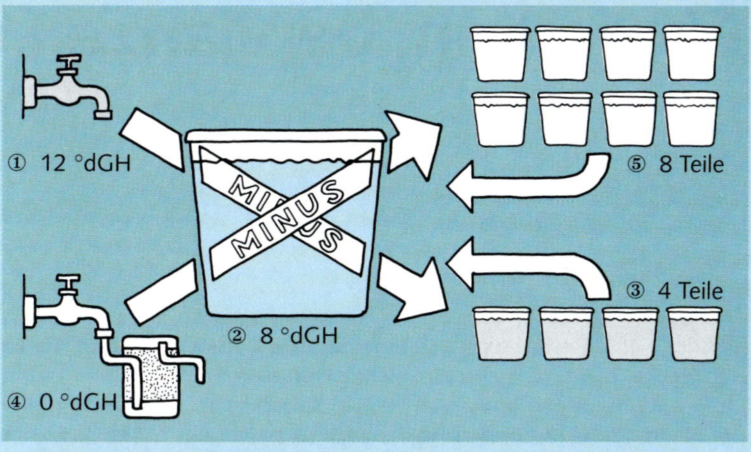

2 Wasser mischen, um Aquarienwasser mit einem bestimmten Härtegrad zu bekommen. Rechenvorgang → Text zur Zeichnung. ① Leitungswasser (12 °dGH). ② Gewünschtes Aquarienwasser (8 °dGH). ③ Benötigte Teile an Mischwasser. ④ Mischwasser, in der Regel vollentsalzt (0 °dGH). ⑤ Benötigte Teile an Leitungswasser.

Kohlendioxid, Karbonathärte und pH-Wert

Den Zusammenhang zwischen diesen drei Werten sollte man kennen, um diese Werte sinnvoll beeinflussen zu können, z.B. wenn Pflanzen wegen CO_2-Mangels schlecht wachsen. Bevor man CO_2 zuführt, sollte man aber die Karbonathärte (KH) prüfen, denn:

- Bei einer hohen KH ist wenig CO_2 frei im Wasser verfügbar. Der pH-Wert tendiert nach oben, weil die ansäuernde Wirkung des CO_2 gemindert ist. Wenn man bei Werten ab 10 °dKH den Pflanzen CO_2 als Dünger zuführen will, erst die Karbonathärte auf maximal 4 °dKH senken, dann CO_2 zuführen.
- Will man die ansäuernde Wirkung des "CO_2" für kleine pH-Wert-Senkung (um etwa 1 Stufe) nutzen, ebenfalls erst KH auf maximal 4 °dKH senken.

Hinweis: Bei niedriger KH (weniger als 3 °dKH) sollte man für eine Stabilisierung hoher pH-Werte (z.B. bei Malawi-Cichliden manchmal nötig) die Karbonathärte durch Filterung über Korallenbruch erhöhen.

Wasser mischen

Zeichnung 2

Hat Ihr Leitungswasser nicht den für Ihre Fische benötigten Härtegrad, können Sie Wasser mit unterschiedlichen Härtegraden mischen, um den gewünschten Wert zu erreichen. Das dazu benötigte Mischungsverhältnis können Sie wie folgt berechnen: Als Rechenwert nehmen Sie den dGH-Wert oder den dKH-Wert; die Zeichnung zeigt ein Rechenbeispiel mit dGH-Werten.

- Zwei Rechenschritte sind nötig:

1. Anteile des Mischwassers (in der Regel vollentsalztes Wasser) ermitteln:
Den dGH-Wert des Leitungswassers (z.B. 12 °dGH) vom dGH-Wert des gewünschten Aquarienwassers (z.B. 8 °dGH) abziehen. Das Ergebnis = 4 ergibt die Anteile des Wassers, die zum Mischen verwendet werden.
2. Zum Ermitteln der Anteile des Leitungswassers verfahren Sie genauso: Den dGH-Wert des Mischwassers (z.B. 0 °dGH) vom dGH-Wert des gewünschten Aquarienwassers (z.B. 8 °dGH) abziehen. Ergibt 8 Teile Leitungswasser.

- Mischt man nun die errechneten Anteile von Misch- und Ausgangswasser, erhält man das Aquarienwasser in der gewünschten Härte.

Einrichten, bepflanzen und pflegen

Mit der Wahl des Beckens, seiner Ausstattung und Bepflanzung legen Sie den Grundstein für gute Lebensbedingungen im Aquarium. Sie haben es in der Hand, die »Wasserwelt Aquarium« so zu gestalten, daß sie Ihren Fischen einen Lebensraum zum Wohlfühlen bietet.

Das richtige Becken

Der Fachhandel bietet eine große Auswahl an Aquarienbecken an. Die stabilsten sind die Ganzglasaquarien, die mit Silikonkautschuk verklebt sind. Es gibt sie auch mit Zierleisten aus eloxiertem Aluminium.

Beckengröße: Je größer, desto besser, lautet die Grundregel. Größere Becken sind leichter zu pflegen. Die Giftstoffe, die beim Abbau von Stoffwechselprodukten entstehen, verteilen sich auf eine größere Wassermenge, wodurch die Wasserwerte länger stabil bleiben. Aquarianer, die noch wenig Erfahrung haben, tun sich deshalb mit größeren Becken leichter. Für ein Anfängerbecken empfehle ich das Maß 100 × 40 × 40 cm (160 l) – eine Aquariengröße, die gut zu pflegen ist und doch nicht allzu viel Platz beansprucht.

Denken Sie in jedem Fall daran, daß die Rechnung »kleiner Fisch = kleines Becken« selten aufgeht. Es gibt viele kleinbleibende Fischarten, die viel Platz brauchen, weil sie zum Beispiel lebhafte Schwimmer sind.

Hinweis: Mindestgrößen für Becken sind in den Steckbriefen auf den Seiten 74 bis 151 angegeben.

Abdeckung: Sie sollte bei keinem Aquarium fehlen. Eine Abdeckung vermindert die Wasserverdunstung und verhindert, daß Fischarten, die springen können, auf dem Trockenen landen. Im Zoofachhandel gibt es Abdeckleuchten (Plastikabdeckungen mit integrierter Beleuchtung). Ebenfalls geeignet: Eine vom Glaser zugeschnittene, paßgenaue (springende Fische!) Deckscheibe, die aus mehreren Teilen besteht, damit man beim Pflegen und Füttern nie die ganze Scheibe entfernen muß.

Sicherheit rund ums Aquarium

Wasserschäden und Versicherung: Der Alptraum vieler Aquarianer, daß ein Aquarium platzt, wird zwar relativ selten Wirklichkeit – dennoch sollte man auf einen solchen Fall vorbereitet sein. Die Wasserschäden, die übrigens auch durch Überlaufen oder Leckwerden des Aquariums entstehen können, haben meist sehr hohe Reparaturkosten zur Folge. Lassen Sie deshalb schon vor der Anschaffung Ihr Aquarium in Ihre Hausratversicherung aufnehmen, und erkundigen Sie sich bei Ihrem Versicherungsagenten, welche Kosten übernommen werden.

Wichtig: Nur solche Becken verwenden, die ein Zeichen für geprüfte Sicherheit (»GS«) tragen und für die eine Garantie von mehreren Jahren auf die Verklebung gegeben ist.

Auch ein stabiles Becken zerspringt leicht, wenn sich das Glas durch Unebenheiten in der Regalunterlage verspannt. Deshalb legt man unter das Becken eine etwa 0,5 bis 1 cm dicke Styroporunterlage, die Unebenheiten in der Regalunterlage ausgleicht und so Spannungen verhindert.

Bei der Wahl der Beckengröße unbedingt die Tragfähigkeit der Unterlage berücksichtigen!

Ein Meterbecken mit 160 Litern wiegt inklusive Einrichtung etwa 250 kg. Das heißt: Sehr hohes Gewicht auf relativ kleiner Fläche! Erkundigen Sie sich daher, ob der Fußboden die Belastung aushält (Statiker fragen) und ob der Unterschrank der Belastung gewachsen ist. Spezielle Aquarienunterschränke erhalten Sie im Fachhandel.

Schleierkampffisch-Paar kurz nach der Eiablage unterm Schaumnest. Die weißen Eier werden im nächsten Moment eingesammelt und ins Schaumnest gespuckt. ▷

Rote Süßwasserkrabbe.

Zu den Fotos: Neben den Fischen kann man noch schöne, oft nützliche Mitbewohner im Aquarium halten. Die Pflegeansprüche der abgebildeten Tiere finden Sie auf Seite 73.

Turmdeckelschnecke.

Fächerhandgarnele.

Posthornschnecke.

Gestreifte Zwerggarnele.

Schutz vor Stromunfällen: Um Fischen und Pflanzen geeignete Lebensbedingungen im Aquarium zu schaffen, sind verschiedene elektrische Geräte wie Filter, Heizer und Lampen nötig. Daß Strom in Verbindung mit Wasser gefährlich werden kann, ist hinlänglich bekannt. Beachten Sie deshalb unbedingt folgende Sicherheitsratschläge:

- Achten Sie beim Kauf von elektrischen Geräten darauf, daß diese das VDE-Zeichen (Verein Deutscher Elektroingenieure) oder das gültige TÜV-Zeichen (»GS« = geprüfte Sicherheit) tragen!
- Geräte, die im Aquarium benutzt werden, müssen den Vermerk tragen, daß sie für diese Verwendung geeignet sind.
- Besorgen Sie sich einen sogenannten FI-Schalter (Fehlerstrom-Schutzschalter, im Zoo- und Elektrofachhandel erhältlich), der sich zwischen Stromquelle und Gerät anbringen läßt. Bei Defekten an Geräten oder Kabeln unterbricht er sofort die Stromzufuhr.
- Ziehen Sie den Stecker, bevor Sie im Aquarium Arbeiten verrichten oder elektrische Geräte aus dem Aquarium nehmen.
- Lassen Sie eventuelle Reparaturen nur vom Fachmann ausführen.

Das richtige Licht fürs Aquarium

Pflanzen brauchen für ihr Wachstum genügend Licht. Im Zoofachhandel erhalten Sie spezielle Aquarienlampen. Sie haben die Wahl zwischen Leuchtstoffröhren und Quecksilberdampflampen.
Leuchtstoffröhren eignen sich gut für eine Beckenhöhe bis 50 cm. Die Röhren sollen etwa so lang wie das Becken sein. Ob Sie eine oder mehrere Röhren benötigen, hängt vor allem von den Lichtbedürfnissen Ihrer Pflanzen ab (→ Praxis »Pflanzen«, Seite 26 bis 29).
Leuchtstoffröhren jährlich auswechseln, da ihre Lichtleistung mit der Zeit stark nachläßt.
Zu empfehlen sind Leuchtstoffröhren mit »Tageslichtcharakter«, die ein natürliches Licht verbreiten. »Warmtonröhren« und Pflanzenröhren mit hohem Rotanteil wirken künstlich und sollten nur in Kombination mit »Tageslichtröhren« verwendet werden.
Quecksilberdampflampen sind praktisch, wenn das Becken höher als 50 cm ist, da ihr starker Lichtkegel auch in tieferen Wasserschichten ausreichend Licht liefert. Allerdings haben sie einen hohen Stromverbrauch. Nach dem Einschalten brauchen sie einige Minuten, bis sie ihre volle Leuchtkraft erreicht haben.

Wichtig: Die Beleuchtungsdauer sollte täglich 12 bis 14 Stunden betragen. Regeln Sie das Ein- und Ausschalten der Beleuchtung am besten mit einer Zeitschaltuhr. So schaltet sich Ihre Aquarienbeleuchtung zuverlässig ein und aus – auch während Ihrer Abwesenheit.

Aquarienheizung

Bei der Haltung von tropischen Süßwasserfischen ist auch in geheizten Räumen eine Aquarienheizung nötig. Dazu dienen Regelheizer, deren Thermostat den Heizer je nach Wassertemperatur ein- und ausschaltet. Es gibt drei Typen:

- Stabheizer, die mit Saughaltern senkrecht im Aquarienhintergrund angebracht werden.
- Bodenheizungen, deren Heizkabel man vor dem Einrichten auf der Bodenscheibe verlegt (vom Zoofachhändler beraten lassen). Die schwächeren Bodenheizungen sorgen in erster Linie für Wasserzirkulation im Bodengrund und schaffen so die Bedingungen für einen guten Pflanzenwuchs. Pflanzenliebhaber setzen sie zusätzlich zum Stabheizer ein.
- Thermofilter sind eine Einheit aus Regelheizer und Filter. Das Wasser wird beim Durchlaufen gereinigt und dann temperiert.

Die Heizerleistung von einem halben Watt pro Liter Wasser reicht in normal geheizten Räumen (19 bis 22 °C) aus. Für kühlere Räume sollte die Heizerleistung etwa 1 Watt pro Liter betragen.
Wichtig: Heizen Sie auch bei längerer Abwesenheit im Winter (Winterurlaub) den Raum so, daß Zimmertemperatur plus Heizerleistung ausreichen, um die Wassertemperatur aufrechtzuerhalten.
Thermometer: Das brauchen Sie, um zu kontrollieren, ob die Aquarienheizung richtig funktioniert. Praktisch sind Thermometer, die außen auf die Aquarienscheibe aufgeklebt werden; man kann sie leicht ablesen und sie veralgen nicht.

Der richtige Filter

Filter tragen auf zweierlei Weise zur notwendigen Reinigung des Wassers bei:

- Mechanische Filterwirkung: Sammeln der Schmutzpartikel. Das Wasser wird durch eine feinporige Filtermasse geleitet, in der die feinen Schmutzpartikel hängen bleiben. Von dort kann man sie leicht entfernen.
- Biologische Filterwirkung: Umwandlung der Abfallstoffe. Auf der großen Oberfläche der zweiten, groberen Filtermasse siedeln sich viele Mikroorganismen an (Bakterien und Pilze, die naturgemäß im Wasser vorhanden sind). Diese wandeln gelöste und ungelöste organische Abfallprodukte teilweise in andere gelöste Stoffe um, die durch den regelmäßigen Teilwasserwechsel entfernt werden müssen.

Wichtig: Den mechanischen Filterteil alle 1 bis 2 Wochen beim Wasserwechsel reinigen (→ Pflegefahrplan, Seite 24). Den biologischen Teil nur bei etwa jedem 10. Teilwasserwechsel mit kaltem Wasser reinigen, um die Mikroorganismen nicht zu zerstören.

Filtertypen

Die meisten Filtertypen arbeiten hauptsächlich nach dem mechanischen Prinzip, die biologische Filterwirkung ist eher ein »Nebeneffekt«. Ausgesprochen biologische Filter, die im Zoofachhandel angeboten werden, sind nur zusätzlich zu mechanischen Filtern zu verwenden. Das Angebot an Filtern ist so groß, daß man sich am besten an Ort und Stelle vom Zoofachhändler beraten läßt. Deshalb nachfolgend nur ein kurzer Überblick.
Motorfilter (Innen- oder Außenfilter) werden von einer Kreiselpumpe angetrieben, die Strömung erzeugt und die Wasseroberfläche bewegt. Dadurch wird Sauerstoff ins Aquarienwasser gespült. Verstärken kann man diese Wirkung, indem man an die Wasseraustrittsöffnung ein Strahlrohr oder einen Diffusor anschließt. Nicht geeignet sind Diffusor und Strahlrohr für Fischarten, die keine Strömung lieben oder bei gleichzeitiger CO_2-Düngung (CO_2 wird wieder ausgetrieben). In Becken mit Fischen, die keine Strömung lieben, Motorfilter auf kleine Leistung schalten.
Wichtig: Gebrauchsanleitung beachten!
Luftbetriebene Innenfilter lohnen sich nur für kleine Becken mit Fischarten, die keine Strömung lieben, wie zum Beispiel viele Labyrinthfische. Zu ihrem Betrieb braucht man eine Membranpumpe.

Filtermaterialien

In fast allen Filtern können Sie miteinander kombinierte Filtermaterialien einsetzen. Feinere Materialien wie feiner Schaumstoff oder Filterwatte sorgen für die mechanische Filterwirkung, gröbere Materialien mit langer Lebensdauer wie grober Schaumstoff oder Tonröhrchen dienen der biologischen Filterwirkung.
Schaumstoff aus dem Zoofachhandel hat eine lange Lebensdauer, so daß sich nützliche Mikroorganismen (Pilze und Bakterien), die organische Stoffwechselprodukte abbauen, dauerhaft ansiedeln können. Kombiniert wird feiner mit grobem Schaumstoff: 1/4 feinen Schaumstoff zu-

unterst am Wasserlauf einsetzen, darauf 3/4 groben Schaumstoff. Den feinen Teil wöchentlich beim Wasserwechsel reinigen, den groben etwa alle 3 bis 4 Wochen. Schaumstoff unter kräftigem Drücken mit fließendem, kühlem (!) Wasser auswaschen, bis das Wasser klar bleibt.
Filterwatte kann anstelle des feinen Schaumstoffs verwendet werden. Zum Reinigen unter kräftigem Wasserstrahl durchspülen. Austauschen, wenn sie nicht mehr sauber wird.
Grobe Perlonfasern und Tonröhrchen eignen sich anstelle des groberen Schaumstoffs in Kombination mit Filterwatte oder feinem Schaumstoff. Fasern und Röhrchen halten sehr lange. Zum Reinigen unter kräftigem Wasserstrahl abwaschen beziehungsweise abspülen.
Spezialfiltermaterialien: Sind nicht für den Dauerbetrieb geeignet, sondern werden nur für spezielle Zwecke eingesetzt.
• Aktivkohle setzt man ein, wenn nach der Behandlung einer Fischkrankheit Medikamente aus dem Wasser entfernt werden sollen. Da große Qualitätsunterschiede bestehen, auf Markenartikel achten!
• Torf wird bei Bedarf eingesetzt, um den pH-Wert und die Karbonathärte zu senken (→ Torffilterung, Seite 69).

Zubehör für die Aquarienpflege

Zur Pflege des Aquariums gehört die regelmäßige Reinigung, das heißt: Teilwasserwechsel, Reinigung des Bodengrundes und Scheibenreinigung. Dafür brauchen Sie folgendes Zubehör:
• Schlauch mit Mulmglocke: Beim Teilwasserwechsel wird das Wasser mit einem Schlauch abgesaugt (Außendurchmesser 12 bis 16 mm). Für die Bodenreinigung die Mulmglocke an den Schlauch anschließen, sie saugt den Mulm ein, nicht aber den Kies.
• Eimer (10 bis 15 l), die nur für Aquarienzwecke verwendet werden.
• Scheibenreiniger, mit dem man Schmutz und Algenbelag von den Aquarienscheiben entfernt.
• Fangnetze (ein großes und ein kleines): Verwenden Sie nur die speziellen feinmaschigen Netze für Aquarienfische (Zoofachhandel).
• CO_2-Düngegeräte: Bei Wasserwerten, die eine ausreichende CO_2-Versorgung für anspruchsvolle Pflanzen nicht gewährleisten, ist eine CO_2-Düngung empfehlenswert (Ansprüche der Pflanzen, → Seite 27 bis 29). Beachten Sie genauestens die Gebrauchsanweisung für das jeweilige Gerät.

Einrichtung und Dekoration

Ein Aquarium kann mit verschiedensten Materialien eingerichtet und gestaltet werden: mit Kies, Sand, Steinen, Wurzeln, Höhlen und Pflanzen. Die Einrichtung ist nicht nur eine Geschmacksfrage: Alle Materialien erfüllen bestimmte Aufgaben.

Bodengrund

Als Bodengrund geeignet sind kalkfreier Quarzkies und kalkfreier Flußsand (beides im Zoofachhandel erhältlich). Sofern die Fische keine speziellen Ansprüche haben, eignet sich Kies mittlerer Körnung (1 bis 3 mm) für jedes Aquarium. Für bodenbewohnende Fische, die gerne im Sand wühlen, richtet man eine begrenzte Sandfläche ein, am besten im unbepflanzten Vordergrund des Beckens. Zumindest die oberste Kiesschicht waschen.
Mein Tip: Die meisten Fische zeigen in hellen Becken Scheu. Eine dünne Schicht Lavakies (nach der Bepflanzung aufgetragen) hat einen hohen Verdunkelungseffekt. Aber Achtung: scharfkantig! Nicht anwenden bei Fischen, die im Boden wühlen!

Steine

Aus Steinen kann man Höhlen und ganze Felsaufbauten schaffen. Sie dienen den Fischen als Unterschlupf, Rückzugsmöglichkeit oder Bruthöhle. Sie grenzen auch Reviere gegeneinander ab, die manche Fischarten als Lebensraum benötigen. Geeignet sind kalkfreie Steine wie Sandstein, Granit, Schiefer und Lava. Alle Steinaufbauten vor dem Einbringen des Bodengrundes direkt auf der Bodenscheibe aufbauen. So verhindert man, daß Fische den Untergrund abgraben und der ganze Aufbau zusammenfällt.
Mein Tip: Große Steine und Felsaufbauten mit dünnem Styropor unterlegen, um punktuelle Belastungen der Bodenscheibe und damit ein Zerspringen zu verhindern.

Wurzeln

Wurzeln dienen als Versteckplätze für Fische, als Befestigungsplatz für Aufsitzerpflanzen und als Ballaststoffquelle für Antennenwelse und viele andere Harnischwelse, die an ihnen nagen. Nicht einsetzen bei Fischen, die alkalische pH-Werte brauchen, wie viele Lebendgebärende. Wurzeln säuern das Wasser an. Verwenden Sie nur Moorkienwurzeln oder andere Wurzeln, die aus Mooren stammen. Wurzeln aus dem Wald faulen im Aquarium!

Hinweis: Als Versteckplätze für Fische eignen sich neben Steinen und Wurzeln auch Tonröhren und Höhlen aus gebranntem Ton, Bambusröhren, aber auch Plastikröhren. Man kann sie im Zoofachhandel kaufen.

Fahrplan fürs Einrichten

1. Steinaufbauten einbringen. Bei großen Steinen und Aufbauten dünnes Styropor unterlegen.
2. Bodengrund einbringen. Für ein Becken mit verschiedenen Fischarten mittelgroben Quarzkies (1 bis 3 mm) nehmen.
- 2 cm dicke Schicht einbringen, mit Grunddünger für die Pflanzen,
- darauf eine 4 bis 6 cm starke Schicht aus Kies füllen.
- Kies der oberen Schicht im Eimer spülen, bis das ablaufende Wasser klar ist, oder gewaschenen Kies verwenden.
3. Filter installieren: Wasserauslauf und -einlauf möglichst weit voneinander entfernt anbringen, damit der Wasserkreislauf groß wird. Wichtig: Außenfilter mit Wasser füllen. Beachten Sie die Gebrauchsanleitung des Herstellers.
4. Heizung installieren, aber noch nicht einstecken!
5. Die übrigen technischen Teile einbringen.
6. Wurzeln und andere Dekorationsmaterialien so einbringen, daß sie die technischen Teile verdecken.
7. Pflanzen, die den zukünftigen Wasserwerten entsprechen, einsetzen. Am Anfang sind schnellwüchsige Pflanzen von Vorteil.
8. Wasser mit Hilfe eines Schlauchs so einlassen, daß der Bodengrund nicht aufgewirbelt wird. Möglichkeiten: Auf Steine gießen, Teller zum Draufgießen ins Aquarium stellen.
9. Beleuchtung installieren.
10. Alle technischen Geräte einschalten.
11. Aquarium 2 Wochen ohne Fische laufen lassen. Dabei die Wasserwerte einstellen, die Fische und Pflanzen brauchen werden (→ Steckbriefe, Seite 74 bis 151).
12. Fische einsetzen.

Der Neonfisch (*Paracheirodon innesi*) ist weniger anspruchsvoll als der Rote Neon (*P. axelrodi*).

Kauf und Einsetzen von Fischen

- Vor dem Kauf Pflegeansprüche (Wasserqualität, Futteransprüche, Vergesellschaftungsmöglichkeiten) herausfinden.
- Vor dem Kauf Pflegebedingungen zu Hause schaffen.
- Fische müssen im Händlerbecken gut genährt erscheinen: Keine eingefallenen Bäuche, »abgerundete« Konturen (orientieren Sie sich an den Abbildungen). Die Fische müssen im Händlerbecken aber nicht ihre volle Färbung zeigen. Diese wird oft erst von erwachsenen Fischen und unter optimalen Haltungsbedingungen, die der Zoohändler nicht bieten kann, gezeigt.
- Fische müssen gesund sein: Kein Flossenklemmen, Scheuern, keine heftige Atmung. Sie sollten ihrem Temperament entsprechend aktiv sein.
- Keine Fische aus Becken mit kranken Fischen kaufen (sie könnten infiziert sein).
- Fische je nach Länge des Heimweges und der Jahreszeit warm einpacken lassen (eventuell Kühlbox zur Isolierung gegen niedrige Temperaturen mitnehmen).

Einsetzen der Fische: Fische im Beutel 20 Minuten auf der Wasseroberfläche schwimmen lassen, dann Beutel öffnen, etwas Wasser in den Beutel kippen (etwa die Hälfte des vorherigen Beutelinhalts). Fische weitere 10 Minuten im Beutel lassen, erst dann vorsichtig ins Aquarium entlassen.

Grundregeln für die Vergesellschaftung

- Nur Fische mit gleichen Ansprüchen an die Wasserqualität vergesellschaften.
- Nur Fische vergesellschaften, die das Futter der anderen Arten vertragen.
- Fische mit unterschiedlichen Temperamenten können zusammen gehalten werden, wenn sie unterschiedliche Beckenregionen bewohnen.
- Pro Beckenregion nur 1 Fischart, ab 1 m Beckenlänge maximal 2 Arten vergesellschaften. Dazu kann noch eine Saugwels-Art (Ancistrus) kommen. Ausnahmen nur in sehr großen Becken möglich.
- Revierbildende Fische nur mit anderen Fischarten vergesellschaften, wenn Revieransprüche, vor allem von brutpflegenden Fischen, noch Raum außerhalb des Reviers lassen.

Grundregel: Je geringer ein Becken besetzt ist, desto besser funktioniert es und desto leichter ist die Pflege.

Pflegefahrplan

Täglich

- Fische beobachten: Krankheitsanzeichen? Unterdrückung einzelner?
- Füttern: Fressen alle? 1mal wöchentlich Fastentag (ausgenommen Jungfische).
- Technik kontrollieren: Heizer (Temperatur?), Filterdurchfluß gut?
- Eventuell tote Fische entfernen.

Ein- bis zweimal wöchentlich

- Teilwasserwechsel: 1/4 bis 1/3 des Wasserinhalts mit unbelastetem Wasser gleicher Qualität auswechseln, dabei Mulm absaugen, wenn nötig nachdüngen.
- Deck- und Frontscheibe reinigen.
- Oberste Schicht Filtersubstrat auswaschen oder auswechseln.
- Futtervorräte kontrollieren, eventuell aufstocken.

In unregelmäßigen Abständen

- Wasserpflanzen auslichten und zurückschneiden.
- Kreiselpumpe nach Gebrauchsanweisung reinigen.

Urlaub

- Vor dem Urlaub Wasserwechsel, Filterreinigung, Mulmentfernung.
- Vorher keine neuen Geräte installieren. Keine neuen Fische einsetzen.
- Bei Abwesenheit von 1 bis 2 Wochen keine Fütterung (außer Jungfische) nötig. Auch in der Natur gibt es Fastenzeiten.
- Bei längerer Abwesenheit Futterautomaten installieren und/oder Urlaubsvertretung finden und anlernen. Eventuell Futterportionen vorbereiten. Telefonnummer von Fachmann für Notfall hinterlassen.

Neueinrichtung

Nach 2 bis 3 Jahren nötig, wenn Bodengrund zugesetzt ist und Pflanzenwuchs trotz guter Pflege stagniert und zurückgeht.

Die Wasserbanane (*Nymphoides aquatica*) verlangt sehr viel Licht und ist deshalb nur für flache, stark beleuchtete Becken geeignet. Die bananenförmigen Wurzeln nur bis zu einem Viertel einpflanzen und etwas beschweren, bis sie angewachsen sind. ▷

PRAXIS
Pflanzen

Pflanzen haben ebenso wie die Fische individuelle Lebensansprüche. Vor allem die Wasserwerte müssen deshalb sowohl für die Fische als auch für die Pflanzen stimmen.

Gestaltungshilfen
Zeichnung 1
Die Anzahl der Pflanzen und die Dichte des Bewuchses richten sich nach der Art der gehaltenen Fische.
Achten Sie jedoch auch auf den richtigen Standort der einzelnen Pflanzentypen:
1. Hintergrund: Lange, dünne Stengelpflanzen oder Vallisnerien.
2. Seite und Mitte: Mittelhohe Pflanzen. Solitärpflanzen für kleine Becken.
3. Vordergrund: Kleine Pflanzen.
4. Solitärpflanzen im mittleren und hinteren Bereich.
5. Aufsitzerpflanzen.
6. Schwimmpflanzen.

<u>Hinweis:</u> Beliebte Aquarienpflanzen für die genannten Beckenbereiche finden Sie auf Seite 27–29. Dort sind auch die Lebensansprüche der Pflanzen angegeben.

2 Für Rosettenpflanzen mit dem Finger ein Loch bohren.

Einpflanzen
Zeichnung 2 und 3
Für Aquarienpflanzen ist kalkfreier Kies (Körnung 1–10 mm) geeignet. Ungeeignet ist Sand. Der untersten Kiesschicht ein Nährsubstrat (z. B. Depot-Substrat) beimischen.
- Stengelpflanzen werden in Gruppen gepflanzt, indem man Stengel für Stengel dicht nebeneinander in den Boden steckt.
- Für Rosettenpflanzen ein der Wurzelgröße entsprechendes Loch bohren (starken Wurzelfilz vorher auf 5 cm Länge einkürzen). Pflanze so einsetzen, daß sich der Blattansatz über dem Kies befindet.
- Aufsitzerpflanzen mit Nylon- oder Gummifaden auf Wurzeln oder Steinen vorsichtig festbinden. Nach einiger Zeit, wenn die Pflanzen »angewachsen« sind, kann man den Faden entfernen.

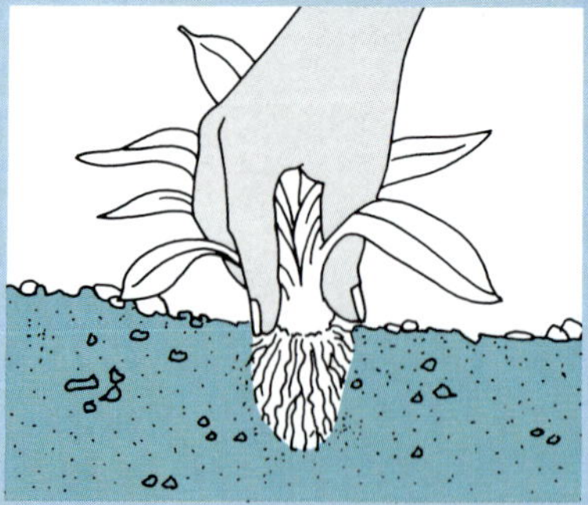

3 Pflanze so einsetzen, daß der Blattansatz über dem Boden liegt.

Tips fürs Düngen und Pflegen
<u>Düngung</u> mit löslichen Nährstoffen: So wenig wie möglich düngen, damit keine Algen aufkommen.
Es gibt zwei Dünger:
1. Allgemeine Wasserpflanzendünger, die bei Neueinrichtung nach etwa 1–2 Wochen gegeben werden. Später nach jedem Wasserwechsel bzw. nach jedem 2. Wechsel geben.
- Eisendünger: Mit Eisen, einem wichtigen und oft fehlenden Spurenelement sollte man beim Teilwasserwechsel nachdüngen.

<u>Wichtig:</u> Niemals Zimmerpflanzendünger verwenden!
<u>Nährstoffmangel:</u> Hauptkennzeichen sind gelbe und glasig werdende Blätter (vor allem neue Blätter). In diesem Fall vorsichtig nachdüngen (halbe Menge) und

1 Standort der verschiedenen Pflanzentypen im Aquarium: ① Hintergrund, ② Seite und Mitte, ③ Vordergrund, ④ Solitärpflanzen, ⑤ Aufsitzerpflanzen.

prüfen, ob für das schlechte Pflanzenwachstum nicht andere Ursachen verantwortlich sind. Kontrollieren Sie: Licht, Bodengrund, CO_2-Gehalt und die Wasserwerte.

CO_2-Düngung: Pflanzen brauchen eine CO_2-Versorgung. Um dies zu gewährleisten, muß man einerseits die Ansprüche der Pflanzen kennen, zum anderen – vor allem bei schlechtem Pflanzenwuchs – prüfen, ob genügend CO_2 im Aquarienwasser vorhanden ist. Der CO_2-Mindestanspruch beliebter Aquarienpflanzen ist jeweils in den nachfolgenden Pflanzensteckbriefen angegeben. Mit Hilfe der Tabelle auf Seite 14 können Sie die im Wasser vorhandene CO_2-Menge (mg/l) ermitteln. Liegt der CO_2-Gehalt unter dem Mindestanspruch der gehaltenen Pflanzen, muß man mit CO_2 nachdüngen oder die Karbonathärte senken oder gegebenenfalls anspruchslosere Pflanzen einsetzen.

Tips für die Pflege:
- Grundregel: So wenig wie möglich verpflanzen!
- Stengelpflanzen je nach Wachstumsgeschwindigkeit häufig einkürzen. Die abgeschnittenen Stengelköpfe vor die vorhandenen Stengel setzen.
- Rosettenpflanzen bei starker Vermehrung durch Ausleger auslichten, damit sie sich gegenseitig nicht Licht und Bodenraum wegnehmen. Alte, verfallene oder besonders stark veralgte Außenblätter vorsichtig oberhalb der Blattwurzel abschneiden.
- Bodengrund öfter mit Stab auflockern, ohne an den Pflanzenwurzeln zu reißen.

Hinweis: Bei schlechtem Bodenklima (z. B. bei schlechter Belüftung) wachsen die Wurzeln aus dem Boden nach oben. Dann muß der Boden vorsichtig gelockert werden. Hilft das nichts: Becken mit gewaschenem Kies neu einrichten!

Beliebte Aquarienpflanzen

Bei den angegebenen Werten fühlen die Pflanzen sich wohl. Die bei KH und pH in Klammern angebenen Werte sind als Optimalwerte zu betrachten. Die CO_2-Werte sind als Mindestwerte für optimales Wachstum anzusehen.

Beleuchtung: Die angegebene Beleuchtungsstärke bezieht sich auf 40–50 cm Beckenhöhe (30–40 cm Wassertiefe):
- schwach = 1 Röhre;
- mittel = 2 Röhren;
- stark = 3 Röhren;
- extrem stark = 4–5 Röhren.

Pflanzen für den Hintergrund

Geeignet sind lange dünne Stengelpflanzen oder Vallisnerien.

Beispiel: Tausendblatt (Myriophyllum) eine feinfiedrige Stengelpflanze.

Rotes Papageienblatt
Alternanthea reineckii
Foto → Klappe hinten
50 cm, CO_2: 20 mg/l, 2–12 (12) °dKH, pH: 6–7,5 (7,4), 22–28 °C, Licht: mittel. Rote Färbung nur bei intensiver Beleuchtung und Eisendüngung.

Seegrasblättriges Trugkölbchen
Heteranthea zosterifolia
Foto → Klappe hinten
50 cm, CO_2: 30 mg/l, 2–15 (3) °dKH, pH: 6–7,5 (6,6), 22–28 °C, Licht: stark.

Großes Fettblatt
Bacopa caroliniana
Foto → Klappe hinten
40 cm, CO_2: 20 mg/l, 5–12 (10) °dKH, pH: 6–7,5 (7,3), 22–28 °C, Licht: mittel. Ähnliche Art: Kleines Fettblatt *(Bacopa monnieri)*.

Carolina-Haarnixe
Cabomba caroliniana
50 cm, CO_2: 30 mg/l, 2–12 (3) °dKH, pH: 6,5–7,2 (6,6), 22–28 °C, Licht: extrem stark. Für die meisten Fischaquarien ungeeignet. Ähnliche Art: *Cabomba piauhyensis*. (Foto → Seite 31).

Indischer Wasserstern
Hygrophila difformis
50 cm, CO_2: 5 mg/l, 2–15 (6) °dKH, pH: 6,5–8 (7,6), 23–28 °C, Licht: mittel. Robust.

Indischer Wasserfreund
Hygrophila polysperma
60 cm, CO_2: 5 mg/l, 2–15 (6) °dKH, pH: 6,5–8 (7,5), 20–29 °C, Licht: mittel.

Blütenstielloser Sumpffreund
Limnophila sessiliflora
Foto → Klappe hinten
50 cm, CO_2: 30 mg/l, 3–15 (3) °dKH, pH: 6–7,5 (6,6), 22–28 °C, Licht: extrem stark. Sehr anspruchsvoll.

Kardinals-Lobelie
Lobelia cardinalis
50 cm, CO_2: 10 mg/l, 5–12 (8) °dKH, pH: 6,5–7,5 (7,4), 20–26 °C, Licht: mittel. Robust.

Kriechende Ludwigie
Ludwigia repens
50 cm, CO_2: 10 mg/l, 2–15 (10) °dKH, pH: 5,5–8 (7,6), 20–29 °C, Licht: stark. Robust.

Brasilianisches Tausendblatt
Myriophyllum brasiliense
50 cm, CO_2: 40 mg/l, 2–15 (3) °dKH, pH: 5–7,5 (6,5), 18–28 °C, Licht: extrem stark. Nur bedingt für Fischaquarien geeignet.

Rotweiderich
Rotala macrandra
50 cm, CO_2: 30 mg/l, 2–15 (15) °dKH, pH: 5,5–7,2 (7,2), 25–30 °C, Licht: mittel. Ähnliche Art: Rundblättrige Rotala *(Rotala rotundifolia)*, braucht kühleres Wasser.

Flutendes Pfeilkraut
Sagittaria subulata
60 cm, CO_2: 20 mg/l, 2–15 (5) °dKH, pH: 6–7,8 (6,9), 20–28 °C, Licht: mittel. Ähnliche Art: *Sagittoria pusilla*, 10 cm.

Mexikanisches Eichenblatt
Shinnersia rivularis
100 cm, CO_2: 5 mg/l, 2–15 (3) °dKH, pH: 5,5–7,5 (7,4), 20–28 °C, Licht: mittel. Schnellwüchsige Pflanze für große Aquarien.

Wasserschraube
Vallisneria tortifolia
50 cm, CO_2: 2 mg/l, 5–12 (6) °dKH, pH: 6,5–8 (8), 15–30 °C, Licht: schwach. Sehr anspruchslos und robust.

Riesenvallisnerie
Vallisneria gigantea
100–200 cm, CO_2: 2 mg/l, 5–15 °dKH, pH: 6–8 (8), 18–28 °C, Licht: schwach. Nicht zu dicht setzen.

Zierliche Kognakpflanze
Ammania gracilis
Foto → Klappe hinten
50 cm, CO_2: 20 mg/l, 2–12 (10) °dKH, pH: 6–7,5 (7,3), 21–28 °C, Licht: mittel. Stengel immer einzeln setzen.

Pflanzen für Seite und Mitte

Geeignet sind mittelhohe Pflanzen, die man in kleinen Becken auch als Solitärpflanzen verwenden kann.

Beispiel: Wendt's Wasserkelch, eine Cryptocoryne, die leicht zu pflegen ist.

Wendt's Wasserkelch
Cryptocoryne wendtii
10–40 cm, CO_2: 15 mg/l, 2–15 (9) °dKH, pH: 6,5–7,5 (7,4), 24–28 °C, Licht: schwach bis mittel. Ähnliche Art: Haertel's Wasserkelch *(Cryptocoryne affinis)*, Foto → Klappe hinten

Wassernabel
Hydrocotyle leucocephala
Foto → Klappe hinten
50 cm, CO_2: 10 mg/l, 2–15 (8) °dKH, pH: 6–7,5 (7,4), 20–28 °C, Licht: stark. Mit kleinen Schwimmblättern gute Schutzpflanze für Oberflächenfische.

Amerikanischer Sumpfquendel
Didiplis diandra
15 cm, CO_2: 20 mg/l, 5–15 (3) °dKH, pH: 7,4, 22–28 °C, Licht: mittel.

Schwarze Amazonas-Schwertpflanze
Echinodorus parviflorus
30 cm, CO_2: 20 mg/l, 2–15 (6) °dKH, pH: 6–7,8 (7), 22–28 °C, Licht: mittel. Gute Solitärpflanze für kleinere Becken.

Pflanzen für den Vordergrund

Am besten geeignet sind kleine Pflanzen, die dichte Bestände bilden.

Zwergwasserkelch
Cryptocoryne x willisii
Foto → Seite 30
15 cm, CO_2: 15 mg/l, 2–15 (9) °dKH, pH: 6,5–7,5 (7,4), 22–28 °C, Licht: mittel. Gute Pflanze für Vordergrund, wo sie dichte Bestände bilden kann.

Zwergamazonaspflanze
Echinodorus quadricostatus x xinguensis
5–15 cm, CO_2: 20 mg/l, 2–12 (6) °dkH, pH: 6,5–7,5 (7,0), 22–28 °C, Licht: mittel bis stark. Nur bei größeren Becken für Vordergrund geeignet.

Grasartige Amazonas-Schwertpflanze
Echinodorus tenellus
10 cm, CO_2: 20 mg/l, 2–12 (6) °dKH, pH: 6,5–7,2 (7), 22–29 °C, Licht: stark. Rasenbildende Pflanze; öfter auslichten.

Solitärpflanzen

Im mittleren und hinteren Bereich des Beckens finden die Solitärpflanzen ihren Platz. Geeignet sind Pflanzen, die aufgrund ihrer dekorativen Wuchsform nicht im Verband mit anderen stehen müssen, und so als Einzelpflanze einen ästhetischen Blickfang bilden.

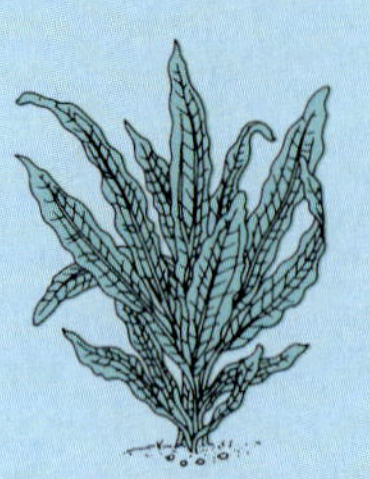

Beispiel: Breite Amazonas-Schwertpflanzen *(Echinodorus bleheri)*

Krause Wasserähre
Aponogeton crispus
50 cm, CO_2: 30 mg/l, 2–12 (3) °dKH, pH: 6–7,5 (6,6), 22–28 °C, Licht: mittel. Ruhephase, in der Blätter eingezogen werden, Knolle übersteht Ruhephase im Aquarium. Andere *Aponogeton*-Arten sind nicht für längere Kultur im Aquarium geeignet.

Genoppter Wasserkelch
Cryptocoryne balansae
Foto → Klappe hinten
50 cm, CO_2: 15 mg/l, 2–15 (9) °dKH, pH: 6,5–7,5 (7,4), 24–28 °C, Licht: schwach bis mittel. Gut für sehr hohe und langgestreckte Becken, wo die Blätter in der Strömung liegen.

Sumatra-Farn
Ceratopteris thalictroides
50 cm, CO_2: 5 mg/l, 5–15 (9) °dKH, pH: 6,5–8 (7,8), 18–28 °C, Licht: mittel. Eine der robustesten Aquarienpflanzen, die durch schnelles Wachstum Schadstoffe schnell entfernt.

Amazonas-Schwertpflanze
Echinodorus amazonicus
Foto → Klappe hinten
50 cm, CO_2: 20 mg/l, 2–12 (6) °dKH, pH: 6,5–7,2 (7), 22–28 °C, Licht: mittel.

Breite Amazonas-Schwertpflanze
Echinodorus bleheri
Über 50 cm, CO_2: 20 mg/l, 2–12 (6) °dKH, pH: 6,5–7,2 (7), 22–28 °C, Licht: mittel. Robustere Art als *Echinodorus amazonicus*.

Osiris Amazonas-Schwertpflanze
Echinodorus osiris
Foto → Seite 30
Über 50 cm, CO_2: 20 mg/l, 5–18 (6) °dKH, pH: 6,5–7,5 (7), 24–29 °C, Licht: schwach bis mittel. Nur junge Blätter rot. Ähnliche Art: *Echinodorus horemanni*. (Foto → Seite 30)

Herzblättrige Amazonas-Schwertpflanze
Echinodorus cordifolius
Über 50 cm, CO_2: 20 mg/l, 5–15 (6) °dKH, 22–28 °C, Licht: mittel. Solitärpflanze nur für sehr hohe Becken (ab 50 cm).

Großer Wasserfreund
Hygrophila corymbosa
Foto → Klappe hinten
60 cm, CO_2: 5 mg/l, 2–15 (6) °dKH, pH: 6,5–7,8 (7,6), 22–28 °C, Licht: mittel. Rotblättrige Form braucht stärkeres Licht.

Tigerlotus
Nymphaea zenkeri
Foto → Seite 31
25–50 cm, CO_2: 30 mg/l, 2–12 (3) °dKH, pH: 5,5–7,5 (6,6), 22–28 °C, Licht: stark. Schwimmblätter abschneiden, sonst zu starke Beschattung.

Langblättrige Barclaya
Barclaya longifolia
Foto → Seite 31
25–50 cm, CO_2: 30 mg/l, 2–12 (3) °dKH, pH: 6–7 (6,6), 22–28 °C, Licht: stark.

Aufsitzerpflanzen

Diese Pflanzen setzt man nicht in den Bodengrund, sondern man bindet sie vorsichtig mit einem Nylonfaden oder Gummi auf Wurzeln und Steinen fest.

Beispiel: Javafarn (*Microsorium pteropus*), eine beliebte Pflanze.

Kleines Speerblatt
Anubias barteri var. nana
Foto → Seite 31
10 cm, CO_2: 35 mg/l, 2–15 (13) °dKH, pH: 6–7,5 (7,2), 22–28 °C, Licht: mittel. Viele Pflanzen einsetzen, wächst langsam.

Kongo-Wasserfarn
Bolbitis heudelotii
20–50 cm, CO_2: 30 mg/l, 2–12 (3) °dKH, pH: 6–7 (6,6), 22–26 °C, Licht: mittel.

Javafarn
Microsorium pteropus
20 cm, CO_2: 20 mg/l, 2–12 (3) °dKH, pH: 5,5–7,5 (6,8), 21–28 °C, Licht: schwach. Veralgt wegen langsamen Wachstums schnell.

Javamoos
Vesicularia dubyana
CO_2: 5 mg/l, 2–15 (3) °dKH, pH: 5,8–7,5 (7,4), 20–30 °C, Licht: mittel. Gute Ablaichpflanze für Salmler, Barben, Regenbogenfische.

Schwimmpflanzen

Diese Pflanzen, die einfach auf die Wasseroberfläche gelegt werden, eignen sich zum Abschatten als Nestbauhilfe und als Versteckplätze für Jungfische oder als Laichsubstrat.

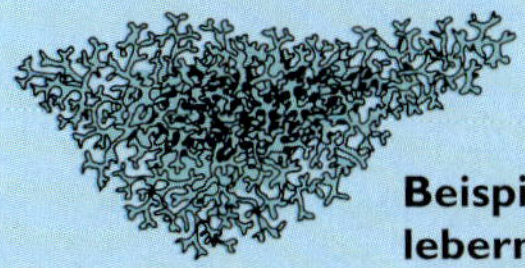

Beispiel: Teichlebermoos (*Riccia fluitans*).

Gemeines Hornkraut
Ceratophyllum demersum
Foto → Klappe hinten
50 cm, CO_2: 5 mg/l, 5–15 °dKH, pH: 6–8, 18–28 °C, Licht: mittel. Auch eingepflanzt zu kultivieren.

Muschelblume
Pistia stratiotes
10–15 cm Durchmesser, CO_2: 10 mg/l, 5–15 (8) °dKH, pH: 6,5–7,5, 22–26 °C, Licht: extrem stark. Verträgt kein Torfwasser!

Teichlebermoos
Riccia fluitans
Foto → Seite 30
CO_2: 10 mg/l, 2–15 (15) °dKH, pH: 6–8 (7,4), 15–30 °C, Licht: mittel. Ideale Nestbaupflanze für Labyrinthfische.

Feinzähniges Nixkraut
Najas guadelupensis
CO_2: 10 mg/l, 2–12 (8) °dKH, pH: 6–7,5 (7,0), 22–28 °C, Licht: schwach bis mittel. Bildet lockere, voluminöse Polster an der Wasseroberfläche.

Kleinohriger Büschelfarn
Salvinia auriculata
8–12 °dKH, pH: 6–7, 20–27 °C, Licht: stark. Lichtstärke und die im Wasser gelösten Nährstoffe sind wichtig; CO_2-Gehalt spielt eine untergeordnete Rolle.

Schwimmender Hornfarn
Ceratopteris pterioides
Foto → Seite 30
CO_2: 5 mg/l, 5–15 (9) °dKH, pH: 6,5–8 (7,8), 18–28 °C, Licht: mittel.

1 Osiris-Schwertpflanze oder Rötliche Amazonasschwertpflanze.

Die Pflanzen auf den Fotos:

1 Die Osiris-Schwertpflanze (*Echinodorus osiris*), eine attraktive Solitärpflanze. Nur die jungen Blätter sind rötlich gefärbt.
2 Der Schwimmende Hornfarn (*Ceratopteris pteridoides*) läßt sich leicht vermehren.
3 Das Teichlebermoos (*Riccia fluitans*) ist eine Schwimmpflanze, die aber auch auf Substrat haftet. Diese Pflanze ist gut geeignet zum Schattieren, als Laichsubstrat und Schutz für Jungfische.
4 Der Zwergwasserkelch (*Cryptocoryne x willisii*) wird gruppenweise in den Vordergrund des Beckens gepflanzt.

2 Schwimmender Hornfarn.

3 Flutendes Teichlebermoos.

4 Zwergwasserkelch.

5 Tigerlotus.

6 Horemanns Schwertpflanze.

7 Barters Speerblatt, Blüte.

8 Langblättrige Barclaya.

9 Rötliche Haarnixe.

10 Carolina-Haarnixe, Blüte.

5 Der Tigerlotus (*Nymphaea zenkeri*) eignet sich in großen Aquarien gut als Solitärpflanze.
6 Die Horemanns Schwertpflanze (*Echinodorus horemanni*), eine Solitärpflanze, sollte regelmäßig nachgedüngt (Eisen) werden.
7 Barters Speerblatt (*Anubias barteri*) blüht nur bei emerser Haltung, Tageslicht und etwas Sonne.
8 Die Langblättrige Barclaya (*Barclaya longifolia*), eine Solitärpflanze, benötigt starkes Licht.
9 Die Rötliche Haarnixe (*Cabomba piauhyensis*) kann überall im Aquarium stehen.
10 Die Carolina-Haarnixe (*Cabomba caroliniana*) blüht selten und braucht sehr viel Licht.

Biotop-Aquarien einrichten

Viel spricht dafür, daß Aquarianer für ihre Fische ein naturnahes »Biotop« im Aquarium einrichten. Zum einen weiß man heute mehr als jemals zuvor über die Ökologie einzelner Fischarten. Zum anderen spielt aber auch die zunehmende Bedrohung vieler Tier- und Pflanzenarten durch Biotopzerstörung eine Rolle. Bei allen Versuchen, diese Entwicklung zu stoppen, sei es durch Arten- oder Biotopschutz, ist den Naturfreunden klar geworden: Nur was man kennt, kann man schützen. Ist diese Einsicht nicht auch eine Motivation für einen Aquarianer, ein Biotop-Aquarium einzurichten? Blickt er dabei doch ein wenig über die Grenzen der »Wohnzimmer-Aquaristik« hinaus. Allerdings darf man beim Einrichten eines Biotop-Aquariums nicht zu streng vorgehen. Den natürlichen Lebensraum einer Fischart haarklein im Aquarium nachahmen zu wollen, wäre ein aussichtsloses Unternehmen. Denn dann müßte man oft Einrichtungsmaterialien verwenden, wie zum Beispiel Schlamm, die dem begrenzten Lebensraum Aquarium nicht zuträglich wäre – deshalb: ausschlaggebend ist immer das Machbare.

Gestaltungsvorschläge für Biotop-Becken

Die natürlichen Lebensräume der Aquarienfische sind sehr unterschiedlich, so daß es viele Möglichkeiten für die Gestaltung eines Biotop-Beckens gibt. Die nachfolgenden Gestaltungsbeispiele sind einerseits als Überblick gedacht, andererseits als Anregung, den eigenen Fischarten entsprechende Biotope einzurichten.

Die nötigen Informationen, um eigene Gestaltungsideen zu verwirklichen, erhalten Sie in den Pflegeanleitungen der einzelnen Fischarten (→ Seite 74 bis 151) unter dem Stichwort »Biotop«. Beachten Sie aber: Nur Naturmaterialien verwenden, die für ein Aquarium geeignet sind! Erkundigen Sie sich im Fachhandel.

Hinweis: Bei der Auswahl der richtigen Pflanzen-Arten helfen Ihnen die Praxis-Seiten »Pflanzen« (→ Seite 26 bis 29).

Mein Tip: In einem normalen Gesellschaftsbecken können Sie Teilbereiche durch einzelne Strukturelemente naturgemäß gestalten, zum Beispiel, indem Sie für *Apistogramma*-Arten eine Fallaubschicht einbringen. In den Steckbriefen auf den Seiten 74 bis 151 finden Sie weitere Anregungen, wie Sie Aquarien naturnah gestalten können.

Sand- und Freiwasserbiotope der großen afrikanischen Seen

Ein Becken mit nur wenig Struktur zwischen größeren Sandbereichen für Freiwasserfische.
Besatz: Mehrere Pärchen beziehungsweise eine Zuchtgruppe (1 Männchen, 2 bis 3 Weibchen) Sandcichliden aus den Gattungen *Ophthalmochromis, Cyathopharynx* oder *Xenotilapia;* für den freien Wasserraum ein Schwarm Kärpflingscichliden der Gattungen *Cyprichromis oder Paracyprichromis*.
Beckenmaße: 150 × 50 × 50 cm (großes Becken).
Einrichtung: Sandschicht, 6 cm dick, einige Steinbrocken, die die Sandfläche in Reviere aufteilen. Andere Möglichkeit zum Strukturieren: größere Pflanzen in Pflanzgefäße mit Kies setzen (reiner Sandboden ist ungeeignet als Pflanzsubstrat).
Technische Besonderheiten: Keine.
Wasser: pH 7,5–9; mittelhart bis hart; 25–27 °C.

Sandcichlide (*Xenotilapia ochrogenys*).

Felsenbecken für aufwuchsfressende Cichliden aus dem ostafrikanischen Malawi-See (Mbuna).

Becken für Felsencichliden des Malawi-Sees (Mbuna)

Becken für aufwuchsfressende Maulbrüter aus dem Malawi-See (Mbuna-Becken).

Besatz: 2 bis 3 Mbuna-Arten (2 Männchen, 4 bis 6 Weibchen), je eines des hochrückigeren und eines des schlankeren Typs aus den Gattungen *Pseudotropheus, Melanochromis* und *Labeotropheus*.

Zusätzlich möglich: Fiederbartwelse aus dem Malawi-See: *Synodontis nyassae* oder *S. petricola* aus dem Tanganyika-See, Harnischwelse der *Ancistrus*-Verwandtschaft als Algenfresser.

Beckenmaße: 150×50×50 cm (großes Becken).

Einrichtung: Mittelgrober Kies als Bodengrund; an den Seiten und im Hintergrund Felsaufbauten aus Steinplatten, Sandstein oder Granitbrocken, die zu vielen Höhlen und höhlenartigen Durchgängen geschichtet sind. Aufbau bis zur Wasseroberfläche! Als Bepflanzung eventuell Aufsitzerpflanzen wie Javafarn (*Microsorium pteropus*) oder Kleines Speerblatt (*Anubias barteri var. nana*).

Technische Besonderheiten: Keine.

Wasser: pH 7,5–8,5; mittelhart bis hart; 25–27 °C.

Zum Foto: In diesem Becken leben *Melanochromis johannii, Pseudotropheus-* und *Labeotropheus-*Arten. Weil das Becken sehr groß ist, können darin auch noch Sandcichliden (*Cyrtocara moorii*) leben. In Anlehnung an die Felsenzone des Malawi-Sees ist das Becken mit Felsenplatten so eingerichtet, daß viele Höhlen entstehen. Die Fische besetzen diese Höhlen als Reviere. Im natürlichen Lebensraum kommen höhere Pflanzen wie die in dem Becken vorhandenen Anubias oder Javafarn nicht vor, in solch einem Biotop-Becken kann man sie indessen pflegen.

Maskencichlide (*Chalinochromis brichardi*).

Magara-Schneckencichlide (*Neolamprologus calliurus*).

Zu den Fotos: Beide Bilder sind im Tanganyika-See aufgenommen worden. Sie zeigen Fische in ihren typischen Biotopen: der Maskencichlide ist ein Bewohner des Felsbiotops, der Schneckencichlide bewohnt hier eine Schneckenansammlung im Übergangsbereich vom Felsen zum Sand.

Tanganyika-Felsenbecken mit Sandbereich

Becken für Felshöhlenbrüter und Schneckencichliden aus dem Tanganyika-See.

Besatz: Ein Pärchen kleiner höhlenbrütender Cichliden (bis 7 cm groß) aus den Gattungen *Julidochromis* oder *Neolamprologus* (zum Beispiel *Julidochromis transcriptus, Neolamprologus buescheri*) und ein Pärchen *Lamprologus ocellatus* oder andere Schneckencichliden aus dem Tanganyika-See.

In sehr großen Becken (ab 150 cm Kantenlänge und 50 cm Beckenhöhe) kann man den freien Wasserraum mit einem Schwarm Kärpflingscichliden besiedeln und auch etwas größere Höhlenbrüter pflegen (zum Beispiel *Neolamprologus longior*).

Beckenmaße: 100 × 40 × 40 cm.

Einrichtung: Im Hintergrund und an einer Seite Steinaufbauten bis zur Wasseroberfläche oder knapp darunter. Die Steinaufbauten so anlegen, daß viele kleinere und mittelgroße Höhlen entstehen. Im vorderen Beckenteil eine Sandschicht (etwa 3 bis 4 cm dick) anbringen und darauf viele leere Weinbergschneckenhäuser verteilen.

Technische Besonderheiten: Keine.

Wasser: pH 7,5–9; mittelhart bis hart; 25–27 °C.

Stromschnellen des Rio Oiapoque in Nordost-Brasilien.

Zwergbuckelkopf (*Steatocranus spec. aff. ubanguiensis*).

Felsiges Stromschnellen–Becken
Ein Becken für kleinere, vor allem bodenbewohnende Fische aus sehr schnell fließenden Gewässern.
Besatz: Ein Paar oder Harem (1 Männchen, 2 bis 3 Weibchen) Strömungscichliden der Gattungen *Steatocranus, Teleogramma, Lamprologus*; je nach Größe 2 bis 5 kleinere Harnischwelse aus der *Ancistrus*-Verwandtschaft; ein Trupp schlanker, strömungsliebender Salmler.
Beckenmaße: 100×40×40 cm.
Einrichtung: Sand- oder Kiesboden (mittlere Körnung), flachliegende Steinplatten, ansteigende, lange, flache Wurzeln, an der hinteren Beckenwand Wurzeln hochragen lassen.
Technische Besonderheiten: Starke Strömung durch Kreiselpumpe.
Wasser: pH um 7; weich bis mittelhart; 26 °C.

Zu den Fotos: Fische, die in Stromschnellen leben, haben ihre Fähigkeit, in freiem Wasser zu schwimmen meistens verloren. Es sind Bodenbewohner, die sich oft hüpfend oder kriechend voranbewegen beziehungsweise Saugvorrichtungen haben, mit denen sie sich an Steinen festhalten können.

Ein Trupp Hohe Skalare (*Pterophyllum altum*).

Zu den Fotos: Die abgebildeten Skalare kommen auch im Schwarzwasser vor. Man kann sie deshalb gut im Wurzelbiotop-Becken halten, da durch die Torffilterung Schwarzwasserverhältnisse imitiert werden. Allerdings soll man die extremen Werte des natürlichen Schwarzwassers nur für die Zucht mancher Arten (einige Salmler) herbeiführen.

Schwarzwasser-Biotop.

Südamerikanisches Wurzelbiotop
Ein Becken für größere, ruhige südamerikanische Fische, die oft aus Schwarzwasser kommen.
Besatz: Ein Schwarm Oberflächensalmler (zum Beispiel 12 Beilbauchfische); 4 bis 6 Skalare, Diskusfische oder Keilfleckenbuntbarsche; entweder 2 bis 4 *Ancistrus* oder 2 bis 3 *Sturisoma*-Welse (beide zusammen vertragen sich nicht); Panzerwelse.
Beckenmaße: 120 × 50 × 50 (60) cm (hohes Becken).
Einrichtung: Dünne Sand- oder Kiesschicht (2 bis 3 cm hoch) als feiner Bodengrund; Strukturierung ausschließlich mit Wurzeln, einige davon flach am Boden liegend, aber so, daß noch genügend freier Sandraum bleibt, andere große, stark verzweigte Wurzeln stehend so angeordnet, daß viele geräumige Unterstände entstehen. Keine Pflanzen.
Technische Besonderheiten: Nur leichte Strömung durch entsprechend eingestellten Motorfilter; Beleuchtung mit nur einer Leuchtstoffröhre (die Fische mögen´s düster!).
Wasser: Torfgefiltertes Wasser; pH um 6; Karbonathärte um 4 °dKH, Gesamthärte nicht höher als 8 °dGH; 28 °C.

Beckentyp: Südostasiatisches verkrautetes stehendes Gewässer
Ein Becken für ruhige, schaumnestbauende Labyrinthfische, kleine Barben oder Bärblinge, Welse.
Besatz: Kleinere südostasiatische Welse, ein Trupp Dornaugen, ein Schwarm Bärblinge, 2 bis 3 Paare Honig- oder Zwergfadenfische.
Beckenmaße: 100 × 40 × 40 cm.
Einrichtung: Bodengrund aus dunklem, nicht scharfkantigem Kies (Fische wühlen im Boden!). Verstecke aus umgedrehten, halbierten Kokosnußschalen mit einem Einschlupfloch; einige Wurzeln, die im Hintergrund nach oben zeigen. In allen Beckenbereichen dichter, zum Teil krautiger Pflanzenwuchs; Javamoospolster, Schwimmpflanzendecke, die 1/2 bis 2/3 der Wasseroberfläche bedeckt.

Technische Besonderheiten: Nur langsam laufender Filter, der auf keinen Fall eine starke Strömung erzeugt.
Wasser: pH um 6,5; weich bis mittelhart; 28 °C.

Schwarzwasserbecken für südostasiatische Fische

Ein Becken für anspruchsvolle Fische aus Südostasien.
Besatz: Großer Schwarm Bärblinge: *Rasbora hengeli* oder *R. heteromorpha* (30 Stück); *Rasbora kalochroma* oder *R. pauciperforata* (15–20 Stück), 2 Paare Mosaikfadenfische, 5–8 Prachtschmerlen.
Beckenmaße: 150 × 50 × 50 cm.
Einrichtung: Feiner, dunkler Bodengrund. Röhrenförmige Verstecke für die Prachtschmerlen, am besten 6–8 cm dicke Bambusröhren-Stücke. Im Hintergrund und an den Seiten Holzwurzeln, die an einigen Stellen bis zur Wasseroberfläche reichen. Teilweise Bedeckung durch Schwimmpflanzen, die keine hohen Lichtansprüche stellen.
Technische Besonderheiten: Nur leichte Strömung, Becken mit nur einer Leuchtstoffröhre beleuchten.
Wasser: pH 5,5–6,5; bis 8 °dGH (bis 4 °dKH); 26–28 °C.

Beckentyp: Regenwaldbach

Ein Becken für kleinere Fische aus kleinen, schattigen, klaren Fließgewässern im Regenwald.
Besatz: Zwergcichlidenpärchen der Gattung *Pelvicachromis* oder Harem (1 Männchen, 2 bis 3 Weibchen) einer *Apistogramma*-Art, 2 Harnischwelse *(Ancistrus)*, ein Schwarm Salmler, Bärblinge oder Leuchtaugenfische.
Beckenmaße: 100 × 40 × 40 cm.
Einrichtung: Dunkler Bodengrund beliebiger Körnung mit einigen runden Kieseln oder vorher getrockneten braunen Buchen- oder Rotbuchenblättern im Vordergrund. Im Hintergrund Wurzeln, die in einer Ecke bis zur Wasseroberfläche reichen, sowie mittlere bis hohe Pflanzen. Zwei kleine Höhlen.
Technische Besonderheiten: Keine.
Wasser: pH um 6,5; weich bis mittelhart; 24 °C.

Zum Foto: Im natürlichen Biotop der Diskusfische gibt es keine Pflanzen, es ist ein reines Wurzelbiotop. Trotzdem lassen sich Diskusfische problemlos in bepflanzten Aquarien halten. Wer diese Fische naturnah halten möchte, sollte für sie das auf Seite 36 beschriebene Wurzelbiotop-Becken einrichten.

Ein Schwarm Blauer Diskusfische.

Die gesunde Ernährung

Mangelerscheinungen, die zu Krankheiten führen können, Verdauungsprobleme und Verfettung kommen auch bei Fischen vor – wenn sie falsch ernährt werden! Auf gesunde Ernährung achten heißt: Abwechslungsreiche, ballaststoffreiche Kost füttern. Und außerdem: Prüfen, ob das Futterangebot dem Nahrungsspektrum der Fische entspricht (→ Steckbriefteil, Seite 74 bis 151).
Die Futterpalette für Aquarienfische umfaßt Trockenfutter, Lebendfutter (einschließlich Gefrierfutter) und Grünfutter.

Trockenfutter

Trockenfutter gibt es mit tierischen und/oder pflanzlichen Inhaltsstoffen im Zoofachhandel.
Es ist gut als Grundfutter. Ausnahme: Nicht für Fische, die nur Lebendfutter annehmen (→ Steckbriefe, ab Seite 74). Immer trocken lagern, nie aus Dosen füttern, die schon länger als 2 bis 3 Monate geöffnet sind (Verlust an Vitaminen und Nährstoffen). Trockenfutter gibt es in Form von Futterflocken oder -granulat, als Futtertabletten und Futterpellets.
Futterflocken oder Futtergranulat sind leicht, schwimmen auf der Wasseroberfläche und senken sich nur ganz langsam ab. Sie sind vor allem für Fische geeignet, die von der Wasseroberfläche oder im freien Wasser fressen. Flocken gibt es in unterschiedlichen Größen (große Flocken für große Fische, kleine Flocken für kleine Fische).
Wichtig: Als Grundfutter Sorten wählen, die viele Ballaststoffe enthalten (siehe Packungsangabe).
Futtertabletten sinken rasch auf den Bodengrund, deshalb eignen sie sich gut für Bodenfische.
Futterpellets sind Futterstäbchen aus gepreßtem Trockenfutter. Als Zusatzfutter für große Fische mit großem Appetit zu empfehlen.
Wichtig: Zusätzlich ballaststoff- und vitaminreiche Kost (zum Beispiel Grünfutter, Kleinkrebse) geben.

Lebendfutter

Der Begriff »Lebendfutter« wird für lebende Futtertiere und für Gefrierfutter verwendet. Ein Qualitätsunterschied zwischen Futtertieren und Gefrierfutter besteht nicht. Es gibt jedoch einige Fischarten, die nur Futtertiere annehmen, die sich bewegen (→ Steckbriefe, ab Seite 74).

Gefrierfutter
Gefrierfutter wird in Tafeln, ähnlich Schokoladentafeln, im Zoofachhandel angeboten. Man lagert es im Tiefkühlfach. Zur Fütterung ein Stück abbrechen und entweder in etwas Wasser auftauen oder an der Wasseroberfläche des Aquariums schwenken, bis es ganz aufgetaut ist.

Lebende Futtertiere
Die gängigsten Futtertiere sind Mückenlarven, Kleinkrebse, Tubifex und Fliegen. Nicht alle bekommt man lebend im Zoofachhandel, manche sind nur über Versender zu haben (Adressen in Aquarienzeitschriften), einige muß man selbst züchten.

Mückenlarven: Als Futtertiere eignen sich Rote Zuckmückenlarven, Schwarze Stechmückenlarven und Weiße Büschelmückenlarven (»Glasstäbchen«). Geeignet für alle Fischarten, die Lebendfutter mögen, ausgenommen sehr kleine Fische, für die Mückenlarven zu groß sind.
- Lebende Weiße Mückenlarven gibt es im Zoofachhandel, jedoch nur in der kalten Jahreszeit. In Eimern mit klarem Wasser im Keller oder im Freien aufbewahren.
- Lebende Rote Mückenlarven bekommt man ganzjährig im Zoofachhandel. In feuchtes Zeitungspapier oder Tuch einschlagen.
- Schwarze Mückenlarven gibt es nur als Gefrierfutter zu kaufen.

Wichtig: Rote Mückenlarven nur begrenzt füttern, da sie aus belasteten Gewässern stammen und schadstoffhaltig sein können. Am sichersten: Süd-

Pseudotropheus »Bright Blue« beim Fressen im Malawi-See.

ostasiatische Produkte. Beim Kauf den Zoofachhändler nach der genauen Herkunft fragen!
Kleinkrebse: Die gängigsten Futterarten sind Wasserflöhe, Cyclops, Bosmiden, Artemia und Mysisgarnelen. Als Zusatzfutter zur Lieferung von Ballaststoffen. Kleinkrebse sind durch ihre unverdauliche Schale besonders ballaststoffreich. Wasserflöhe gibt es auch lebend, alle aber als Gefrierfutter im Zoofachhandel.

- Kleinere Fischarten nehmen Wasserflöhe, Cyclops, Bosmiden und Artemia-Nauplien.
- Größeren Fischarten Mysisgarnelen und ausgewachsene Artemia verfüttern.

Hinweis: Kleinkrebse enthalten Carotinoide. Diese Stoffe fördern die natürliche Rotfärbung bei Fischen. Auch Edelsüßpaprikapulver enthält Carotinoide (über Futter streuen).
Tubifex (Schlammröhrenwürmer): Sind nur als Zusatzfutter in kleinen Mengen zur Zufuhr von Fett und Proteinen zu empfehlen. Sie sind oft schadstoffbelastet. Zur Senkung des Schadstoffgehalts

Zum Foto: Aufwuchsfressende Fische haben speziell entwickelte Zähne und Maulformen, die ihnen das Abschaben von Aufwuchs erleichtern. Als Aufwuchs bezeichnet man die auf Substrat wachsenden Algen sowie die dazwischen lebenden Kleinstlebewesen. Unter den Aufwuchsfressern gibt es Arten, die sowohl die Algen als auch die Kleinstlebewesen fressen, aber auch solche, die durch ihre spezielle Bezahnung vorwiegend nur das eine oder andere verwerten.

Knurrender Dornwels zwischen Pflanzen versteckt.

die Würmer 2 bis 3 Tage in Eimern wässern und täglich das Wasser wechseln. Tubifex bekommt man nur lebend im Zoofachhandel.
Fruchtfliegen (*Drosophila*): Die Fliegen »schwimmen« beim Füttern auf der Wasseroberfläche. Sie sind geeignet für Oberflächenfische und Bewohner der Mittelzone, die gerne Insekten fangen. Fruchtfliegen muß man selbst züchten (Anleitung → Praxis »Fischzucht«, Seite 54).
Wichtig: Viele Fischarten, vor allem Killifische, kommen ohne *Drosophila* nicht aus.
Fisch- und Muschelfleisch: Auch in Streifen geschnittenes Fischfilet oder Muschelfleisch kann gefüttert werden. Es läßt sich gut tiefgefroren aufbewahren. Als Grundfutter für große Fische ist es gut geeignet, allerdings muß man für zusätzliche Ballaststoffe sorgen, zum Beispiel durch Fütterung von Grünfutter oder Kleinkrebsen.

Grünfutter

Ohne Grünfutter kommen viele Fische, vor allem Harnischwelse und viele Buntbarsche, nicht aus. Man kann Trockenfutter auf pflanzlicher Basis aus dem Zoofachhandel reichen oder frisches Grünzeug. Als frisches Grünfutter geeignet sind kurz überbrühte Spinat- oder Salatblätter, 5 Minuten gekochter Rosenkohl oder rohe Kartoffelstückchen. Man bereitet größere Mengen vor und friert sie zur Vorratshaltung ein.
Wichtig: Reste nach einem, spätestens nach zwei Tagen wieder entfernen, da sie verwesen und das Wasser belasten.

Vitamine als Futterzusatz

Vitaminmangel schwächt die Widerstandskraft der Fische. Als zusätzliche Vitamingabe können Sie das Futter mit Multivitaminpulver bestäuben beziehungsweise es darin wenden. Wenn Sie richtig gelagertes Trockenfutter oder abwechslungsreiche Lebendfutterkost geben, sind Ihre Fische aber ausreichend mit Vitaminen versorgt.

Fütterungsregeln

- Abwechslungsreich füttern.
- Am besten mehrmals täglich kleinere Portionen füttern, zumindest aber morgens und abends.
- Nur so viel füttern, wie in wenigen Minuten gefressen wird. Ausnahme: Frisches Grünfutter.
- Einmal pro Woche einen Fastentag einlegen – das bekommt der Verdauung der Fische gut. Ausnahme: Jungfische, die noch im Wachstum sind, brauchen jeden Tag Futter!
- Scheue, nachtaktive Fische nach Abschalten der Beleuchtung abends extra füttern.

Mein Tip: Nehmen Sie die täglichen Fütterungszeiten zum Anlaß, Ihre Fische genau zu beobachten. Körperliche Veränderungen oder Verhaltensänderungen können Hinweise auf Krankheitssymptome, Pflegefehler oder Vergiftungen sein. Näheres dazu im Kapitel »Fischkrankheiten«, Seite 42.

Ein Schwarm Brillantsalmler (*Moenkhausia pittieri*) in einem dichtbepflanzten Gesellschaftsaquarium. ▷

Fischkrankheiten vorbeugen und behandeln

Bei richtiger Wasserpflege und Einrichtung, artgerechter Ernährung sowie richtiger Vergesellschaftung treten Krankheiten im Aquarium selten auf. Pflegefehler aber schwächen die Fische und führen mit großer Wahrscheinlichkeit zu Erkrankungen. Nur selten sind Krankheiten eingeschleppt und befallen kräftige, gesunde Fische.
Wichtig: Kaufen Sie keine Fische, die auch nur geringfügige Krankheitsanzeichen zeigen! Lassen Sie sich beim Kauf Zeit und überprüfen Sie, wenn möglich, ob die Fische gut fressen und sich – ihrer Art gemäß – lebhaft genug verhalten.

Krankheiten erkennen und behandeln

Veränderungen an Körper, Farbe und Verhalten sind Warnsignale! Wer seine Fische gut kennt und täglich genau beobachtet, wird die Anzeichen nicht übersehen. Doch dann herauszufinden, warum ein Fisch sich nicht wohl fühlt, ist selbst für erfahrene Aquarianer nicht ganz einfach.
Grundregel Nr. 1: Bei Krankheitsanzeichen sofort die Pflegemaßnahmen überprüfen (→ Checkliste, Seite 45) und Abhilfe schaffen.
Grundregel Nr. 2: Nur jene Krankheiten selbst behandeln, die Sie aufgrund eindeutiger Merkmale sicher diagnostizieren können (→ Seite 47).
Grundregel Nr. 3: Im Zweifelsfall den Fachmann fragen! Das kann ein erfahrener Zoofachhändler sein oder ein Tierarzt, der sich mit Fischkrankheiten auskennt. Die tierärztlichen Fakultäten mancher Universitäten haben eine Beratungsstelle für Fischkrankheiten. Wenn Sie einen Fachmann zu Rate ziehen, sollten Sie ihm Veränderungen im Verhalten und Aussehen der Fische möglichst genau beschreiben können!
Eine Alternative für gewissenhafte Beobachter: Fischkrankheiten mit Hilfe von Fachliteratur genau studieren (→ Bücher, Seite 158). Zur Diagnose muß man mit dem Mikroskop umgehen können. Erkundigen Sie sich am besten beim örtlichen Aquarienverein, ob Ihnen dort jemand Rat und Lernhilfe geben kann.
Bitte beachten Sie: Erst durch regelmäßige, am besten tägliche Beobachtung können Sie beurteilen, ob ein Fisch zum Beispiel scheuer oder in der Färbung dunkler ist als sonst. Übrigens: Eine Detailbeobachtung ergibt oft noch kein eindeutiges Krankheitsbild! Sammeln Sie Beobachtungen und ziehen Sie Rückschlüsse aus dem Gesamtbild!
Wichtig: Plötzliche Verhaltensänderungen (wie zum Beispiel häufiges Verstecken in der Bruthöhle oder Körperzittern) können auch zum Fortpflanzungsverhalten der Art gehören. Berücksichtigen Sie das artspezifische Balzverhalten.

Vergiftungen

Vergiftungen treten auf, wenn sich durch Pflegefehler oder – seltener – durch belastetes Trinkwasser besonders hohe Schadstoffwerte angesammelt haben. Die Fische reagieren darauf zum Beispiel mit Atemproblemen, Schreckhaftigkeit, Umherschießen im Aquarium, Blässe, sie kümmern.
Wichtig: Auf Vergiftungen muß man sofort reagieren, indem man unverzüglich das Wasser entgiftet (→ Maßnahmen bei den einzelnen Vergiftungsmöglichkeiten). Vergiftungen können Krankheiten vortäuschen. Außerdem haben viele Vergiftungen gemeinsame Merkmale und sind deshalb nicht ganz leicht voneinander zu unterscheiden. Deshalb: genau hinschauen und richtig handeln!

Kohlendioxidvergiftung

Pflanzen brauchen Kohlendioxid als Nährstoff, aber Fische können auf zu hohe Werte empfindlich reagieren.
Ursache: Zu starke Kohlendioxiddüngung.
Kennzeichen: Schnelle Atembewegungen, unruhiges Umherschwimmen, Taumeln, Apathie.
Gegenmaßnahmen: Starke Belüftung mit Hilfe des Filters, Wasserwechsel, neues Einregulieren der Kohlendioxiddüngung.
Mein Tip: Nie nachts düngen! Die Pflanzen benötigen nachts kein Kohlendioxid.

Jungfische von Orangesaumwelsen (*Baryancistrus spec.*) aus dem Rio Xingú, Brasilien.

Zwergbuckelkopf lugt aus seinem Brutversteck.

Zum Foto oben: Buntgefärbte Harnischwelse sind Schmuckstücke für ein Aquarium. Viele von ihnen werden zwar sehr groß, wachsen aber sehr langsam. Bisher weiß man wenig über ihre Lebensweise. Falsche Ernährung zum Beispiel führt bei Harnischwelsen schnell zu Darmerkrankungen. Bei den meisten Arten ist die Zucht noch nicht gelungen. Für Aquarianer wäre es eine wichtige Aufgabe zu versuchen, diese Schönheiten artgerecht zu pflegen und zur Fortpflanzung zu bringen.

Zum Foto unten: Beim Einrichten und Vergesellschaften muß man die Lebensweise der Fische berücksichtigen. So zum Beispiel bedeutet es krankmachenden Streß, wenn sich versteckliebende Fische nicht zurückziehen können.

Ammoniakvergiftung

Ursachen: Wenn zu viel organische Abfallprodukte vorhanden sind, die nicht mehr abgebaut werden können, entsteht eine hohe Ammoniakkonzentration in Aquarien. Bei pH-Werten über 7 besteht die Gefahr einer Ammoniakvergiftung, da sich das harmlose Ammonium teilweise in giftiges Ammoniak umwandelt (→ Praxis »Wasserchemie«, Seite 16).

Lochkrankheit bei einem Diskusfisch.

Zum Foto: Typische Anzeichen der Lochkrankheit sind die grubenartigen Vertiefungen in der Kopfregion (mit oder ohne weißlichem Pilzbelag). Diese Krankheit ist in der Regel auf Pflegefehler zurückzuführen, zum Beispiel Vitaminmangel durch falsche Ernährung.

Kennzeichen: Heftige Atmung, träges Stehen unter der Wasseroberfläche. Besonders charakteristisch sind lila verfärbte Kiemen bei starker Vergiftung (Fisch herausnehmen, Kiemendeckel vorsichtig anheben!).
Gegenmaßnahmen: Absenken des pH-Wertes unter 7, dann belastende Stoffe durch Wasserwechsel entfernen. Vergiftungsursache beseitigen.

Nitrit/Nitratvergiftung

Beim Abbau organischer Abfallstoffe entsteht unter anderem Nitrit, das normalerweise durch Mikroorganismen weiter zu Nitrat abgebaut wird (→ Praxis »Wasser«, Seite 16). Nitrit ist giftiger als Nitrat.
Ursachen für eine Nitritvergiftung: Das Wasser ist stark mit organischen Abfallstoffen belastet, und die Bakterien bauen das Nitrit nicht mehr weiter zu Nitrat ab.
Ursachen für eine Nitratvergiftung: Der Nitratgehalt im Leitungswasser ist zu hoch, oder das Wasser ist stark mit organischen Abfallstoffen belastet. (Nitratgehalt kontrollieren, → Seite 15).
Kennzeichen für Nitrit/Nitratvergiftung: Heftige Atmung, träges Stehen unter der Wasseroberfläche. Besonders charakteristisch: Die Fische haben oft eine auffallend intensive Färbung angenommen.
Gegenmaßnahmen: Vorsichtiger Wasserwechsel, bis die Beschwerden aufhören, dann Vergiftungsursache beseitigen.

Medikamentenvergiftung

Kann bei Fischen auftreten, kurz nachdem Medikamente zur Krankheitsbekämpfung ins Aquarienwasser gegeben wurden.
Gegenmaßnahmen: Filterung über Aktivkohle (→ Spezialfiltermaterialien, Seite 22), Teilwasserwechsel.

Vergiftungen durch Leitungswasser

Hier gibt es mehrere Vergiftungsmöglichkeiten:
Chlorvergiftung: Kann entstehen, wenn (vor allem in den Sommermonaten) das Leitungswasser zur Bakterienbekämpfung gechlort wurde. Zu erkennen am Chlorgeruch.
Abhilfe schaffen durch kräftiges Belüften, zugeben von Wasseraufbereitungsmittel (Zoofachhandel). Bei späterem Wasserwechsel unbedingt Wasser zuvor belüften (treibt Chlor aus) oder 1 bis 2 Tage abstehen lassen.
Kupfervergiftung: Kann entstehen, wenn das Wasser durch Kupferrohre läuft (oft in Altbauten). Leitungswasserprobe mit Kupfer-Nachweistest aus dem Laborfachhandel. Wasseraufbereitungsmittel verwenden, in schlimmen Fällen lohnt sich Anschaffung einer Umkehr-Osmose-Anlage.
Schadstoffvergiftung: Das Leitungswasser kann auch durch andere Schadstoffe belastet sein. Bei Verdacht mit Aktivkohle filtern – das schafft in den meisten Fällen Abhilfe.

Checkliste für das Erkennen von Pflegefehlern

Die nachfolgenden Fragen helfen Ihnen, auch die auf den ersten Blick nicht erkennbaren Pflegefehler ausfindig zu machen. Stoßen Sie auf eine »Schwachstelle«, sofort Abhilfe schaffen.

Fragen	**Abhilfe**
Wasserpflege: Schlechte Wasserqualität bedeutet für die Fische: ungünstige Lebensbedingungen und damit mögliche Schwächung ihrer Abwehrkräfte.	
Ist der Ammoniumwert erhöht?	Seite 14.
Ist der Nitrat/Nitritwert zu hoch?	Seite 15.
Sind verwesende Futterreste im Becken?	Sofort entfernen; Fütterungsregeln beachten, → Seite 40.
Ist ein toter Fisch im Aquarium?	Sofort entfernen, Todesursache feststellen, → Seite 46.
Ist der Filter verschmutzt?	Reinigen, → Seite 24.
Ist der Teilwasserwechsel überfällig?	Wasserwechsel vorsichtig durchführen.
Stimmen die Wasserwerte für die gepflegten Fische (pH, dGH, Temperatur)?	Die jeweiligen Angaben in den Steckbriefen der Fischarten beachten, Seite 74 bis 151.
Ist genug Sauerstoff im Wasser?	Belüften, → Seite 13.
Wurden vor kurzem Medikamente oder andere chemische Zusätze ins Wasser gegeben?	Teilwasserwechsel und Aktivkohlefilterung.
Fischbesatz: Überbesatz und/oder falsche Vergesellschaftung bedeuten Streß für Fische, was auf Dauer ihre Abwehrkräfte schwächt. Deshalb abchecken:	
Ist das Aquarium übersetzt? Werden Fische gejagt?	Besatz reduzieren. Jäger und gejagte Tiere entfernen oder genügend Versteckplätze schaffen; Vergesellschaftung überprüfen.
Hindern durchsetzungsfähigere Arten andere an der Nahrungsaufnahme?	Vergesellschaftung überprüfen; Verhalten der Fische besser berücksichtigen: Erst die gierigen Fische sättigen, dann die zurückhaltenden. Nachtaktive nach Abschalten der Beleuchtung füttern.
Wurden neue Fische und/oder andere Fischarten eingesetzt?	Prüfen, ob Krankheiten eingeschleppt, → Seite 47; falls Unverträglichkeit der Fische untereinander, Besatz ändern.
Ernährung: Falsche Ernährung kann zu Mangelerscheinungen, Verdauungsproblemen oder Verhungern führen.	
Ist das Futter auf die Artenzusammensetzung im Becken abgestimmt?	Futterbedürfnisse der gehaltenen Fische beachten, → Steckbriefe, ab Seite 74. Artgerecht füttern; prüfen, ob Krankheit vorliegt.
Bekommen die Fische genügend Ballaststoffe und Vitamine?	Fehlende Stoffe ergänzen, → Seite 38 und 40.

In vielen Krankheitsfällen ist der Weg zum Fachmann nicht zu umgehen, weil entweder für die Behandlung verschreibungspflichtige Medikamente nötig sind oder eine sichere Diagnose von einem Aquarianer ohne Spezialkenntnisse nicht gestellt werden kann.

Diagnose- und Therapiehilfen

In der nebenstehenden Tabelle sind Krankheiten aufgeführt, die Sie aufgrund deutlich zu sehender Merkmale erkennen können. Die Zahlen geben Therapiemöglichkeiten an, die auf im Zoofachhandel erhältlichen Medikamenten oder auf »Hausmitteln« basieren.
Wichtig: Können Sie anhand der angegebenen Merkmale keine Diagnose stellen, unbedingt den Fachmann aufsuchen!
Mein Tip: Die nachfolgend genannten Mittel am besten immer zu Hause haben.
Bei allen Behandlungen darauf achten, daß alle Wasserwerte beibehalten werden – außer eine Änderung der Wasserwerte wird therapeutisch empfohlen.

1 Wärmebehandlung
Wird im Haltungsbecken durchgeführt.
Hilft bei: Schwachem Befall mit Ichthyophtirius, Oodinium und auch anderen Außenparasiten (Costia/Trichodina).
Anwendung: Nur in Becken mit absolut sauberem Wasser und guter Sauerstoffversorgung. Temperatur um 1 °C pro Stunde erhöhen,
- bei Ichthyophtirius 10 Tage lang auf 30 °C halten;
- bei Oodinium für 24–36 Stunden auf 33–34 °C.

Wichtig: Fische beobachten! Bei Ausfallserscheinungen, wie Gleichgewichtsstörungen, die Therapie abbrechen.

2 Formalinkurzbad
Wird im Eimer durchgeführt.
35–40 %iges Formalin erhalten Sie in der Apotheke.
Hilft bei: Haut- und Kiemenwürmern und vielen anderen Außenparasiten.
Anwendung: 2–4 ml Formalin (35–40 %ig) auf 10 l Wasser. Fische maximal 30 Minuten lang in den Eimer mit der Lösung setzen.
Wichtig: Bei Gleichgewichtsstörungen Fische sofort ins Haltungsbecken zurücksetzen.
Achtung: Formalin ist stark ätzend sowie krankheitserregend. Nicht mit Haut, Augen und Schleimhäuten in Kontakt bringen. Vor Kindern sicher aufbewahren!

3 Kochsalzbad
Wird im Eimer durchgeführt.
Hilft bei: Verpilzungen, Ichthyophtirius, bei schwachem Befall von Haut- und Kiemenwürmern.
Anwendung: 10–15 g Kochsalz pro 1 l Wasser. Fische unter Beobachtung 20 Minuten lang darin baden.
Wichtig: Bei Ichthyophtirius unbedingt alle Fische im Becken behandeln und – ganz wichtig – nach der Erstbehandlung das Bad 2mal nach je 48–72 Stunden wiederholen.

4 Malachitgrünoxalathaltige Medikamente
Behandlung kann im Haltungsbecken erfolgen. Die Mittel sind im Zoofachhandel erhältlich.
Hilft bei: Befall mit Ichthyophtirius, Verpilzungen. Bei Auftreten von Ichthyophtirius an einzelnen Fischen sollte immer der ganze Beckenbesatz therapiert werden.
Anwendung: Gemäß Gebrauchsanleitung.
Wichtig: Becken gut durchlüften. Bei Wasserwechsel nachdosieren!

5 Furazolidonhaltige Medikamente
Behandlung kann im Haltungsbecken erfolgen, am besten mit Aquafuran®.
Hilft bei vielen bakteriellen Erkrankungen, z. B. bakterieller Flossenfäule, manchmal in Anfangsstadien der Bauchwassersucht.
Anwendung: Gemäß Gebrauchsanleitung.
Hinweis: Ursachen für Flossenfäule und Bauchwassersucht sind meist schlechte Haltungsbedingungen.

6 Hilfen gegen »Lochkrankheit« und Darmflagellaten
Bei Lochkrankheit Befall mit oder ohne Darmflagellaten möglich.
Behandlung: Kommt auf die Ausprägung der Krankheit an:
- Sind nur kleine Löcher in der Kopfregion vorhanden, kann die Fütterung mit vitaminisiertem Futter (→ Seite 40) einem Fortschreiten der Krankheit entgegenwirken. Ursache ist oft Vitaminmangel und einseitige Ernährung.
- Ist der Befall mit Darmflagellaten wahrscheinlich (Anzeichen = weißer, fädiger Kot), suchen Sie einen Fachmann auf. Sprechen Sie ihn auf eine Behandlung mit Gabbrocol® oder Metronidazol (Clont®) an. Auf alle Fälle vitaminreich füttern.

Fräßkopfwürmer (Camallanus)
Kennzeichen: Bei ruhig stehendem Fisch hängen Wurmenden aus dem geweiteten After. In diesem Fall den Fachmann aufsuchen.
Mein Tip: Sprechen Sie ihn auf eine Behandlung mit Flubendazol (Flubenol, Firma Janssen) an.

Fische zum Fachmann transportieren
- Kranke Fische am besten lebend zum Fachmann bringen (möglichst zwei Stück).
- Auch tote Fische zur Diagnose zum Fachmann bringen oder per Post schicken, damit der übrige Bestand, wenn nötig, rasch behandelt werden kann.
- Fische sofort nach Eintreten des Todes tiefgefrieren. Bei Fischen, die länger als 20 Minuten nach ihrem Tod tiefgefroren werden, ist eine Diagnose kaum mehr möglich.
- Tote Fische zum Transport in Pergamentpapier wickeln (nicht in Plastiktüte).
- Verschicken: Als Gefriergut in Styroporbehälter mit Tiefkühlelement.

Hinweis: Fische nicht in Formalin oder Alkohol legen, weil dann eine Diagnose nicht mehr möglich ist.
Mein Tip: Beim örtlichen Aquarienverein nach Fachleuten fragen.

Töten eines Fisches
Manchmal ist es sinnvoll, unheilbar kranke Fische zu töten, um sie von ihrem Leiden zu erlösen. Man durchtrennt mit einem scharfen Messer oder einer scharfen Schere das Rückgrat des Fisches unmittelbar hinter dem Kopf. Größere Fische vorher durch einen Schlag mit einem harten Gegenstand auf den Kopf betäuben.

Desinfizieren
Vor der Neueinrichtung eines Aquariums, in dem eine Seuche (z. B. Neonkrankheit) aufgetreten ist, müssen das Becken und alle in dem Becken benutzten Geräte (Netze, Filter usw.) desinfiziert werden. Nur sinnvoll bei Neubesatz, Fische aus altem Becken sind oft stille Träger der Seuche und infizieren das Becken wieder.
Mittel: Kaliumpermanganat (in Apotheke erhältlich).

Anwendung: Aquarium oder Desinfektionsbehälter für Geräte bis zum Rand mit Wasser füllen. Soviel Kaliumpermanganatpulver dazugeben, bis eine tiefviolette, undurchsichtige Lösung entsteht. Alle Geräte hineinlegen, leeren Filter in Betrieb nehmen. 3 Tage stehen lassen, danach entleeren. Becken und Geräte so lange mit Wasser spülen, bis keine Violettfärbung mehr auftritt.

Diagnose- und Therapiehilfen

Symptome / Krankheitsbild und empfohlene Therapie	Ichthyophtirius Therapie 1, 3, 4	Oodinium pillularis Therapie 1	Kiemen-Hautwürmer Therapie 2, 3	Bauchwassersucht Therapie 5	Bakterielle Flossenfäule Therapie 5	Lochkrankheit/ Darmflagellaten Therapie 6
Weiße, bis 1,5 mm große Punkte auf der Körperoberfläche	🐟					
Kleine, bis 0,3 mm große Punkte – oft dicht als weißlicher bis gelblicher Belag		🐟				
Heftige und häufige Schluckbewegungen und/oder abstehende Kiemendeckel			🐟			
Heftige Atmung	🐟	🐟	🐟			
Aufgeblähter Leib, oft mit abstehenden Schuppen				🐟		
Glotzaugen				🐟		
Abmagerung						🐟
Dunkelfärbung des Körpers						🐟
Kleine, mit der Zeit größer werdende Löcher in der Kopfregion, oft mit weißer Schicht ausgekleidet						🐟
Weißer, fädiger, schleimiger Kot						🐟
Zerfranste, oft kürzere Flossen mit oder ohne weißen Rand					🐟	
Scheuern an Gegenständen im Aquarium	🐟	🐟	🐟			

Wie der Neon leuchtet

Der Leuchtstreifen kommt am besten in dunkel eingerichteten, schwach beleuchteten Becken zur Geltung. Man nimmt an, daß der Streifen als Signal für den Schwarmzusammenhalt in dunklen Gewässern dient. Im Gegensatz zum Glühwürmchen, das sein Licht mit Hilfe chemischer Reaktionen selber produziert, nutzt der Neon eine Lichtquelle von außen. Irisierende Teilchen in den Farbzellen des Leuchtstreifens reflektieren auch spärliches Licht effektiv. Je nach Einfallwinkel des Lichts schillert der Streifen in unterschiedlichen Farben (grün bis blau). Nachts, wenn der Neon seine »Reflektoren« in den Farbzellen auf »Ruhestellung« bringt, leuchtet der Streifen fast nicht. Auch wenn jetzt Licht einfällt, trifft es die »ruhenden« Reflektoren in einem Einfallswinkel, der das Leuchten kaum zustande kommen läßt. Es dauert nun eine kleine Weile bis die »Reflektoren« wieder in Arbeitsstellung stehen und der Streifen schön leuchtet.

Aquarienfische züchten

Wer erfolgreich züchten möchte, muß die artspezifischen Bedürfnisse seiner Fische kennen und die entsprechenden Lebensbedingungen – je nach Art – im Haltungs- oder Zuchtbecken schaffen.
Zucht bedeutet immer auch Auswahl und Auslese. Kranke oder mißgebildete Jungtiere sollten nicht aufgezogen werden, und auch nicht alle erwachsenen Tiere sind für die Zucht geeignet.

Die Auswahl der Elterntiere

Eine Voraussetzung für den Zuchterfolg ist die richtige Auswahl der Elterntiere. Achten Sie dabei auf folgendes:
Artspezifische Merkmale: Die Fische sollten in Körperform, Größe und Zeichnung die charakteristischen Merkmale ihrer Art tragen, um diese an die Jungen weitergeben zu können. Abweichungen zu züchten, ist nicht sinnvoll!
Gesundheit der Elterntiere: Gesunde Tiere produzieren am wahrscheinlichsten auch gesunde Brut. Auf Seite 24 im Abschnitt »Kauf und Einsetzen von Fischen« sind die Merkmale aufgeführt, mit denen Sie einen gesunden Fisch von einem kranken oder mißgebildeten unterscheiden können. Grundvoraussetzung: Die Tiere sollen einen kräftigen und ihrer Lebensweise entsprechend aktiven Eindruck machen.
Verträglichkeit der Partner: Die Sympathie der Partner spielt bei allen Fischen eine wichtige Rolle, gleichgültig, ob sie eine länger dauernde Paarbindung eingehen oder nur zur Laichabgabe zusammenkommen. Deshalb möglichst solche Partner auswählen, die sich im Haltungsbecken gut vertragen oder sogar schon sexuelle Aktivitäten gezeigt haben. Hinweise dafür gibt das Balzverhalten, bei dem sich die Tiere voreinander mit besonderen Verhaltensweisen und auch Farben präsentieren.
Kreuzungen verschiedener Arten oder verschiedener Farbformen der gleichen Art sind zu vermeiden.

Was Fische zum Laichen anregt

Die richtige Fütterung: Einige anspruchslose Fischarten bringt man auch mit Trockenfutter zur Laichreife. Viele Arten laichen aber nur, wenn sie spezielles Futter bekommen, das ihren Ansprüchen an die Nahrung am meisten entspricht (→ Steckbriefe, Seite 74 bis 151). Zum Beispiel setzen Salmler, die mit schwarzen Mückenlarven gefüttert werden, erfahrungsgemäß besonders gut Laich an.
Die richtige Umgebung: Manche Arten brauchen Versteckplätze, andere einen Schwarm von Artgenossen, um sich wohl zu fühlen. Zuchtversuche gelingen nur, wenn die Bedingungen im Haltungs- oder Zuchtbecken die Ansprüche der jeweiligen Fischart erfüllen. Zum Beispiel brauchen viele Salmler dunkel gehaltene Becken. In zu hellen Becken stehen sie nur verschreckt in der Ecke, balzen nicht und laichen nicht ab, obwohl sie Laich angesetzt haben.
Laichsubstrate: Mit Ausnahme der Freilaicher brauchen alle Fische ihrer Art entsprechende Laichunterlagen, auf denen sie ihre Eier ablegen.
Der Laichrhythmus: Die meisten tropischen Fische laichen in der Natur in der Regenzeit. Um in Laichstimmung zu kommen, brauchen manche auch im Aquarium Signale: Es ist Regenzeit!
Die Regenzeit hat Einfluß auf die Wassertemperatur, den Salzgehalt, den Wasserstand und den pH-Wert. Mit Hilfe dieser Faktoren kann man bei vielen Arten »Regenzeit-Signale« im Aquarium setzen. Doch dies gelingt nicht bei allen Aquarienfischen. Bei der Prachtschmerle sind Nachzuchten bis jetzt noch nicht gelungen, da alle Versuche, für sie im Becken die richtige Ablaichstimmung zu schaffen, fehlgeschlagen sind.
Temperaturänderung: Reicht zum Beispiel bei Panzer- und Schwielenwelsen aus, um sie zur Laichabgabe zu bewegen. Wechseln Sie mehrere Tage hintereinander täglich 1/4 des Wassers, so daß das Beckenwasser nach dem Teilwasserwechsel 3 bis 5 °C kälter als vorher ist.
Salzgehalt, pH-Wert und Wasserstand verändern: Viele anspruchsvolle Arten wie Messerfische,

Tanganyika-Clown (*Eretmodus cyanostictus*) – Pärchen bei der Eiübergabe.

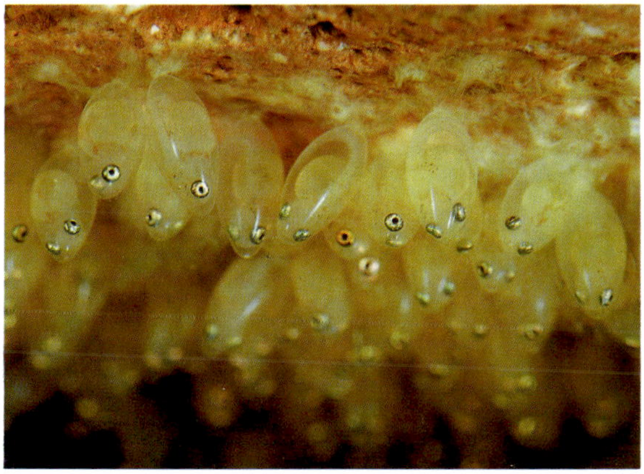

Gelege der Wüstengrundel.

Zum Foto links: Die Larven der Wüstengrundel (*Chlamydogobius eremius*) stehen kurz vor dem Schlupf aus der Eihülle. Man erkennt deutlich die schon fertig ausgebildeten Augen und den Dottersack. Da die Eier durchsichtig sind, kann man die gesamte Larvenentwicklung verfolgen.

Nilhechte und wahrscheinlich auch Arten, deren Nachzucht bisher nicht gelungen ist, müssen langsam in Regenzeitstimmung gebracht werden. Versuchen Sie es mit der »Kirschbaum-Methode«, damit hat man beim Messerfisch *(Eigenmannia spec.)* schon Erfolge erzielt.

Die »Kirschbaum-Methode«: Wasserspiegel zuerst um die Hälfte senken, dann täglich etwa 5 % der Wassermenge, die im Becken ist, mit voll entsalztem Wasser wieder auffüllen. Die Wassertemperatur spielt bei dieser geringen Menge keine Rolle. Vorgang mehrere Wochen lang wiederholen. Befand sich der pH-Wert zuvor im alkalischen Bereich, sollte er nun in den schwach sauren Bereich abfallen. Wasser, das sich bereits im schwach sauren Bereich befand, ändert seinen pH-Wert nicht. Gilt nicht für Hartwasserfische.

Mein Tip: Zusätzlich über die Spritzrohre eines Motor-Außenfilters stundenweise »Regen« auf die Wasseroberfläche spritzen (Zeitschaltuhr benut-

zen!). Bei Erreichen der Laichreife, die man u. a. an den dickeren Bäuchen der Weibchen erkennt, die erreichten Wasserwerte beibehalten!
Wichtig: Schlagen alle Versuche, Fische in Laichstimmung zu bringen, fehl, probieren Sie es zu einer anderen Jahreszeit wieder. Besonders Wildfänge haben oft eine innere Uhr, die auch bei günstigen Umständen Laichstimmung nur zu bestimmten Jahreszeiten zuläßt.

Ratschläge fürs Züchten

In welchem Becken gezüchtet wird, ist abhängig von der Art. Man unterscheidet:

- Arten, bei denen Eiablage, Schlüpfen und Heranwachsen der Jungen im Haltungsbecken stattfinden, zum Beispiel viele Cichliden.
- Arten, bei denen man die Elterntiere in ein gesondertes Zuchtbecken setzen muß, weil die speziellen Zuchtbedingungen (Wasserwerte, Wasserreinheit) nicht in einem normal betriebenen Becken geschaffen werden können, zum Beispiel die meisten Salmler.
- Arten, die im Haltungsbecken ablaichen, bei denen die Eier und/oder die Jungfische in ein Aufzuchtbecken überführt werden müssen, zum Beispiel Regenbogenfische (Eier oder Larven), Panzerwelse (Eier), Grundeln (Jungfische).
- Arten, bei denen ein Elternteil vorsichtig in ein Aufzuchtbecken überführt werden muß oder störende Mitbewohner aus dem Aufzuchtbecken entfernt werden müssen, zum Beispiel viele Maulbrüter und Lebendgebärende.

Umsetzen ins Zuchtbecken

Zuchtbecken kann sein:

- ein hygienisches Ablaichbecken (→ Praxis-Seite 54), aus dem die Elterntiere nach der Eiablage entfernt werden. Die Brut verbleibt, bis sie in größere Becken umgesetzt werden muß.
- ein Becken, in dem die Zuchttiere gehalten werden, bis das Brutgeschäft abgeschlossen ist.

Wichtig: Die Elterntiere müssen beim Umsetzen langsam an die neuen Wasserverhältnisse gewöhnt werden: Die Fische zusammen mit etwas Wasser aus dem Haltungsbecken in einen Eimer setzen. 1 bis 2 Stunden lang in Abständen von 10 Minuten Wasser aus dem Zuchtbecken einfüllen, bis der Eimer voll ist. Die Fische mit einem Netz aus dem Eimer fangen und ins Zuchtbecken setzen. Bitte beachten Sie: Die Wassertemperatur im Eimer und im Zuchtbecken muß übereinstimmen!

Ein Pärchen Küssende Guramis.

Mein Tip: Wollen Sie nur einige wenige Jungtiere von Arten aufziehen, die im Haltungsbecken ablaichen: Aufkommende Jungfische in Ablaichkästen, die ins Haltungsbecken eingehängt werden, umsetzen (→ Praxis-Seite 54).

Überführen von Eiern, Larven oder Jungfischen

Ob Eier, Larven oder Jungfische in ein Aufzuchtbecken überführt werden, hängt von der Art ab.
Nichtbrutpflegende Arten: Die Eier oder Larven in ein Aquarium mit 10 bis 30 l Fassungsvermögen umsetzen. Aus Hygienegründen auf Bodengrund verzichten. Wasserwerte wie im Haltungsbecken! Die Eier mit dem Ablaichsubstrat überführen oder das Substrat im Aufzuchtbecken ausschütteln. Bei einigen Arten wie Panzerwelsen werden die festklebenden Eier mit einer Rasierklinge abgehoben und dann überführt. Ein bakterien- und pilzhemmendes Mittel ins Wasser geben – streng nach Gebrauchsanweisung!
Die Larven, die an der Oberfläche schwimmen, vorsichtig mit einer Kelle (Küchenkelle) abschöpfen. Alle anderen mit dem Schlauch (wie beim Wasserwechsel) absaugen.
Kot und Futterreste mindestens einmal täglich mit einem dünnen Schlauch absaugen. Das fehlende Wasser durch frisches Wasser gleicher Temperatur und gleicher Wasserwerte ersetzen.
Die herangewachsenen Jungfische werden in möglichst große Aufzuchtbecken überführt.
Brutpflegende Arten: Für die Dauer der Brutpflege werden Larven und Jungfische von brutpflegenden Arten zusammen mit ihren Eltern im

Das »Küssen« gehört zur Balz.

Umschlingung beim Ablaichen.

Haltungs- oder eigenen Zuchtbecken aufgezogen. Gegen Ende der Brutpflege überführt man die Jungtiere in möglichst große Aufzuchtbecken, wo sie bleiben, bis sie herangewachsen sind. Gleiche Wasserwerte im Aufzucht- wie im Haltungsbecken! Teilwasserwechsel mehrmals wöchentlich, da das Becken bei dem meist sehr intensiven Besatz schnell verschmutzt.

Fütterung der Brut

Richtige Fütterung der Brut ist grundlegend für die Entwicklung gesunder Fische. Angefüttert werden Larven beziehungsweise Jungfische mit speziellem Erstfutter (zum Beispiel Artemia, Pantoffeltierchen usw.). Zur weiteren Aufzucht werden langsam etwas größere Futtersorten gereicht (Futtersorten → Seite 55.

• Larven mit Dottersack noch nicht füttern! Das Futter bleibt liegen, das Wasser verdirbt.

• Angefüttert werden Larven, wenn sie ihren Dottersack fast aufgezehrt haben und umherschwimmen.

• Die Art des Futters muß der Größe der Brut angepaßt sein. Je nach Wachstum zur weiteren Aufzucht größere Futtersorten reichen.

Wichtig: Larven und Jungfische unbedingt mehrmals täglich füttern. Sie haben noch keine Nahrungsreserven!

Mein Tip: Sobald die Brut freischwimmt, einige Schnecken ins Aufzuchtbecken setzen. Sie helfen liegengebliebene Futterreste zu »entsorgen«.

Zur gezielten Fütterung eines Jungfischschwarms im Haltungsbecken eignet sich gut eine Futterspritze: Auf Spritze (Apotheke) dünnen Luftschlauch befestigen, darauf ein 20 bis 30 cm langes Plastikrohr (Zoofachhandel) stecken.

Der Daueransatz

Wer bei nichtbrutpflegenden Arten Elterntier, Eier oder Larven nicht umsetzen will, kann mit Hilfe des Daueransatzes bei vielen Arten für gesunden Nachwuchs sorgen. Gehen Sie dabei folgendermaßen vor:

Besatz: Nur eine Fischart oder zusätzlich besonders friedliche Fische, wie zum Beispiel kleine Saugwelse, in geringer Anzahl in einem Becken halten.

Einrichtung: Wichtig sind genügend Ablaichsubstrate und Dickichte aus nichtwurzelnden Pflanzen, zum Beispiel Javamoos oder Horn- oder Nixkraut, in denen sich Jungfische in den ersten Lebenstagen verstecken können. Als Bodengrund nur eine dünne Sandschicht einbringen, man kann auch darauf verzichten.

Pflege: Freischwimmenden Larven oder Jungfischen Artemia oder anderes Jungfischfutter zufüttern. So kommen immer einige Jungfische hoch, die erfahrungsgemäß besonders kräftig sind.

Wichtig: Es dürfen keine Schnecken im Aquarium sein, die den Laich fressen!

Mein Tip: Der Daueransatz ist besonders gut für Fischarten mit winzigen Larven geeignet. Diese können sich nämlich in den ersten Lebenstagen von Kleinstlebewesen ernähren, die in Pflanzendickichten immer vorhanden sind.

PRAXIS
Zucht

Spezielle Becken zum Ablaichen und Aufziehen der Brut sind bei vielen Fischarten nötig. Und der Erfolg bei der Aufzucht hängt zudem oft vom richtigen Futter ab.

Ablaichbecken

Zeichnung 1
Hygienisches Ablaichbecken für nichtbrutpflegende eierlegende Fische.
Becken: 10–30 l, sehr gründlich gereinigt. Kein Bodengrund. Unter die Bodenscheibe schwarzes Papier legen, damit Spiegelungen der Bodenscheibe die Fische nicht irritieren. Alternative: Eine sehr dünne Quarzsandschicht einbringen.
Laichschutz: Viele nichtbrutpflegende Eierleger fressen ihre eigenen Eier. Deshalb Boden mit kleinen Glasmurmeln belegen, die Eier fallen dazwischen und sind so für die Fische nicht mehr erreichbar. Alternative für Fische, die saures Wasser mögen: Torfauflage.
Laichsubstrate: Je nach Fischart spezielle Bedürfnisse.

- Für die meisten Salmler und Barben: Feinfiedrige Pflanzen (z. B. Javamoos, Tausendblatt).

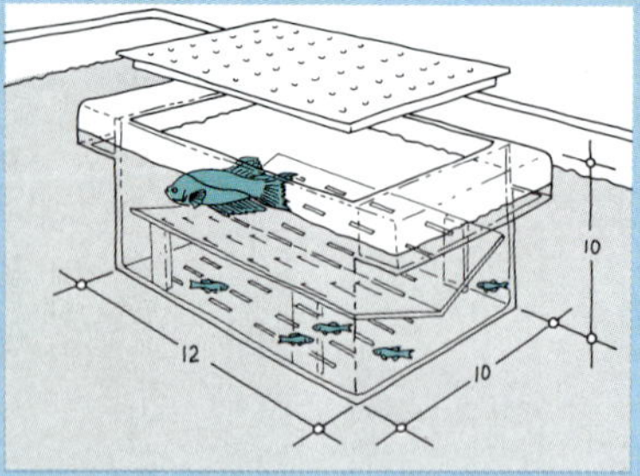

2 Kleiner Ablaichkasten zum Einhängen ins Aquarium. Gut geeignet für kleine Lebendgebärende.

- Für haftlaichende Killifische: Sehr bewährt hat sich ein Wollmop aus dicken Wollfäden (Kunstfaser), der mit Hilfe eines Korkens an der Oberfläche schwimmt.
- Einige Arten bevorzugen breitblättrige Pflanzen (manche *Rasbora*-Arten) oder Bimssteinklötzchen mit eingefeilten Rinnen (Leuchtaugenfische).

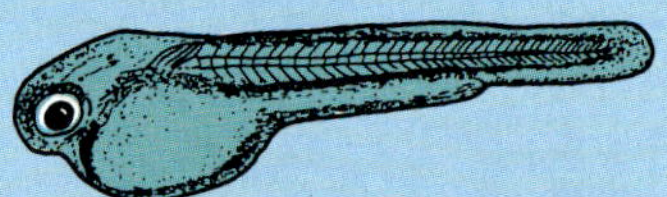

3 Dottersacklarven schwimmen noch nicht selbständig, sondern hängen an Substraten oder liegen auf dem Boden. Der dicke gelb gefärbte Bauch ist der Dottersack, das Nahrungsdepot der Larven.

Wichtig: Alle Laichsubstrate vor Einbringen desinfizieren, Pflanzen in Alaunbad (Alaunsalz aus der Apotheke) legen: 1 gehäufter Teelöffel/1 l Wasser; 5 Minuten, danach gut abspülen; andere Substrate auskochen.
Technik: Sorgfältig gereinigter Heizstab, leicht perlende Durchlüftung durch Ausströmerstein.
Vorgehen: Fische, die im Haltungsbecken schon Aktivität gezeigt haben, ins Ablaichbecken setzen. Becken dunkel halten und wenig stören (an ruhiger Stelle aufstellen). Haben die Tiere nach einigen Tagen noch nicht gelaicht, Tiere herausfangen, eventuell Geschlechter trennen, Becken reinigen und erneut probieren. Nach erfolgtem Ablaichen warten, bis Dottersacklarven an den Scheiben hängen und später freischwimmen. Erst jetzt anfüttern.

Ablaichkasten

Zeichnung 2
Kleine längliche Ablaichkästen (12 × 10 × 10 cm) sind für kleine Lebendgebärende Zahnkarpfen (bis etwa 5 cm Größe) gut geeignet. Sie werden ins Aquarium gehängt.
Einrichtung: Etwas Teichlebermoos *(Riccia)* auf die Wasseroberfläche geben (vermittelt Schutzgefühl).
Vorgehen: Trächtiges Weibchen einsetzen. Die geborenen Jungen rutschen durch den Rost und sind so vor dem räuberischen Weibchen geschützt. Nach dem Werfen Weibchen und Rost entfernen.
Einhängekasten: Für größere Lebendgebärende Zahnkarpfen zum Gebären, aber auch für die Aufzucht kleinerer Mengen von Jungfischen anderer Arten eignen sich als Aufzuchtbehälter größere Einhängekästen (z. B. 25 × 15 × 15 cm). Sie werden mit Edelstahlspangen an den Aquarienrand gehängt. Zur Belüftung neben Kasten an die Aquarienscheibe einen kleinen, schwach eingestellten, luftbetriebenen Schaumstofffilter hängen und dessen Filterauslaufrohr in den Kasten hineinführen.

Hygienisches Ablaichbecken für nichtbrutpflegende eierlegende Fische.

Futtertiere und Mittel für die Anfütterung und Aufzucht

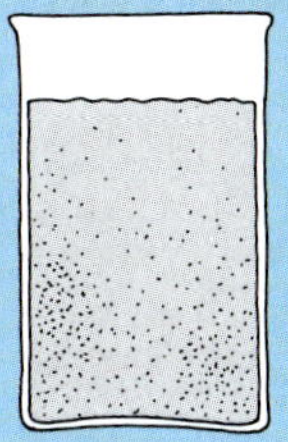

Artemia-Nauplien: Nährstoffreiches Anfütterungs- und Aufzuchtfutter. In 2 l-Einmachglas 1 l Salzwasser füllen (20 g jodfreies Kochsalz auf 1 l Wasser), 2–3 gestrichene Teelöffel Artemia Dauereier hineingeben; evtl. belüften. So umrühren, daß alle Eier benetzt sind. Bei 24–28 °C (Gläser in Wasserbad mit Regelheizer stellen) schlüpfen die rötlichen Larven. Mit Futterspritze oder Pipette nur die Larven in Bodennähe absaugen. Larven absieben (über Artemiasieb) und sofort verfüttern. Jeden Tag neue Kultur ansetzen, um immer genügend Nachschub zu haben. Belüftung der Kultur mit Ausströmer empfehlenswert.

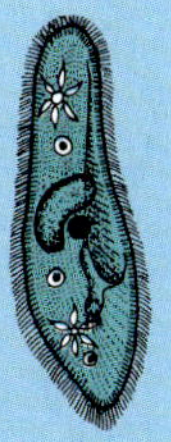

Pantoffeltierchen: Anfütterungsfutter für winzige Jungfische. Gläser mit abgestandenem Wasser füllen. Einige Würfel der Kohlrübe (nur diese!) dazugeben. Kultur mit Wasser aus älterer Kultur animpfen oder Erstansatz mit Wasser aus sauerstoffarmen Tümpeln. Bald sieht man Pantoffeltierchen als milchige Schicht unter der Wasserfläche. Öfter tropfenweise mit Kondensmilch füttern. Verfütterung: Kulturflüssigkeit in Flasche bis zum Halsansatz füllen, lockeren Wattestopfen daraufgeben, mit abgestandenem Wasser auffüllen. Pantoffeltierchen wandern ins saubere, obere Wasser, mit Futterspritze absaugen, verfüttern. Wasser ins Glas zurückschütten. Wenn die Kultur nachläßt, weitere Gläser neu animpfen.

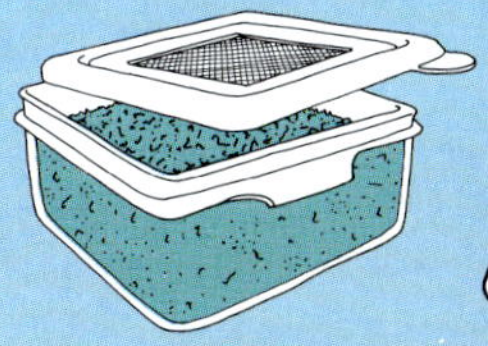

Grindalwürmchen: Für ältere Jungfische, die in Bodennähe fressen (z. B. Welse), Torf einige Tage einweichen, feucht 5 cm hoch in Gefrierschalen (Deckel mit Gazefenster) füllen. Zuchttiere (Zoofachhandel, Versand) dazugeben. Futterbrei (Hafermehl, Milupa, Milchpulver, 3:3:1) dünn auf gelockerte Torfoberfläche geben. Leicht mit Wasser bestäuben. Bei 20–25 °C dunkel stellen. Entnahme: Kleine Glasscheibe auf Torfoberfläche legen, leicht andrücken. Unter dem Glas sammeln sich die Würmer, diese abnehmen und verfüttern. Alle 6–8 Wochen mit Würmern aus altem Ansatz neuen ansetzen, auch wenn Würmer aus Kistchen kriechen wollen oder bei Milbenbefall der Kultur.

Fruchtfliege (Drosophila): Besonders geeignet flugunfähige Formen (Futtertierversand). Mehrere kleine Laborgläser mit Futterbrei (→ unten) 2–3 cm hoch füllen, mit etwas Trockenhefe bestreuen, etwas zerknülltes Papier hineingeben, mit 20–30 Fliegen besetzen, mit Schaumstoffpfropfen verschließen. Herangewachsene Fliegen (nach 12–20 Tagen) bald verfüttern (sie leben nicht lang). Entnahme: Vor Verfüttern Gläser kurze Zeit in Kühlschrank stellen, Fliegen werden bewegungsunfähig. Alle paar Tage neue Kulturen ansetzen.
Futterbrei: 1 Glas Pflaumen, 1 Paket Haferflocken, 1 Apfelsine mit Schale, 1 Banane mit 1 Tasse Essig im Mixer pürieren, ggf. Wasser dazugeben, bis Brei gut fließt, ohne wäßrig zu sein.

Trockenfutterpräparate, Flüssigpräparate
Weitere Futtermittel für unempfindliche Jungfische, die als Fertigfutter im Zoofachhandel erhältlich sind: Pulverisiertes Trockenfutter, Infusorien (einzellige Kleinstlebewesen) in Flüssigform (Liquifry) für sehr kleine Jungfische (Labyrinthfische). Diese Futtermittel vorsichtig verfüttern und besonders auf Sauberhaltung der Becken achten, da zumindest Trockenfutter schnell verwest. Bei freischwimmenden Jungfischen 2–3 Schnecken einsetzen, die die Reste fressen.
Hinweis: Auch Rädertierchen (Rotatorien) sind ein weiteres Feinstfutter für winzige Jungfische (als Zuchtansätze im Zoofachhandel erhältlich).

Wie Fische ihr Überleben sichern

Wasser als Lebensraum ist uns Menschen recht fremd. Gerade deshalb ist es für einen Aquarianer spannend, zu erfahren, wie die Fische es schaffen, in ihrer Umwelt zu bestehen, sich optimal zu ernähren und erfolgreich fortzupflanzen.
Auf der Praxisseite »Körperbau der Fische« (→ Seite 60) sehen Sie, mit welchen Mitteln die Fischkörper ausgestattet sind, um ganz bestimmte Lebensräume zu besiedeln oder Nahrungsquellen zu erschließen. Im nachfolgenden Text bekommen Sie Einblick in faszinierende Fortpflanzungstechniken und die Entwicklung der Jungfische. Wer Fische im Aquarium gezielt vermehren will (→ Fischzucht, Seite 50 bis 55), bekommt hier das Grundlagenwissen über die wichtigsten Formen der Fortpflanzung, Entwicklung und Aufzucht von Fischen.

Wie Fische sich fortpflanzen

Es gibt eierlegende Fische und solche, die ihre Nachkommen gebären (Lebendgebärende).

Eierlegende Fische

Die Mehrzahl der Fische legt Eier, die sie entweder ins freie Wasser abgeben (Freilaicher), an eine Unterlage, das Substrat, anhaften (Substratlaicher) oder am Boden ablegen (Bodenlaicher).
Das Ei: Größe und Zahl der Eier können je nach Fischart sehr unterschiedlich sein. Zwei bekannte Beispiele: Der Küssende Gurami *(Helostoma temminckii)* legt einige tausend Eier mit einem Durchmesser von etwa 1 mm. Der Weißpunktbuntbarsch *(Tropheus duboisi)* legt meist weniger als 10 Eier, die aber fast 1 cm Durchmesser haben. Fischarten, die wenige große Eier legen, schützen und pflegen ihre Brut über längere Zeit (→ Brutpflege, Seite 58). Arten wie der Küssende Gurami, die keine Brutpflege betreiben, produzieren wegen der hohen Verlustrate durch den fehlenden Schutz der Eltern mehr, dafür aber kleinere Eier.
Ihre Größe erhalten die Eier durch den Dotter, der als Nährstoffdepot dient. Große Eier mit viel Dotter haben eine längere Entwicklungszeit (mehrere Tage). Aus sehr kleinen Eiern schlüpft die Larve schon nach einem Tag.
Von der Larve zum Jungfisch: In den ersten Lebenstagen tragen fast alle Larven noch einen Dottersack als Nahrungsspeicher mit sich. Erst die freischwimmenden Larven nehmen die vom Aquarianer angebotene Nahrung auf (→ Praxis »Fischzucht«, Seite 54 und 55).
Äußerlich unterscheidet sich die Larve noch sehr vom Jungfisch. Statt einer Rücken-, einer Schwanz- und einer Afterflosse hat sie einen durchgehenden Flossensaum. Aus ihm entwickeln sich erst die Flossen mit den Flossenstrahlen – aus der Larve wird ein Jungfisch.
Wichtig: Einige wenige Larven, zum Beispiel die Regenbogenfische, haben fast keinen Dottersack. Sie schwimmen nach dem Schlupf sofort frei und müssen von Anfang an gefüttert werden.

Lebendgebärende

Einige Fischarten, wie zum Beispiel die Guppys, betreiben eine sehr hochentwickelte Form der Brutpflege. Sie legen keine Eier mehr, die Befruchtung der Eizelle und die Entwicklung bis zum fertigen Jungfisch findet im Mutterleib statt. Nach ihrer Geburt sind die Jungfische sofort selbständig. Man unterscheidet zwei Typen von Lebendgebärenden: Der eine hat im Mutterleib noch Eier, die erst kurz vor der Geburt platzen (ovoviviparer Typ). Der andere (vivipare Typ) bildet gar keine Eier mehr aus. Ihre Nachkommen werden über eine Art von Nabelschnur ernährt.

Einer der wenigen Schneckencichliden des Malawi-Sees.

Wie Fische ihre Brut aufziehen

Die meisten Fischarten legen ihre Eier ab, ohne sich weiter um die Aufzucht ihrer Brut zu kümmern. Andere Eierleger haben zum Teil besondere Formen der Brutpflege entwickelt. Das Lebendgebären kann man als die Brutpflegeart bezeichnen, die am höchsten entwickelt ist.
Wer Fische zur Vermehrung bringen will, muß natürlich zunächst die Bedingungen schaffen, die sie für ihre Form der Eiablage und Aufzucht brauchen.

Eierleger ohne Brutpflege

Man unterscheidet drei Hauptvarianten:
Freilaicher laichen im freien Wasser, oft sogar im Schwarm, ab. Die Eier sinken entweder zu Boden, schweben im Wasser oder treiben an der Oberfläche. Die Larven schlüpfen schon nach einem Tag.
Haftlaicher legen die Eier an einer Unterlage (Substrat) ab, an der sie mit ihrer klebrigen Hülle hängenbleiben. Als Substrate können – je nach Fischart – zum Beispiel feinfiedrige oder breitblättrige Pflanzen dienen, aber auch Holz oder Steine, oft mit Rillen.

Zum Foto: Der Malawi-Schneckencichlide (*Pseudotropheus lanisticola*) ist ein schönes Beispiel, wie sich Tiere die Möglichkeiten ihrer Umwelt zu nutze machen: Der Sandbereich, der Lebensraum dieses Schneckencichliden, bietet wenig Schutz. Die Fische sind daher meistens darauf angewiesen, zu fliehen oder sich einzugraben. Dieser Cichlide jedoch nutzt die Schutzmöglichkeiten, die herumliegende leere Schneckenhäuser bieten. In der Natur teilt er sich dieses Versteck sogar oft noch mit einem kleinen Wels.

Unterseite eines Flossensaugers.

Maul eines flossenfressenden Cichliden.

Zum Foto oben: Viele Fische haben sich sehr ungewöhnliche Nahrungsquellen erschlossen. Dazu gehören die schuppen- und flossenfressenden *Corematodus*-Arten aus dem Malawi-See.

Bodenlaicher legen ihre Eier entweder in der obersten Schicht des Bodengrundes ab, oder die beiden Partner tauchen in den Bodengrund ein und deponieren die Eier in einigen Zentimetern Tiefe. Diese Arten, darunter viele Killifische, nennt man »Bodentaucher«. Natürlich brauchen alle Bodenlaicher den geeigneten Bodengrund (→ Steckbriefe zu den einzelnen Fischarten, Seite 74 bis 151).

Eierleger mit Brutpflege

Brutpflege heißt: Betreuung der Brut und Schutz vor Freßfeinden. Bei der Betrachtung der Brutpflegeformen unterscheidet man zwei Gesichtspunkte: Die Dauer der Brutpflege (das heißt: Bis zu welchem Entwicklungsstadium wird die Brut betreut?) und die Art, wie die Brutpflege betrieben wird. Man findet dabei unzählige verschiedene Verhaltensweisen. Drei Hauptformen kommen am häufigsten vor: Brutpflege der Eier und Dottersacklarven am Substrat, Brutpflege bis zum Stadium der Jungfische, Maulbrutpflege.

Brutpflege der Eier und Dottersacklarven am Substrat: Die Eier und Larven werden befächelt (zur Sauerstoffzufuhr), das Gelege wird mit dem Maul saubergehalten. Die Brutpflege endet oft, wenn die Larven frei schwimmen.

Ein interessanter Sonderfall sind die Schaumnestbauer. Das sind Fischarten, die für ihre Brut einen Brutplatz aus Luftblasen bauen. Sie schwimmen an die Wasseroberfläche, nehmen eine Luftblase ins Maul, umgeben sie mit einem zähen Schleim und spucken sie meistens unter der Wasseroberfläche wieder aus. Das wiederholen sie so oft, bis ein Schaumnest entstanden ist, in das die Weibchen die Eier ablaichen. Ein Laichplatz, der besonders sauerstoffreich ist, weil er nahe der Wasseroberfläche liegt. Schaumnester werden von Fischen gebaut, die in sauerstoffarmen Biotopen leben und zum Luftschöpfen an die Wasseroberfläche kommen. Zu diesem Typ gehören viele Labyrinthfische, aber auch einige Schwielenwelse.

Brutpflege der Eier, Larven und Jungfische: Viele brutpflegende Fische, zum Beispiel die Buntbarsche, betreuen auch noch die freischwimmenden Larven und später die Jungfische. Freßfeinde werden angegriffen und vertrieben, in vielen Fällen wird die Brut auch aktiv mit Nahrung versorgt. Diskusfische sondern an der Körperoberfläche einen Nährschleim ab, andere Fischarten wirbeln

Gummimaul-Harnischwels (*Chaetostoma spec.*).

Zum Foto: Fische haben ganz unterschiedliche Organe zu Saugvorrichtungen umgestaltet. Oft handelt es sich – wie bei dem Flossensauger (→ Foto, Seite 58 links) – um umgestaltete Brust- oder Bauchflossen. Vielfach ist aber auch das Maul zum Saugmaul umgebildet wie bei dem Gummimaul-Harnischwels.

Bodengrund auf und bringen auf diese Weise Nahrungsteilchen für ihre Jungen zum Vorschein.
Maulbrutpflege: Diese spezialisierte Form der Brutpflege kommt in den verschiedensten Fischgruppen vor. Die Eier werden nach dem Ablaichen ins Maul genommen und dort erbrütet, bis die Larven frei schwimmen können (ovophile Maulbrüter). Andere Arten brüten erst die Larven im Maul, die Eier werden also noch auf einem Substrat gepflegt (larvophile Maulbrüter). Die Jungen schwimmen zur Nahrungssuche aus dem Maul heraus, kehren aber bei Gefahr und in der Nacht zurück.

Familienformen bei Fischen

So unterschiedlich wie die Fortpflanzungsarten sind auch die »Beziehungen« unter den Fischen – vom kurzen sexuellen Kontakt bis hin zur Großfamilie mit längeren Bindungen zwischen Familienmitgliedern.
Die meisten Fische gehen keine Bindung ein, der Kontakt zwischen den Partnern beschränkt sich aufs Ablaichen (Befruchtung und Ablegen der Eier). Diese Form des sexuellen Kontakts nennt man Agamie.
Gar nicht so selten ist aber auch die Einehe (Monogamie). Ebenso kann ein Männchen mit mehreren Weibchen leben (Polygynie) oder ein Weibchen mit mehreren Männchen (Polyandrie). Bei Arten, die Brutpflege betreiben, spricht man sogar von Familienformen, die man in die Obergruppen Elternfamilie, Mutter- oder Vaterfamilie und Großfamilie einteilen kann.
Elternfamilie: Beide Elternteile übernehmen bei der Brutpflege die gleichen Aufgaben.
Vater-Mutter-Familie: Die Elternteile übernehmen unterschiedliche Aufgaben.
Mann-Mutter-Familie: Der Vater verteidigt lediglich ein Großrevier, in dem sich meist mehrere Weibchen versammeln, die die Brutpflege betreiben.
Mutter- oder Vaterfamilie: Ein Elternteil (bei den tropischen Süßwasserfischen meist die Mutter) führt die Brutpflege allein aus.
Familie mit Brutpflegehelfern: An der Brutpflege beteiligen sich die Eltern und ältere Geschwister aus früheren Gelegen.

PRAXIS
Körperbau

Was der Körperbau der Fische aussagt

Sich den Körperbau seiner Fische einmal näher anzuschauen, lohnt sich. Der Aquarianer kann daraus Rückschlüsse ziehen z. B. auf Ernährung, Lebensraum oder Lebensweisen.
Die Zeichnung zeigt einen durchschnittlich geformten Fisch der mittleren Wasserschichten. Dazu gehören z. B. Salmler und Barben. Die Detailzeichnungen zeigen Abwandlungen in Form und Funktion der einzelnen Organe.

Kiemen
Wohl die wichtigste Anpassung der Fische an ihren Lebensraum Wasser sind die Kiemen. Es sind leistungsfähige Atmungsorgane, die Sauerstoff aufnehmen und Kohlendioxid abgeben. Da Wasser nur etwa 5 % des Sauerstoffes, der in der Luft zur Verfügung steht, enthält, muß nicht nur eine große Menge an Wasser über die sauerstoffaufnehmende Oberfläche des Fisches bewegt werden, sondern diese muß auch groß genug sein. Neben der Haut, die dem Fisch auch als Atmungsorgan dient, müssen die Kiemen diese Aufgabe erfüllen, deshalb

- ist die Oberfläche der Kiemen erstaunlich groß;
- benutzen Fische die Mund- und Kiemenhöhle als sehr leistungsfähiges Pumpsystem, um den nötigen Wasserfluß durch die Kiemen zu erzeugen.

Hinweis: Viele Fische haben zusätzliche Atmungsorgane entwickelt, mit denen sie über der Wasseroberfläche Luft atmen können. Dazu gehört das Labyrinthorgan der danach benannten Labyrinthfische.

Kopfregion
Mehrere Organe dieser Region geben Auskunft über die Lebensweise der Fische (z. B. Maul, Augen).

Körperhülle
Besteht aus Haut, Schuppen bzw. Knochenplatten; dient als Schutz. Haut ist auch Atmungsorgan. Schuppenkleid gibt dem Fischkörper Halt. Viele Fische haben keine Schuppen oder nur sehr kleine. Dornwelse etwa besitzen Knochenplatten und Stacheln auf der Haut.

Räuberische Fische mit tiefgespaltenem endständigen Maul jagen ihre Beute meist im freien Wasser.

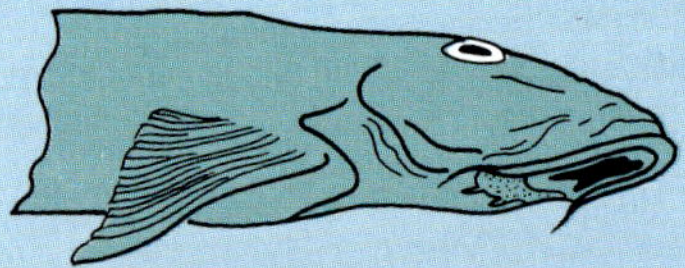

Fische mit Saugmaul nehmen ihre Nahrung von Substraten auf und können sich mit dem Maul an Steinen und anderen Gegenständen festsaugen.

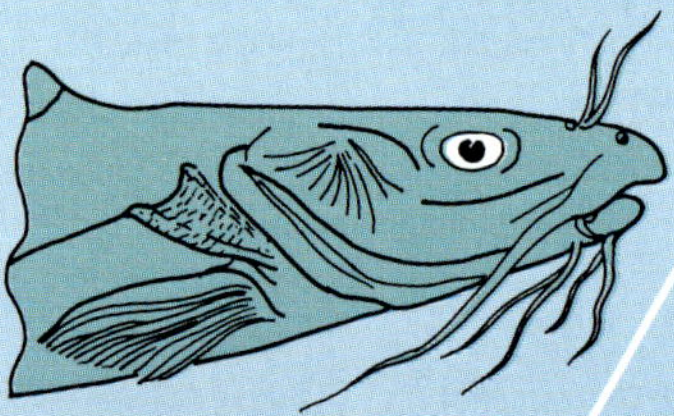

Fische mit Barteln (Geschmacks- und Tastorganen) finden auch nachts ihre Nahrung.

Bauchflosse
Dient der Stabilität beim Schwimmen.

Die Bauchflosse ist oft umfunktioniert, z. B. bei Fadenfischen zu Tastorganen (Fadenflosse).

Bodenfische
Sie haben einen nach unten abgeplatteten Körper oder abgerundete Bauchflossen zum Abstützen. Viele haben eine zurückgebildete Schwimmblase, so daß sie im freien Wasser nur unbeholfen schwimmen.

Rückenflosse
Verleiht Stabilität beim Schwimmen.

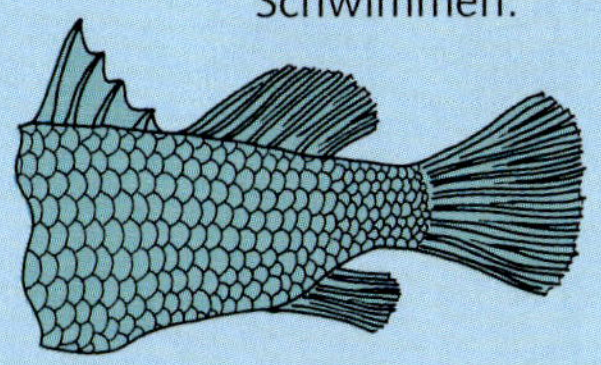

Manche Fische haben geteilte Rückenflossen, oft mit stachelstrahligem vorderen und weichstrahligem hinteren Teil. Stacheln schützen vor Freßfeinden.

Große Rückenflossen dienen als »Imponierorgane«, mit denen sie Artgenossen oder Paarungspartner beeindrucken.

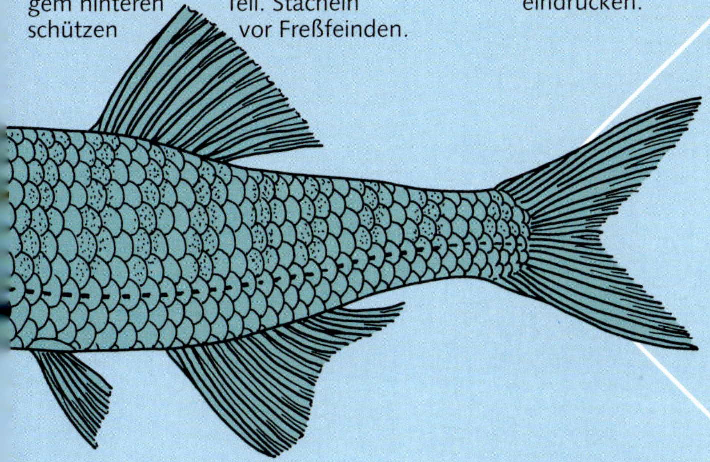

Schwanzflosse
Ist das Hauptantriebsorgan der meisten Fische. Ausdauernde Schwimmer haben gabelförmig eingeschnittene Schwanzflossen (→ Fischkörperzeichnung links).

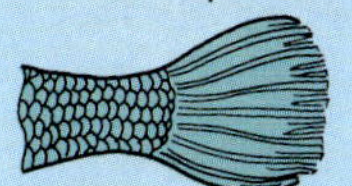

Runde, großflächige Schwanzflossen als Antrieb «aus dem Stand« besitzen vor allem viele räuberische Fischarten, die auf Beute lauern.

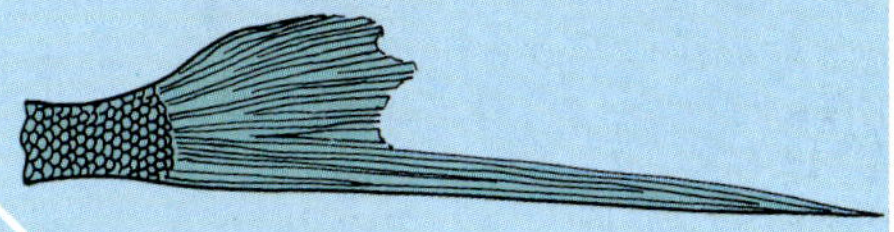

Langgezogene Schwanzflossen sind oft »Imponierorgane«, z. B. das »Schwert« des Schwertträgers *(Xiphophorus helleri)*.

Afterflosse
Verleiht Stabilität beim Schwimmen.

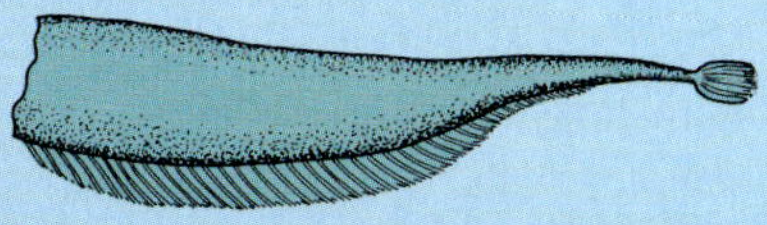

Die Afterflosse ist oft umfunktioniert zu einem Flossensaum, der mit wellenförmigen Bewegungen für den Antrieb sorgt , z. B. bei Messerfischen.

Seitenlinienorgan
Mit diesem als »durchlöcherte Schuppenreihe« erkennbaren Organ nehmen Fische Druckveränderungen wahr, und zwar aus verschiedenen Richtungen und großen Entfernungen. Dieser hochsensible »Ferntastsinn« liefert den Fischen zusätzliche Informationen über ihre Umwelt.

Oberflächenfische
Sie haben einen nach oben abgeflachten Körper und meist ein oberständiges Maul. Sie ernähren sich meist von Anfluginsekten und kleinen Oberflächenfischen. Manche schnellen sogar über die Wasseroberfläche, um fliegende Insekten zu erbeuten.

Aquarien-Lexikon

A

Algen
Niedrige Wasserpflanzen, die auf Substraten oder im freien Wasser (Schwebealgen = »Grünes Wasser«) leben. Überdüngung und schlechte → Wasserwerte führen zu vermehrtem Algenwachstum. Abhilfe schaffen algenfressende Fische und schnell wachsende, anspruchslose Pflanzen, die mit den Algen um Nährstoffe konkurrieren. Wichtig: Keine chemischen Algenbekämpfungsmittel verwenden!

Alkalisch
Auch basisch. → pH-Werte zwischen 7,0 und 14 besagen, daß das Wasser alkalisch ist.

Ammoniak (NH_3)
Gas, das in Wasser gelöst in höheren Konzentrationen auf Aquarienfische giftig wirkt. Im Aquarienwasser liegt es nur bei einem pH-Wert über 6,8 vor. Bei einem pH-Wert unter 6,8 liegt Ammoniak nur in Form von ungiftigem Ammonium (NH_4^+) vor. Ammonium bzw. Ammoniak entwickelt sich aus → organischen Abfallstoffen.

Ammonium (NH_4^+)
→ Ammoniak.

Andropodium
Zum Begattungsorgan umgebildete Afterflosse der Hochlandkärpflinge *(Goodeidae)* und Halbschnabelhechte *(Hemirhamphidae)*.

Anfüttern
Erste Fütterung der Fischbrut. Normalerweise nach Aufbrauchen des → Dottersacks und → Freischwimmen der → Larven.

Artbecken
Aquarium, in dem nur eine Fischart gepflegt wird.

Artemia
Krebstierchen (etwa 1 cm) aus der Verwandtschaft der Blattfußkrebse, die in stark salzhaltigen Gewässern vorkommen. Sie bilden Dauereier, aus denen später kleine Larven schlüpfen, sogenannte Artemia-Nauplien. Dauereier von Artemia werden im Zoofachhandel angeboten. Aus ihnen lassen sich die Nauplien zum Schlupf bringen und als universelles Jungfischfutter verwenden. Auch die Alttiere werden gefroren im Zoofachhandel angeboten und sind ein hochwertiges Zierfischfutter.

Artemia-Nauplien
→ Artemia.

Aufwuchs
Bezeichnung für Kleinstorganismen wie Bakterien, Algen, Kleinkrebse und Einzeller, die wie ein Überzug auf Substraten siedeln.

Aufzuchtbecken
Spezielles Aquarium für die Aufzucht der Fischbrut. Wegen der häufigen Pflegemaßnahmen (wie Wasserwechsel, Bodengrund absaugen) wird es nur nach praktischen Gesichtspunkten ausgestattet: wenig Einrichtung, kein Bodengrund oder nur dünne Bodengrundschicht.

B

Bakterien
Mikroorganismen, von denen bestimmte Arten im Aquarium nützliche Funktionen (z. B: Umwandlung von Ammonium in → Nitrit und → Nitrat) übernehmen. Andere Arten wirken als Krankheitserreger (z. B. → Bauchwassersucht), vor allem bei geschwächten Fischen.

Ballaststoffe
Unverdauliche Bestandteile der Nahrung. Viele Fische sind von Natur aus auf einen hohen Ballaststoffanteil in der Nahrung eingestellt. Erhalten sie zuwenig Ballaststoffe, leiden sie unter Verdauungsproblemen und werden anfällig für Erkrankungen der Verdauungswege.

Balz
Werbendes Verhalten bei Tieren um einen Paarungspartner. Bei manchen Fischarten begleitet von besonderer Färbung.

Basisch
→ alkalisch.

Bauchwassersucht
Fischkrankheit, bei der sich Körperflüssigkeit im Bauchraum sammelt. Symptome: Fische werden übermäßig dick, oft sträuben sich die Schuppen und die Augen treten hervor (Glotzaugen). Es gibt auch andere Ausprägungen der Krankheit. Die Bauchwassersucht ist meist bakteriell bedingt, eine Heilung ist oft nicht möglich. Kann leicht mit → Fischtuberkulose verwechselt werden.

Biotop
Natürlicher Lebensraum eines Organismus.

Biotopbecken
Aquarium, das sich in Einrichtung und Fischbesatz an natürlichen Biotopen orientiert.

Bodenlaicher
Bezeichnung für Fische, die ihre Eier in den oberen Bodenschichten ablegen. Diese Form der Eiablage tritt häufig bei → Saisonfischen auf, deren Heimatgewässer periodisch austrocknen.

Brutpflege
Verhaltensweisen der Fische zum Schutz und zur Pflege der Nachkommen.

C

Camallanus
Endoparasitische Würmer, die bei infizierten Fischen aus dem After hängen. Nur zu erkennen, wenn die Fische ruhig stehen. Behandlung mit Fachmann absprechen.

Costia
Einzelliger Außenparasit mit hauttrüber Farbe. Wie bei → Ichthyophtirius kann man befallene Fische mit einem Kochsalzbad behandeln.

Cyclops
Hüpferlinge (Kleinkrebse). Hochwertiges Zierfischfutter für kleinere Fischarten. Für Jungfischbrut jedoch ungeeignet, da Cyclops die Larven anfallen und töten. Gefroren im Zoofachhandel erhältlich.

D

Daphnien
Wasserflöhe. Ballaststoffreiches Zierfischfutter. Wegen mangelnder Nährstoffe darf es nicht ausschließlich gefüttert werden. Gefroren, manchmal auch lebend im Zoofachhandel erhältlich.

Darmflagellaten
Einzellige → Endoparasiten, die sich im Darm der Wirtstiere aufhalten. Symptome: Weißer, fädiger Kot, oft zusammen mit → Lochkrankheit.

Daueransatz
Methode der Aquarienfischzucht. Zuchttiere werden in geringer Dichte in speziell eingerichteten Becken gehalten (→ Seite 53).

Diffusor
Belüftungseinrichtung in Aquarien, die an die Ausströmöffnung von Motorfiltern angebracht wird. Das ausströmende Wasser reißt durch einen kleinen Luftschlauch Luft mit und vermischt sich mit ihr (Prinzip der Wasserstrahlpumpe).

Dottersack
→ Dottersacklarve.

Dottersacklarve
→ Zeichnung, Seite 54. Noch nicht schwimmfähige Fischlarve mit einem Nährstoffdepot aus Dotter.

Drosophila-Arten
Fruchtfliegen, die als wichtiges Zierfischfutter für Oberflächenfische selbst gezüchtet werden können (→ Seite 55).

E

Ektoparasiten
Parasiten, die sich auf der Körperoberfläche der Wirtstiere ansiedeln, z. B. → Ichthyophtirius.

Elektrischer Leitwert
Maß für den Gesamtgehalt an gelösten Salzen im Wasser. Salze lösen sich im Wasser unter Bildung elektrisch geladener → Ionen. Sie leiten elektrischen Strom. Je mehr Ionen im Wasser sind, desto mehr Strom fließt (bei gleicher, angelegter Spannung).
Destilliertes Wasser leitet wegen des Fehlens fast jeglicher Ionen fast keinen Strom. Hartes Wasser, das einen höheren Gehalt an Salzen und damit Ionen enthält, leitet viel Strom.
Der gemessene Stromwert wird in µS/cm (Mikro-Siemens pro Zentimeter) angegeben. Salzarmes Wasser hat weniger als 100 µS/cm, mittelsalziges Wasser 100 bis 300 µS/cm, salzreiches 300 und mehr µS/cm.
Da der elektrische Leitwert oder die Leitfähigkeit keine Auskunft über die Art der → Salze gibt, ist diese Messung in der Aquaristik wenig aussagekräftig.

Endoparasiten
Parasiten, die sich im Inneren der Wirtstiere ansiedeln, z. B. in bestimmten Organen (z. B. Darm).

F

Familie
Begriff aus der Klassifikation der Lebewesen. Mehrere → Gattungen bilden eine Familie.

Filterung
Wasserpflegemaßnahme, bei der feinste, im Aquarienwasser nicht gelöste Partikel durch das Filtersubstrat zurückgehalten werden (mechanische Filterung) oder gelöste Stoffe durch vorhandene Mikroorganismen in andere umgewandelt werden (biologische Filterung). Eine chemische Filterung findet statt, wenn das Wasser unter Einsatz besonderer Filtermassen (z. B. → Torffilterung) gezielt chemisch verändert wird.

Fischtuberkulose
Bakteriell (*Mycobacterium*) bedingte Fischkrankheit. Oft ähnliche Symptome wie bei → Bauchwassersucht: Aufgetriebener oder abgemagerter Körper, Dunkelfärbung, manchmal Verkrümmung der Wirbelsäule. Ohne Sektion nicht eindeutig zu identifizieren. Fischtuberkulose ist mit geringer Wahrscheinlichkeit auch auf Menschen übertragbar. Daher infizierte Fische nicht mit offenen Wunden an den Händen anfassen oder in infizierte Becken greifen. Bei seuchenhaftem Auftreten Becken desinfizieren und neu einrichten.

Flossenfäule
Bakteriell bedingte Fischkrankheit. Ursache ist meist unzureichende Wasserpflege. Geschwächte Tiere werden von Bakterien befallen, die besonders an den Flossen Gewebezerstörungen bewirken. Flossen werden verkürzt oder zerfranst. Oft kommt eine Pilzinfektion dazu, die sich durch weiße Flossenränder bemerkbar macht.

Freilaicher
Fische, die ihre Eier frei ins Wasser ablaichen. Gegenteil: → Substratlaicher.

Freischwimmen
Fischlarven schwimmen frei, wenn sie den → Dottersack aufgezehrt haben. Freischwimmen bedeutet nicht nur, daß die Larven im freien Wasser schwimmen, sondern daß sie auch in Bodennähe ausschwärmen.

Frostfutter
Gefrorenes Lebendfutter, Gefrierfutter.

Aquarien-Lexikon

G

Gasaustausch
An der Wasseroberfläche findet Gasaustausch statt, wenn die im Wasser gelösten Gase (Sauerstoff, Kohlendioxid) in die Luft übertreten oder umgekehrt. Gasaustausch im Aquarium wird durch Belüftung verstärkt.

Gattung
Begriff aus der Klassifikation der Lebewesen. In Gattungen faßt man mehrere ähnliche Arten zusammen. Bei der wissenschaftlichen Bezeichnung der Arten steht an erster Stelle immer der Gattungsname, an zweiter Stelle der Artname. Beispiel: Alle Prachtguramis gehören in die Gattung *Parosphromenus*. Zu dieser Gattung gehören viele Arten, unter anderem die auch in diesem Buch erwähnten *Parosphromenus deissneri*, *Parosphromenus nagyi* und *Parosphromenus filamentosus*.

Gefrierfutter
→ Frostfutter.

Gesamthärte
Als Gesamthärte wird der Salzgehalt des Wassers bezeichnet, der durch die Ionen der sogenannten Erdalkali-Verbindungen hervorgerufen wird: Aquaristisch von Bedeutung sind vor allem Magnesium- und Kalziumverbindungen. Es sind
• die Bildner der Karbonathärte, wenn es sich um Magnesium- oder Kalzium(hydrogen)karbonate handelt;
• die Bildner der Nichtkarbonathärte, wenn es sich vor allem um Magnesium- oder Kalziumsulfate handelt.
Die Summe von Karbonathärte und Nichtkarbonathärte bildet die Gesamthärte. Bei speziellen wasserchemischen Bedingungen kann es zu der scheinbar paradoxen Situation kommen, daß die gemessene Karbonathärte größer ist als die Gesamthärte. Man setzt dann einfach den Karbonathärtewert für den Gesamthärtewert ein.
Die Gesamthärte wird in °dGH (Grad deutscher Härte) angegeben.

Gesellschaftsbecken
Aquarium, in dem verschiedene Fischarten aus unterschiedlichen Heimatbiotopen vergesellschaftet werden.

Gonopodium
Zu einem penisartigen Begattungsorgan umfunktionierte Afterflosse vieler Lebendgebärender Zahnkarpfen (*Poeciliidae*). Mit diesem Organ ist die Befruchtung der Keimzellen im Leib des Weibchens und somit das Lebendgebären möglich.

Grünfutter
Pflanzliches Futter mit hohem Ballaststoffanteil, z. B. überbrühter Spinat, Kartoffeln, Rosenkohl.

Gruppenfische
Fische, die man in kleinen Gruppen von 5 bis 6 Tieren hält.

H

Haftlaicher
Fische, die klebrige Eier an Substraten ablaichen. Gemeint sind vor allem Killifische, Salmler, Barben und Regenbogenfische. Im aquaristischen Sprachgebrauch sind die brutpflegenden Haftlaicher (z. B. Grundeln, Cichliden) davon ausgenommen.

Haltungsbecken
Aquarium, in dem Fische gehalten werden. Unterscheidet sich vom → Zuchtbecken durch die auf die Haltung ausgerichteten Pflegebedingungen. Viele Fische können aber auch im Haltungsbecken gezüchtet werden.

Härtebildner
→ Gesamthärte.

Härtegrade
→ Gesamthärte.

Hautwürmer
Gehören zur lebendgebärenden Hakenwurm-Gattung *Gyrodactylus*. Außenparasiten auf Fischhaut und bei starkem Befall auch auf Kiemen.

Huminsäuren
Organische Säuren, die auch für den niedrigen → pH-Wert sowie für die cola-ähnliche Färbung im → Schwarzwasser verantwortlich sind. Werden bei Bedarf durch → Torffilterung ins Aquarienwasser eingebracht.

Hydrogenkarbonate
→ Karbonathärte.

I

Ichthyophtirius multifiliis
Auch Grießkörnchen- oder Weißpünktchenkrankheit. Einzellige Außenparasiten, die auf Fischhaut und Kiemen als weiße Pünktchen (etwa 1,5 mm) zu erkennen sind und sich von Hautgewebe ernähren. Ein Parasit verweilt für etwa 4 Tage auf dem Fisch, bevor er ihn verläßt und einige Tausend Tochterzellen (Schwärmer) bildet, die die Fische erneut befallen. Finden die Schwärmer keinen neuen Fischwirt, gehen sie nach einigen Tagen ein. Nur die Schwärmer reagieren auf Medikamente. Behandlung muß mehrmals wiederholt bzw. mindestens 3 Tage angewandt werden (→ Seite 46).

Ionen
Elektrisch geladene Teilchen, die nach dem Auflösen von Salzen im Wasser vorliegen. Alle → Härtebildner sind Ionen, z. B. Karbonationen, Hydrogenkarbonat-Ionen; aber auch gelöste → organische Abfälle können als Ionen vorliegen: Ammonium-Ion, Nitrit-Ion, Nitrat-Ion. (Zur Vereinfachung wird der Zusatz »Ion« oft weggelassen.)

Ionenaustauscher
Kunstharze, die durch besondere chemische Eigenschaften in der Lage sind, bestimmte, für das Aquarienwasser unerwünschte Ionen gegen erwünschte auszutauschen. So kann man z. B. die

karbonathärtebildenden Kationen gegen Wasserstoffionen austauschen, wodurch die → Karbonathärte gesenkt wird (Kationenaustauscher). Es gibt auch Anionenaustauscher, die, zusammen mit Kationenaustauschern eingesetzt, das Wasser vollständig entsalzen. Ionenaustauschgeräte sind im Zoofachhandel erhältlich. Wegen des heute vermehrten Einsatzes von → Umkehrosmose-Anlagen nimmt die Bedeutung der Ionenaustauscher zur Wasserenthärtung ab.

J

Jungfisch
Im Gegensatz zur → Larve bereits voll ausgebildeter Fisch. Alle Flossen sind mit Strahlen versehen, der → Dottersack ist aufgebraucht.

K

Karbonate
→ Karbonathärte.

Karbonathärte
Der Teil der Gesamthärte, der durch die Ionen der Karbonate (CO_3^-) und Hydrogencarbonationen (HCO_3^-) gebildet wird.
Die Karbonathärte wird in °dKH angeben. Wegen des Zusammenhangs von → Kohlendioxid und → pH-Wert im Wasser ist die Kenntnis des Karbonathärte-Wertes wichtig, falls man Kohlendioxidgehalt und pH-Wert beeinflussen möchte.
In der Aquarienpraxis sind für die Haltung der meisten Zierfische und Pflanzen Werte von 4 bis 8 °dKH ideal. Höhere Werte sind für »Hartwasserfische« von Vorteil.

Kationenaustauscher
Ionenaustauscher, der nur die Kationen aus dem Aquarienwasser gegen säurebildende Wasserstoffionen austauscht. Zur Enthärtung von Wasser mit hoher → Karbonathärte und geringer → Nichtkarbonathärte geeignet. Durch die Enthärtung bildet sich viel Kohlensäure, die durch intensive Belüftung ausgetrieben wird. Das so aufbereitete Wasser hat einen niedrigen → pH-Wert. Vor dem Einsatz im Aquarium sollte dieses Wasser mit Leitungswasser soweit aufgehärtet werden, daß es einen etwa neutralen pH-Wert (um 7) besitzt.
Es gibt Kationenaustauscher, die durch Farbumschlag eines Indikators anzeigen, wann sie erschöpft sind.

Kiemenwürmer
Parasiten aus der eierlegenden Hakenwurm-Gattung *Gyrodactylus*, die langsam das für die Atmung wichtige Kiemengewebe zerstören.

Kirschbaum-Methode
Nach Dr. Kirschbaum benannte Methode zur Anregung der Fortpflanzung durch Imitation der Regenzeit. Der Erfolg dieser Methode beruht auf der Erkenntnis, daß viele Fische erst über Wochen auf Regenzeit eingestimmt werden müssen, um in Laichbereitschaft zu kommen. Rezept → »Aquarienfische züchten«, Seite 51.

Klarwasser
Gewässer, deren Wasser weder durch Schwebstoffe eingetrübt noch durch organische Stoffe gefärbt ist. Die → Wasserwerte können sehr unterschiedlich sein, sind aber nie so sauer wie im → Schwarzwasser.

Kohlendioxid (CO_2)
Wichtiger Pflanzennährstoff, der sich zu einem sehr geringen Teil in Kohlensäure umwandelt. Vereinfacht spricht man in der Aquaristik nur vom Kohlendioxid.
Der Gehalt an verfügbarem Kohlendioxid für Pflanzen steht in engem Zusammenhang mit Karbonathärte und pH-Wert. Daher ist es möglich, den Kohlendioxidgehalt des Aquarienwassers zu bestimmen, wenn man Karbonathärte und pH-Wert mißt. Die Tabelle Seite 14 hilft beim Bestimmen des CO_2-Gehalts.
Sollte der Kohlendioxidgehalt des Wassers für die Pflanzen zu niedrig sein, kann man entweder eine → Kohlendioxiddüngung vornehmen oder die → Karbonathärte senken. Der optimale Karbonathärtebereich für die meisten Aquarienpflanzen liegt bei 4 bis 6 °dKH.
Wenn Sie Fische pflegen, die alkalisches Wasser bevorzugen, weichen Sie auf Pflanzen aus, die nur einen sehr geringen Kohlendioxidgehalt im Wasser brauchen.

Kohlendioxiddüngung
Methode, um Kohlendioxidmangel zu beheben. Der jeweilige Bedarf der Pflanzen an → Kohlendioxid ist in den Steckbriefen (→ Seite 74 bis 151) angegeben. Bei hoher Karbonathärte ist mehr Kohlendioxiddüngung notwendig als bei niedriger Karbonathärte.
Bei Kohlendioxiddüngung keine Durchlüftung mit Ausströmersteinen oder → Diffusoren vornehmen, weil das mühsam eingebrachte Kohlendioxid wieder ausgetrieben würde.
Da die Kohlendioxiddüngung den pH-Wert beinflußt, ist die Düngung auf die pH-Bedürfnisse der Fische abzustimmen.

Kohlensäure
→ Kohlendioxid.

Kohlensäuredüngung
→ Kohlendioxiddüngung.

Korallenbruch
Zerbrochenes Korallenmaterial, das wegen seines hohen Kalkgehalts als Filtermaterial zur Aufhärtung des Aquarienwassers verwendet werden kann.

L

Laichrhythmus
Viele Zierfische laichen nur in bestimmten Zeitabständen oder unter bestimmten Bedingungen (z.B. Regenzeiten) ab. Dieser natürliche Rhythmus kann im Aquarium durch das Schaffen bestimmter Bedingungen durchbrochen werden. Wildfänge halten sich trotzdem meistens an die natürlichen Zeitabstände, z.B. laichen manche Panzerwels-Wildfänge bevorzugt in unserem Winterhalbjahr ab.

Aquarien-Lexikon

Laichsubstrate
Unterlagen, die bevorzugt zur Ablage der Eier genutzt werden. Z. B. laichen Keilfleckbarben *(Rasbora heteromorpha)* an der Unterseite flächiger Pflanzenblätter ab, viele andere *Rasbora*-Arten bevorzugen feinfiedrige Pflanzen.

Larven
Noch nicht voll ausgebildete Jungfische, die sich vor allem durch den sogenannten »larvalen Flossensaum« auszeichnen. Sie haben noch nicht wie erwachsene Tiere einzelne, unpaare Flossen mit Flossenstrahlen, sondern einen nicht durch Flossenstrahlen gestützten Saum. Junge Larven, die noch einen Dottersack besitzen, bezeichnet man als → Dottersacklarven.

Larvophile Maulbrüter
→ Maulbrüter.

Lateinischer Name
An erster Stelle gibt er die Gattung an, an zweiter den Artnamen. Folgt an dritter Stelle eine Bezeichnung in Anführungsstrichen, handelt es sich meistens um eine Fundortbezeichnung. Dies ist nötig, wenn es von einer Art mehrere, oft unterschiedlich gefärbte Fundortpopulationen gibt. Beispiel: Biotodoma cupido »Santarem«. »Santarem« (Stadt am Amazonas) gibt den Fundort an, an dem diese wunderschön gefärbte Population gefangen wurde. Steht der Gattungsname in Anführungsstrichen, deutet dies darauf hin, daß der Fisch eigentlich nicht in diese Gattung gehört, die wissenschaftlich exakte Einordnung jedoch noch nicht existiert.

Lebendfutter
Dieser Ausdruck bezeichnet lebende und gefrorene kleine Futtertiere.

Leitfähigkeit
→ Elektrischer Leitwert.

Lochgestein
Kalkhaltiges Gestein mit vielen kleineren und größeren, oft scharfkantigen Löchern. Wegen seines Kalkgehaltes nicht für Becken geeignet, die weiches, saures Wasser enthalten.

Lochkrankheit
Häufige Krankheit vor allem bei Buntbarschen. Die Ursache ist noch umstritten; sie wird wahrscheinlich durch Vitaminmangel (falsche oder einseitige Ernährung) ausgelöst. Symptome: Kleine, später größer werdende Löcher, vor allem in der Kopfregion, die durch einen weißlichen Belag ausgefüllt sein können. Geht oft einher mit → Darmflagellaten. Abhilfe: Verbesserung der Ernährung und ggf. Bekämpfung der Darmflagellaten.

M

Maulbrüter
Fische, die ihre Brut im Maul ausbrüten. Man unterscheidet ovophile Maulbrüter (z. B. → Mbuna-Arten), die während oder sofort nach dem Ablaichen die Eier ins Maul aufnehmen, und larvophile Maulbrüter (z. B. *Bujurquina*-Arten aus Südamerika), die das Gelege auf einem Substrat ablaichen und erst die geschlüpften Larven ins Maul aufnehmen. Viele Fischarten führen die Maulbrutpflege nach dem Entlassen der Brut aus dem Maul weiter. Sie nehmen die Jungfische z. B. nachts oder bei Gefahr wieder im Maul auf.

Mbuna
Auch im Zierfischhandel geläufige afrikanische Bezeichnung für die Felsencichliden des Malawi-Sees. Die meisten Mbuna-Arten gehören zu den Gattungen *Pseudotropheus*, *Melanochromis* und *Labeotropheus*.

Moorkienwurzeln
Bis auf das Kernstück abgefaulte Wurzelreste, die aus Moorgebieten stammen und z. B. beim Torfstechen gefunden werden (im Zoofachhandel erhältlich). Moorkienholz muß sich erst mit Wasser vollsaugen, um zu sinken. Wenn nötig, die Wurzel anfangs mit Steinen beschweren. Ausnahme: Schottische Mooreiche, die sofort versinkt.

Mückenlarven
Larven verschiedenster Mücken, die ihre Eier auf der Wasseroberfläche ablegen. Die geschlüpften Larven findet man entweder im Schlamm (Rote Mückenlarven), im freien, kühlen Wasser (Weiße Mückenlarven) oder direkt unter der Wasseroberfläche hängend (Schwarze Mückenlarven der Stechmücken). Mückenlarven stellen ein hochwertiges Futter dar und sind lebend oder gefroren im Zoofachhandel erhältlich.
Achtung: Rote Mückenlarven sind manchmal schadstoffbelastet und werden von vielen Fischarten schlecht vertragen.

N

Neonkrankheit
Auch *Pleistophora*. Bakteriell bedingte, unheilbare Fischkrankheit, die vor allem Salmler befällt. Symptome: Verblassen bestimmter Farbpartien, oft verkrümmte Wirbelsäule.

Nichtkarbonathärte
Derjenige Teil der Wasserhärte, der nicht durch Karbonate ensteht (→ Karbonathärte), sondern vor allem durch → Sulfate.

Nitrat (NO_3^-)
Schwach giftiges Endprodukt beim Abbau stickstoffhaltiger → organischer Abfälle im Aquarium. Nur mit bestimmten chemischen Verfahren (Nitrex®) kann es weiterverarbeitet werden, so daß gasförmiger Stickstoff entsteht. Normalerweise wird es durch Wasserwechsel aus dem Aquarium entfernt.

Nitrit (NO_2^-)
Giftiges Zwischenprodukt beim Abbau stickstoffhaltiger → organischer Abfälle. Steht in der Abbaukette zwischen → Ammonium und → Nitrat.

O

Oodinium
Auch Samtkrankheit. Hervorgerufen durch einen einzelligen Außenparasiten. Bei starkem Befall scheinen die Fische wie mit weißlich-gelbem Puder überzogen.

Ordnung
Begriff aus der Klassifikation der Lebewesen. Verwandte Familien faßt man in Ordnungen zusammen. Zum Beispiel gehören die Familien der Harnischwelse *(Loricariidae)* und der Fiederbartwelse *(Mochokidae)* gemeinsam mit vielen anderen Welsfamilien in die Ordnung der Welse *(Siluriformes)*. Der lateinische Name einer Ordnung endet innerhalb der Tierwelt immer mit *-formes*.

Organische Abfallprodukte
Endprodukte, die bei der Zersetzung tierischer und pflanzlicher Stoffe durch Pilze und Bakterien entstehen. Indikator für eine hohe Belastung mit organischen Abfallstoffen sind hohe → Ammonium- und → Nitratwerte.

Ovophile Maulbrüter
→ Maulbrüter.

Ovoviviparie
Form des Lebendgebärens, bei der die Embryonen in Eiern im Mutterleib heranreifen (z. B. *Poeciliidae*).

Oxidator
Sauerstoffspendendes Gerät, das Wasser durch eine chemische Reaktion mit Sauerstoff versorgt. Grundsubstanz für diese Reaktion ist Wasserstoffperoxid, das in Wasser und Sauerstoff zerfällt. Achtung: Wasserstoffperoxid ist ätzend und muß vor Kindern sicher aufbewahrt werden.

P

Pantoffeltierchen
Paramecium caudatum. Einzelliges Lebewesen zur Anfütterung kleinster Fischbrut → Staubfutter.

Pellets
Stiftförmiges, gepreßtes → Trockenfutter für größere Fische, z. B. Großcichliden (im Zoofachhandel erhältlich).

Pflanzenlaicher
→ Substratlaicher, die als Laichunterlage Pflanzen bevorzugen.

pH-Pufferung
→ Pufferung des pH-Wertes.

pH-Wert
Maßeinheit für den Säuregrad des Wassers. Der Säuregrad ergibt sich aus dem Verhältnis von Säuren und Basen im Wasser. Sind sie zu gleichen Teilen vorhanden, spricht man von neutralem Wasser (pH-Wert = 7). Sind mehr Säuren als Basen vorhanden, ist das Wasser sauer (pH-Wert unter 7). Sind Basen in der Überzahl, ist das Wasser alkalisch oder basisch (pH-Wert über 7).
In der Aquaristik hat sich folgender Sprachgebrauch eingebürgert:
Stark sauer = pH unter 6
Schwach sauer = pH 6 bis 6,9
Neutral = pH 7
Schwach alkalisch/basisch = pH 7,1 bis 8
Stark alkalisch/basisch = pH 8,1 bis 9.

Photosynthese
Prozeß, bei dem Pflanzen mit Hilfe von Licht und → Kohlendioxid Zucker (Glucose) herstellen, um sich zu ernähren.

Proteine
Auch Eiweiße. Wichtige stickstoffhaltige Grundbausteine jedes Lebewesens. Aus dem Proteinstoffwechsel entstehen die stickstoffhaltigen → organischen Abfallprodukte Harnstoff, → Ammonium, → Nitrit und → Nitrat.

Pufferung des pH-Wertes
Wasser mit einem bestimmten → pH-Wert bezeichnet man als gut gepuffert, wenn sich der pH-Wert bei leichter Zugabe von ansäuernden oder alkalisierenden Stoffen nicht oder nur geringfügig verändert. Karbonathaltiges Wasser ist besser gepuffert als karbonatarmes Wasser. Daher braucht man zur Ansäuerung karbonathaltigen Wassers größere Mengen → Kohlendioxid oder → Huminsäuren, als zur Ansäuerung einer gleichen Menge karbonatarmen Wassers. Für die Aquarienpraxis gilt, daß eine Mindestkarbonathärte von 4 °dKH vorhanden sein sollte, um pH-Schwankungen zu vermeiden.

R

Rädertierchen
Auch Rotatorien. → Staubfutter, das in Form von Dauereiern im Zoohandel erhältlich ist. Gutes Aufzuchtfutter, das statt → Pantoffeltierchen gefüttert werden kann (→ Literatur, Seite 158).

Regenzeit
Jahreszeitlicher Abschnitt in den Tropen, der durch hohe Niederschlagsmengen gekennzeichnet ist. → Trockenzeit.

Rotatorien
→ Rädertierchen.

S

Saisonfische
Fische, die in der Natur in periodisch austrocknenden Gewässern leben, z. B. bodenlaichende Killifische. Sie werden in der Natur nur einige Monate alt. Jedoch überleben ihre Nachkommen die nächste Trockenzeit in Form von in den Bodenschlamm eingegrabenen Eiern. Im Aquarium werden die meisten Saisonfische zwei bis drei Jahre alt.

Aquarien-Lexikon

Salze
Chemische Verbindungen, die aus negativ und positiv geladenen Teilchen (→ Ionen) bestehen. Viele Salze lösen sich gut im Wasser und zerfallen dabei in ihre Ionenbestandteile. Sie sind für die → Wasserhärte und den → elektrischen Leitwert verantwortlich.

Sauerstoff (O_2)
Lebenswichtiges Gas aus der Luft, das sich durch Gasaustausch an der Wasseroberfläche im Wasser löst. Je wärmer das Wasser ist, um so weniger Sauerstoff löst sich darin. Maßnahmen zur Sauerstoffanreicherung im Wasser sind Belüftung, Absenkung der Temperatur sowie Entfernen von sauerstoffzehrenden Abfallprodukten. Auch Überbesetzung kann zu Sauerstoffarmut führen.

Sauer
Wasser mit einem → pH-Wert unter 7 ist sauer.

Säurebildner
Sie sind im Wasser für niedrige → pH-Werte verantwortlich. Die wichtigsten Säurebildner für die Aquarienpraxis sind → Kohlensäure und → Huminsäuren.

Säuregrad
→ pH-Wert.

Schnecken
In der Regel sind Schnecken nützliche Mitbewohner im Aquarium. Turmdeckelschnecken leben tagsüber im Boden und helfen bei der Verwertung von Nahrungsresten und der Durchlüftung des Bodengrundes. Auch andere Schnecken (Apfelschnecken, Posthornschnecken, Kleine Schlammschnecken) sind nützliche Restvertilger, die auch als »Putzkommando« in Aufzuchtbecken eingesetzt werden können.
Bei Massenvermehrung sammelt man die Schnecken einfach nachts von den Glasscheiben ab, oder man legt Futtertabletten nachts auf einer Untertasse aus. Die Schnecken versammeln sich dort und können mit der Untertasse aus dem Wasser gehoben werden. Massenvermehrung kann auch auf Pflegefehler (Überfütterung, tote Fische im Becken) zurückzuführen sein.

Schwarmfische
Fische, die in der Natur immer in Gemeinschaft vieler Artgenossen leben. Im Aquarium sollten mindestens sechs Schwarmfische zusammen gehalten werden, sonst kümmern sie.

Schwarzwasser
Gewässer, das durch → Huminsäuren und viele andere Bestandteile cola-ähnlich gefärbtes Wasser führt. Charakteristische Wasserwerte: → pH-Wert liegt oft unter 5, Wasserhärte (→ Gesamthärte) ist nicht meßbar. Der bekannteste Schwarzwasserfluß ist der Rio Negro in Brasilien. Die Nachahmung dieser Wasserwerte im Aquarium ist für keine Fischart empfehlenswert, außer für die Zucht weniger Schwarzwasserfische (z. B. *Parosphromenus deissneri*).

Schwimmblase
Gasgefülltes Organ der Fische, das das Schwimmen im Wasser ohne Absinken oder Auftrieb ermöglicht. Viele bodenbewohnende Fische haben zurückgebildete Schwimmblasen, da sie auf eine freischwimmende Lebensweise verzichtet haben.

Spurenelemente
Nur in äußerst geringen Mengen in Wasser und Futter vorhandene Stoffe, die im Aquarium wichtige Funktionen übernehmen. Z. B. muß das Spurenelement Eisen in geringen Mengen für einen guten Pflanzenwuchs vorhanden sein. Fehlt es, stagniert der Pflanzenwuchs. Abhilfe schafft Eisendüngung.

Staubfutter
Feinstes Aufzuchtfutter für kleinste Fischlarven, für die → Artemia-Nauplien zu groß sind. Wichtigstes Staubfutter sind z. B. → Pantoffeltierchen und → Rädertierchen.

Stickstoff
Element, das in vielen Nahrungsbestandteilen enthalten ist, v. a. in → Proteinen und → organischen Abfallprodukten.

Stoffwechsel
Bei Lebewesen die Umwandlung bestimmter Ausgangsstoffe in andere Endprodukte. Z. B. werden mit der Nahrung stickstoffhaltige Proteine aufgenommen und weiterverwertet, bis schließlich u.a. stickstoffhaltige → organische Abfallprodukte wie Harnstoff und → Ammonium entstehen.

Substratgebundene Lebensweise
Fische, die immer die Nähe zu Gegenständen suchen, haben eine substratgebundene Lebensweise, z. B. Flossensauger, die sich an der Aquarienscheibe festsaugen.

Substratlaicher
Fische, die ihre Eier an Unterlagen (Pflanzen, Wurzeln, Steinen) ablegen. Für die Nachzucht dieser Arten müssen geeignete Substrate bereitgestellt werden.

Sulfate
Schwefelhaltige Salze, die im Wasser in unterschiedlichen Mengen enthalten sind und zur → Nichtkarbonathärte beitragen.

T

Torf
Filtermaterial, das wegen seines → Huminsäuregehaltes zur Enthärtung und Ansäuerung des Aquarienwassers verwendet wird. Man verwendet nur ungedüngten Schwarztorf oder Torfgranulat (im Zoofachhandel erhältlich). Leider enthalten viele Torfpräparate oft einen hohen Anteil an → Nitraten. Daher sollten bei der Verwendung von Torf auch die Nitratwerte kontrolliert werden. Torf verfärbt das Wasser mit unschädlichen Inhaltsstoffen bräunlich.

Torffilterung
Chemische Filtermethode, um → Karbonathärte und → pH-Wert des Aquarienwassers zu senken. Als Filtermaterial dient → Torf. Faustregel: Etwa 200 g Torf sind nötig, um 100 l Wasser um 10 °dKH zu senken.
Man füllt den Außenfilter oder luftbetriebenen Innenfilter mit Torf, verfolgt die Enthärtung und pH-Senkung und ersetzt nach etwa 3 Tagen den verbrauchten Torf durch neuen. Den Vorgang so oft wiederholen, bis die gewünschten Wasserwerte erreicht sind. Einen Wasserwechsel nimmt man danach am besten auch mit torfgefiltertem Wasser vor, das annähernd gleiche Wasserwerte besitzt.

Trockenfutter
Künstliche Futterpräparate, die bei guter Qualität alle wichtigen Nährstoffe, Vitamine und Spurenelemente enthalten. Trockenfutter gibt es in Form von Tabletten, Flocken und → Pellets. Angebrochene Trockenfutterdosen sollten nicht länger als 2–3 Monate verwendet und nach jeder Fütterung wieder sorgfältig verschlossen werden. Durch Luftfeuchtigkeit kann Trockenfutter schnell in der Qualität nachlassen und verderben.

Trockenzeit
Jahreszeitlicher Abschnitt in den Tropen, der durch geringe Niederschlagsmengen gekennzeichnet ist. In manchen Regionen wechseln sich innerhalb eines Jahres mehrere Trocken- und → Regenzeiten ab. Tropische Fische richten ihre Laichzeit oft nach diesen Zeiten aus.

Trichodina
Einzelliger Außenparasit. Wie bei → Ichthyophtirius kann man befallene Fische mit einem Kochsalzbad behandeln.

Tubifex
Schlammröhrenwürmer. Als lebendes Fischfutter mit hohem Proteingehalt und geringem Ballaststoffanteil im Zoofachhandel erhältlich. Sollte nur selten verfüttert werden. Tubifex vorher einige Tage wässern, weil die Würmer oft mit Schadstoffen belastet sind. Richtige Aufbewahrung der Tubifex → »Ernährung«, Seite 39.

U

Umkehrosmose
Modernes Verfahren zur Entfernung aller Salzbildner (→ Salze), aber auch sonstiger Moleküle (z. B. Schadstoffe wie Atrazin) im Wasser. Geräte zur Umkehrosmose arbeiten wartungsärmer und ohne Chemikalien im Gegensatz zu → Ionenaustauschern. Im Verhältnis zum entsalzten Wasser fallen große Mengen Restwasser an, das im Haushalt weiterverwertet werden kann (z. B. Toilettenspülung).

Utaka
Cichliden des Malawi-Sees, die in riesigen Schwärmen vorkommen und sich im freien Wasser von Zooplankton ernähren. Zum Ablaichen gehen diese Maulbrüter in Bodennähe. Die Männchen färben sich nur zur Laichzeit aus, und dann bilden sich regelrechte Kolonien balzender Männchen.

V

Vergesellschaftung
Pflege verschiedener Fischarten in einem Aquarium.

Versteckbrüter
→ Höhlenbrüter.

Viviparie
Form des Lebendgebärens. Embryonen reifen im Mutterleib ohne Eischale heran und werden oft durch nabelschnurähnliche Nährleitungen von der Mutter versorgt (z. B. *Goodeidae*). → Ovoviviparie.

Vollentsalzung
Mit vollentsalzenden → Ionenaustauschern oder → Umkehrosmose-Geräten werden alle → Salze und damit auch → Härtebildner aus dem Wasser entfernt.

W

Wasserhärte
→ Gesamthärte.

Wasserwerte
Sie kennzeichnen die Qualität des Wassers. In der Aquaristik gebräuchliche Wasserwerte sind: → Gesamthärte, → Karbonathärte, → Nichtkarbonathärte, → elektrischer Leitwert, → Ammonium bzw. → Ammoniak, → Nitrat, → Nitrit, → Kohlendioxid, → Sauerstoff, → pH-Wert, Temperatur.

Weißwasser
Flüsse in Amazonien, die durch Schwebstoffe (anorganische Sedimente) weißlich-trüb gefärbt sind. Die Sichtweite beträgt nur 10 bis 50 cm, die Wasserwerte sind charakteristisch: pH-Wert zwischen 6,2 und 7,2; weiches (selten mittelhartes)Wasser. Der Begriff ist im Prinzip auch bei Gewässern anderer geographischer Regionen anwendbar.

Z

Zooplankton
Kleinste tierische Organismen, die frei im Wasser schweben, z. B. Wasserflöhe. → Cyclops.

Zuchtbecken
Aquarium, das speziell für die Nachzucht eingerichtet ist.

Artenvielfalt

Ein Augenfleckbuntbarsch aus der südamerikanischen Cichliden-Gattung *Heros*. Ursprünglich nahm man an, daß alle Augenfleckbuntbarsche Südamerikas nur einer Art, nämlich *Heros severus* angehören würden. Doch nicht zuletzt durch die Aufmerksamkeit wissenschaftlich interessierter Aquarianer hat man festgestellt, daß verschieden gefärbte und geformte Augenfleckbuntbarsche über Zierfischexporteure eingeführt wurden. Aufgrund dieser Tatsache kann man jetzt davon ausgehen, daß verschiedene Arten von Augenfleckbuntbarschen in Südamerika vorkommen. Dies ist kein Einzelfall. Häufig verbergen sich hinter vermeintlich einer Art mehrere Arten. Die neu erkannten Arten werden wissenschaftlich beschrieben und bekommen eigene Namen. Das ist einer der Gründe, warum Aquarianer oft mit neuen Namen konfrontiert werden. Andere Gründe dafür sind notwendige Korrekturen in der Zuordnung bestimmter Fische zu bereits wissenschaftlich beschriebenen Arten oder Gattungen.

Pflegeanleitungen für beliebte Aquarienfische

Unzählige Fischarten gibt es, die man heute in Aquarien halten kann. Im nachfolgenden Steckbriefteil finden Sie Favoriten, die sehr häufig gepflegt werden, aber auch faszinierende Arten, die eine noch nicht so starke Verbreitung bei Aquarianern gefunden haben. Für jede abgebildete Art gibt es eine Pflegeanleitung, die u.a. Hinweise auf die natürlichen Lebensräume der Fische enthält. Diese Hinweise sollen dem Aquarianer helfen, seine Fische besser kennenzulernen, um sie artgemäßer und naturnaher halten zu können. Aber gleichzeitig sollen sie seinen Blick schärfen für den heute sehr notwendigen Natur- und Artenschutz. Doch was kann ein Aquarianer mit seinem Becken im Wohnzimmer für den Biotop- oder Artenschutz tun, wird so mancher fragen. Sehr viel. Das meint jedenfalls der berühmte Verhaltensforscher Konrad Lorenz, wenn er schreibt, daß Tiere halten »dem immer mehr der Natur sich entfremdenden Zivilisationsmenschen gerade jene Kenntnisse bringt, deren Fehlen heute die ganze Menschheit gefährdet.« Und damit schließt sich der Kreis, denn nur was man kennt, kann man schützen.

Erläuterungen der Pflegeanleitungen

Der nachfolgende Steckbriefteil ist in 15 Fischgruppen eingeteilt. Zur besseren Orientierung ist jedem Gruppennamen eine Ziffer vorangestellt, z.B. 1 Salmler usw. Alle Pflegeanleitungen wurden von entsprechenden Experten geprüft.

Name: Wenn vorhanden, ist der gängige deutsche Name genannt, außerdem der wissenschaftliche Name.

Größe: Die in der Natur erreichbare Größe ist aufgeführt. Einige Arten werden im Aquarium auch geringfügig größer, weil sie in menschlicher Obhut älter werden können als in der Natur. Variable Angaben (von - bis) bedeuten, daß es unterschiedliche Populationen gibt oder daß die genaue Endgröße nicht bekannt ist.

Becken: Angegeben sind die Mindestmaße für eine lebenslange artgerechte Pflege. Jungtiere lassen sich natürlich auch in kleineren Becken pflegen, müssen jedoch dann als erwachsene Tiere in größere Becken umgesetzt werden.

Bereich: Genannt ist der Bereich im Aquarium, in dem die Fische sich überwiegend aufhalten. Hin und wieder suchen die Tiere auch andere Beckenbereiche auf, zum Beispiel bei der Fütterung durch den Pfleger.

Unten = auf dem Bodengrund oder knapp darüber.
Mitte = in normalen Becken der größte Beckenbereich.
Oben = in der Nähe der Wasseroberfläche.
Substratgebunden = alle Beckenbereiche, aber immer in der Nähe von Substraten (z.B. Steinen).

Wasser: Angegeben sind Erfahrungswerte, die eine gute Pflege gewährleisten. Soweit unter dem Stichwort »Zucht« keine anderen Werte aufgeführt sind, gelten auch dort die zu Beginn des Steckbriefes genannten Werte.

Hinweise: Bei der Wasserhärte gelten folgende Werte:
Sehr weiches Wasser = bis 4 °dGH
Weiches Wasser = bis 8 °dGH
Mittelhartes Wasser = bis 12 °dGH
Hartes Wasser = bis 18 °dGH
Sehr hartes Wasser = mehr als 18 °dGH

Haltung: Hinweise zur artgemäßen Einrichtung und ggf. zu technischen Besonderheiten.

Vergesellschaftungstip: Ratschläge, mit welchen Fischen die genannte Art sich gut vergesellschaften läßt.

Größenangaben bedeuten:
Klein = etwa 8 cm.
Mittelgroß = etwa 9 bis etwa 13 cm.
Groß = größer als etwa 13 cm.

Futter: Hinweise auf geeignetes Futter und besonders bevorzugte Nahrung sowie Angaben zu besonderen Verhaltensweisen bei der Futteraufnahme.

Geschlechtsunterschiede: Die wichtigsten Unterschiede zwischen den Geschlechtern.

Zucht: Angegeben ist die Art des Ablaichens (z.B. Freilaicher), bei brutpflegenden Arten die Brutpflegeart (z.B. larvophile Maulbrüter) und die Familienform (z.B. Eltern-Familie), außerdem der Aquarientyp für eine gezielte Zucht sowie das Anfütterungsfutter für die Larven. Falls nötig, sind besondere Wasserwerte genannt.

Biotop: Soweit bekannt, ist das bevorzugte Biotop innerhalb des Verbreitungsgebietes der Art genannt, damit der Aquarianer sich vorstellen kann, wie und wo der Fisch lebt. Eine Information, die ihm hilft, den Fisch artgerecht und naturnah zu pflegen.

Ähnliche Arten: Arten aus der näheren Verwandtschaft, die so zu pflegen sind wie die abgebildete Art. Abweichungen sind angegeben.

Pflegetips für »Mitbewohner« im Aquarium

Neben den Fischen werden häufig auch einige niedere Tiere im Aquarium mitgepflegt, die oft sogar nützliche Funktionen übernehmen. Auch diese Tiere haben spezielle Lebensansprüche, die erfüllt werden müssen.

Krebstiere

Es gibt verschiedene Krebstiere, die sich als Mitbewohner für Aquarien eignen. Allen gemeinsam ist, daß sie sich von Zeit zu Zeit häuten. Man findet dann eine leere »Schale« und meint, ein totes Tier vor sich zu haben. Das frisch

Bunter Schlangenkopffisch (*Channa orientalis*) beim Führen seiner Jungen.

gehäutete Tier versteckt sich jedoch, bis der anfangs noch weiche neue Panzer ausgehärtet ist.
Gestreifte-Zwerggarnele (*Cardina spec.*), 4 cm, Foto, → Seite 20: Hübsch gefärbte, lebendgebärende Garnele. Liebt feinfiedrige Pflanzendickichte, die Schutz bieten. Ernährung mit Trockenfutter gut möglich. Nicht mit größeren oder zudringlichen Fischen vergesellschaften.
Fächerhandgarnele (*Atyopsis moluccensis*), 10 cm, Foto, → Seite 20: Friedfertige Garnele. Ernährt sich trotz ihrer Größe nur von feinem Futter (z. B. zerfallenden Futtertabletten, Artemia-Nauplien). In einem Becken mit Strömung läßt sich gut beobachten, wie sie mit ihrer ausgebreiteten Fächerhand in der Strömung steht und kleine Futterpartikel aus dem Wasser filtert. Auch am Bodengrund sucht sie Futter. Nicht mit robusten Fischen vergesellschaften.
Rote Süßwasserkrabbe aus der Familie *Grapsidae*, etwa 7 cm, Foto, → Seite 20: Braucht einen »Landsitz« über dem Wasserspiegel. Wegen Fluchtgefahr muß die Deckscheibe absolut dicht schließen! Ist problemlos mit allen Futtersorten zu ernähren. Schätzt Seesalzzusatz.

Schnecken
Diese oft durch Zufall eingeschleppten Mitbewohner machen sich in den meisten Fällen als Restevertilger und Bodenauflockerer nützlich.
Turmdeckelschnecken (*Melanoides spec.*), Foto, → Seite 20: Diese lebendgebärenden Schnecken sind die Regenwürmer des Aquariums. Unermüdlich wandern sie durch den Bodengrund, den sie dabei auflockern, und verwerten Futterreste.
Posthornschnecken (*Heliosoma spec.*), etwa 2 cm, Foto, → Seite 20: Besonders gut als Restevertilger in Aufzuchtbecken geeignet. Legen gallertartige Eipakete ab.
Apfelschnecke (*Ampullaria spec.*): Wird größer als ein Tischtennisball. Kommt zum Atmen an die Wasseroberfläche und nimmt dort Luft mit ihrem langen Atemrüssel auf. Legt Eier außerhalb des Wassers ab. Dicht schließende Deckscheibe wichtig, um Herauskriechen zu verhindern. Allesfresser mit großem Appetit. Frißt bei Nahrungsmangel auch Pflanzen.

1 Salmler

Mit etwa 1500 Arten besiedeln Salmler fast alle Gewässertypen in Südamerika und Afrika. Neben den Lebendgebärenden Zahnkarpfen sind sie die beliebtesten Aquarienfische für Gesellschaftsbecken. Das liegt nicht nur an ihren schönen bunten Farben, sondern auch daran, daß man sie im Schwarm hält, wodurch es besonders viel zu beobachten gibt. Salmlerbecken sind immer »lebhafte Becken«.

Wissenswertes über Salmler

Sie gehören zur Ordnung *Characiformes* (Salmler).
Kennzeichen: Zwischen Rücken- und Schwanzflosse haben die meisten Salmler eine zusätzliche Flosse, die sogenannte Fettflosse. Sie ist nicht durch Flossenstrahlen gestützt. Salmler haben einen beschuppten Körper.
Haltung: Auch wenn sich viele Salmler im freien Wasser aufhalten, brauchen sie dennoch Schutzzonen im Becken, vor allem durch teilweise dichte Bepflanzung, aber auch durch Moorkienwurzeln. Die Beleuchtung und der Bodengrund dürfen nicht zu hell sein. Notfalls muß man das Becken teilweise mit Schwimmpflanzen abdunkeln. Die schönen Farben der Salmler kommen nämlich erst bei gedämpftem Licht zur Geltung.
Wasser: Ideal für die Pflege der meisten Arten ist leicht saures (pH um 6,5) und weiches bis mittelhartes Wasser. Bei einigen Arten, sowie für die Zucht vieler Arten muß jedoch das Wasser sehr weich und sauer sein.
Vergesellschaftung: Salmler lassen sich gut mit Zwergbuntbarschen, Welsen und anderen Salmlern vergesellschaften. Abzuraten ist von größeren revierbildenden Fischen (zum Beispiel viele Cichliden), weil sie vor allem während der Brutpflege das Becken beherrschen und die Salmler unterdrücken. Falls nötig, stehen individuelle Vergesellschaftungstips in den Salmler-Steckbriefen.
Verhalten: Die meisten Salmler sind Schwarmfische, die ohne die Vergesellschaftung mit Artgenossen nicht ihr wirkliches Wesen zeigen. Man sollte mindestens 6 Salmler einer Art pflegen (Ausnahmen → Steckbriefe). Bei vielen Salmlern bilden die Männchen zeitweise Kleinreviere aus, die gegen andere Männchen verteidigt werden. Dabei kommt es aber nicht zu ernsten Auseinandersetzungen.
Hinweise für die Zucht: Die meisten Salmler lassen sich nur mit größerem Aufwand züchten. Die Mehrzahl der Arten betreiben keine Brutpflege, sondern legen ihre Eier an Pflanzen oder anderen Substraten ab. Für die Entwicklung der Eier sind oft niedrige Wasserwerte nötig, die man im Gesellschaftsbecken nicht bieten kann. Deshalb muß man ein separates »Zuchtbecken für nicht-brutpflegende Fische« einrichten (→ Praxis-Seite »Fischzucht«, Seite 54) und das Wasser entsprechend der Zuchtansprüche der einzelnen Arten aufbereiten. Nach dem Freischwimmen wird die empfindliche kleine Brut mit feinsten Futtermitteln angefüttert, zum Beispiel Pantoffeltierchen. Artemia kann manchen Arten erst nach einigen Tagen gereicht werden. Eine andere Methode, Salmler zu züchten, ist der Daueransatz im Schwarm (→ Seite 53).

Langflossensalmler, *Brycinus longipinnis*
13 cm. Becken: 100 cm. Bereich: Mitte, oben. Wasser: pH 6,5–7,5; weich bis hart; 23–26 °C. Haltung: Große, dunkel eingerichtete Becken, keine Schwimmpflanzen. Strömung und kräftige Filterung wichtig. Lebhafte Schwimmer. Futter: Kräftiges Lebendfutter (Mückenlarven, Insekten), auch Flockenfutter. Geschlechtsunterschiede: Männchen schlank, langausgezogene Rückenflosse. Zucht: Große Zuchtbecken; Wasser pH 6–7, sehr weich (unter 6° dGH). Anfüttern mit Artemia. Biotop: Grenzbereich zwischen Ufervegetation und freiem Wasser von klaren Fließgewässern Westafrikas.

Blauer Kongosalmler, *Phenacogrammus interruptus*
9 cm. Becken: 100 cm. Bereich: Mitte, oben. Wasser: pH 6–7,5; weich bis hart; 23–26 °C. Haltung: Dunkel eingerichtete Becken, möglichst mit Strömung; viel freier Schwimmraum, lockere Randbepflanzung. Gute Wasserpflege wichtig. Schwarmfisch. Vergesellschaftungstip: Afrikanische Zwergbuntbarsche, kleinere Cichliden. Futter: Mückenlarven, kleine Insekten, auch pflanzliche Nahrung, Trockenfutter. Geschlechtsunterschiede: Männchen größer, mit ausgezogener Rücken- und Schwanzflosse. Zucht: Große Zuchtbecken; Wasser pH 6–6,5, sehr weich. Anfüttern mit Artemia. Biotop: Im Flußsystem des Zaïre.

Afrikanischer Großschuppensalmler, *Arnoldichthys spilopterus*
8 cm. Becken: 100 cm. Bereich: Mitte, oben. Wasser: pH 6–7,5; weich bis hart; 23–28 °C. Haltung: Benötigt viel freien Schwimmraum, möglichst auch Strömung, daher sparsame Bepflanzung. Lebhafter Schwarmfisch. Futter: Alle kleineren Futtersorten, vor allem auch Mückenlarven und kleine Insekten. Geschlechtsunterschiede: Männchen schlanker, bunt gestreifte Afterflosse. Zucht: Große Zuchtbecken; Wasser pH 6–7, weich; dünne Torfschicht als Bodengrund. Anfütterung mit Pantoffeltierchen. Biotop: Fließgewässer in Südnigeria.

Ansorges Neolebias, *Neolebias ansorgii*
3,5 cm. Becken: 50 cm. Bereich: Unten, Mitte. Wasser: pH 5–6,5; weich bis mittelhart; 22–25 °C. Haltung: Dunkel eingerichtete Becken mit kleinen Versteckplätzen für die Männchen, die Territorien verteidigen; bepflanzt mit *Anubias*, Schwimmpflanzen. 2 Männchen mit mehreren Weibchen. Vergesellschaftungstip: Nur kleine, zarte Fische. Futter: Kleines Lebendfutter, Trockenfutter nur ab und zu. Geschlechtsunterschiede: Weibchen blasser, fülliger. Zucht: Zuchtbecken. Anfüttern mit Pantoffeltierchen; Junge sind empfindlich. Besonderes: Es gibt rote und rot-grüne Formen. Biotop: Im Pflanzendickicht der Uferbereiche von kleinen, klaren Fließgewässern Nigerias und Kameruns.

Schwarzer Phantomsalmler, *Megalomphodus megalopterus*
4,5 cm. Becken: 60 cm. Bereich: Mitte. Wasser: pH 6–7,5; weich bis hart; 23–28 °C. Haltung: Dunkel eingerichtete Becken, dichte Randbepflanzung, Schwimmpflanzen. Gruppenfisch. Vergesellschaftungstip: Kleine Fische. Futter: Alle kleineren Futtersorten. Geschlechtsunterschiede: Männchen schlanker, größere Flossen. Zucht: Zuchtbecken; Wasser pH 6–7, weich. Besonderes: Männchen bilden zeitweise kleine Reviere aus. Biotop: Schattige, pflanzenreiche Bereiche in Flüssen und Seen Zentralbrasiliens. Ähnliche Art: Roter Phantomsalmler (*M. sweglesi*), empfindlicher.

Schmucksalmler, *Hyphessobrycon bentosi*
4,5 cm. Becken: 60 cm. Bereich: Mitte. Wasser: pH 6–7,5; weich bis hart; 23–27 °C. Haltung: Gesellschaftsbecken mit leichter Strömung, locker bepflanzt. Anspruchslos, lebhaft. Futter: Alle kleineren Futtersorten. Geschlechtsunterschiede: Männchen mit lang ausgezogener Rückenflosse. Zucht: Zuchtbecken; Wasser pH 6–7, weich. Anfüttern mit Artemia. Besonderes: Männchen bilden kleine Balzreviere aus. Biotop: Über sandigem oder kiesigem Boden in klaren, sonnigen Fließgewässern (Guayana, unterer Amazonas). Ähnliche Arten: Kirschflecksalmler (*H. erythrostigma*), 6 cm, Wasser weicher (Foto, → Seite 2/3).

Roter von Rio, *Hyphessobrycon flammeus*
4 cm. Becken: 50 cm. Bereich: Mitte. Wasser: pH 6–7,5; weich bis hart; 22–27 °C. Haltung: Dunkel eingerichtete Becken, gut bepflanzt. Anspruchslos. Vergesellschaftungstip: Kleine Fische. Futter: Alle kleineren Futtersorten. Geschlechtsunterschiede: Männchen schlanker, Farben intensiver. Zucht: Einfach. Zuchtbecken. Anfüttern mit Artemia, notfalls mit zerriebenem Trockenfutter. Biotop: Umgebung von Rio de Janeiro. Ähnliche Art: Gelber von Rio (*H. bifasciatus*), 5 cm.

Blutsalmler, *Hyphessobrycon callistus*
4 cm. Becken: 60 cm. Bereich: Mitte. Wasser: pH 6–7,5; weich bis hart; 24–28 °C. Haltung: Dunkel eingerichtete Becken, gut bepflanzt, aber mit freiem Schwimmraum. Im kleinen Schwarm (6–8 Tiere) pflegen. Futter: Alle kleineren Futtersorten. Geschlechtsunterschiede: Weibchen fülliger. Zucht: Zuchtbecken; Wasser pH 6–7, weich. Anfüttern mit Artemia. Besonderes: Es gibt mehrere Unterarten, alle wie Stammart zu pflegen. Biotop: Ruhige, oft pflanzenreiche Gewässerbereiche, auch im Schwarzwasser des Amazonasbeckens.

Gebänderter Bodensalmler, *Characidium spec.*
8 cm. Becken: 80 cm. Bereich: Unten. Wasser: pH 6,5–7,5; weich bis hart, klar, sauerstoffreich; 23–28 °C. Haltung: Becken mit freien Kies- und Sandflächen. Neugierig, zu mehreren halten, wenige Tiere oft untereinander aggressiv. Vergesellschaftungstip: Kleine bis mittelgroße Fische des mittleren und oberen Bereichs. Futter: Alle kleineren Futtersorten, besonders Futtertabletten. Geschlechtsunterschiede: Weibchen fülliger. Zucht: Zuchtbecken. Anfüttern mit Artemia. Besonderes: Es gibt viele, schwer zu bestimmende Bodensalmlerarten. Biotop: Bodenbereich vieler Fließgewässer Südamerikas. Oft in starker Strömung.

Trauermantelsalmler, *Gymnocorymbus ternetzi*
6 cm. Becken: 60 cm. Bereich: Mitte. Wasser: pH 6,5–7,5; weich bis hart; 23–28 °C. Haltung: Becken nicht zu hell, lockerer Pflanzenwuchs. Anspruchslos, ruhig. Vergesellschaftungstip: Bis etwa doppelt so große Fischarten. Futter: Alle kleineren Futtersorten. Geschlechtsunterschiede: Männchen kleiner, schlanker. Zucht: Zuchtbecken. Anfüttern mit Artemia. Besonderes: Die schwarze Färbung ist im Alter weniger intensiv. Biotop: Schattige, ruhige Zonen der Fließgewässer im Rio Paraguay-Flußsystem in Südbrasilien.

Schrägschwimmer, *Thayeria boehlkei*
6 cm. Becken: 60 cm. Bereich: Mitte, oben. Wasser: pH 6–7,5; weich bis hart; 24–28 °C. Haltung: Locker bepflanzte Becken. Ruhiger Schwarmfisch. Futter: Trocken- und Lebendfutter, vor allem Mückenlarven und Insekten, zusätzlich pflanzliche Kost. Geschlechtsunterschiede: Weibchen fülliger. Zucht: Größere Zuchtbecken; Wasser pH 5,5–6,5, 25–27 °C, weich. Anfüttern mit Pantoffeltierchen. Biotop: Zwischen Pflanzen in ruhigen Gewässerabschnitten des Rio Araguaia, Peru. Ähnliche Art: *Th. obliqua*, 8 cm.

Rotaugen-Moenkhausia, *Moenkhausia sanctaefilomenae*
7 cm. Becken: 80 cm. Bereich: Mitte, oben. Wasser: pH 5,5–8,5; weich bis hart; 23–26 °C. Haltung: Becken gerne mit leichter Strömung und viel freiem Schwimmraum. Anspruchsloser lebhafter Schwarmfisch. Vergesellschaftungstip: Nicht mit ruhigen Arten des oberen Beckenbereichs, diese könnten sich gestört fühlen. Futter: Alle kleineren Futtersorten. Geschlechtsunterschiede: Weibchen fülliger. Zucht: Zuchtbecken; auch in mittelhartem Wasser gut möglich. Anfüttern mit Artemia. Biotop: Zentrales Südamerika: Paraguay, Ostbolivien, Ostperu, Westbrasilien.

Spritzsalmler, *Copella arnoldi*
8 cm. Becken: 60 cm. Bereich: Mitte, oben. Wasser: pH 6,5–7,5; weich bis mittelhart; 24–29 °C. Haltung: Becken bepflanzt, teilweise Abdeckung mit Schwimmpflanzen. Dichtschließende Deckscheibe, die Tiere springen. Futter: Kleines Lebendfutter, Drosophila, auch Trockenfutter. Geschlechtsunterschiede: Männchen größer, farbiger, längere Flossen. Zucht: Laichen außerhalb des Wassers an Pflanzenblättern. Männchen betreibt Brutpflege, bespritzt Eier mit Wasser. Eier in Aufzuchtbecken überführen. Anfüttern mit Pantoffeltierchen. Biotop: Ufervegetation klarer Bäche der Guyanaländer, Südamerika.

Glühlichtsalmler, *Hemigrammus erythrozonus*
4 cm. Becken: 50 cm. Bereich: Mitte. Wasser: pH 6–7,5; weich bis mittelhart; 22–26 °C. Haltung: Dunkel eingerichtete Becken, lockere Bepflanzung, Schwimmpflanzen. Ruhiger Schwarmfisch. Vergesellschaftungstip: Nicht mit lebhaften Schwarmfischen. Futter: Alle kleinen Futtersorten. Geschlechtsunterschiede: Weibchen fülliger. Zucht: Zuchtbecken; Wasser pH 5,5–7, weich. Anfüttern mit Pantoffeltierchen. Besonderes: Ist in der Färbung dem Glühlichtrasbora aus Asien zum Verwechseln ähnlich, ohne mit ihm verwandt zu sein. Biotop: Rio Essequibo im südamerikanischen Guayana.

Kupfersalmler, *Hasemania nana*
5 cm. Becken: 60 cm. Bereich: Mitte. Wasser: pH 6–7,5; weich bis hart; 23–27 °C. Haltung: Dunkel eingerichtete Becken, Randbepflanzung und Schwimmraum wichtig. Munterer Schwarmfisch. Futter: Alle kleinen Futtersorten. Geschlechtsunterschiede: Männchen schlanker. Zucht: Zuchtbecken; Wasser pH 6–7,5, weich bis mittelhart. Anfüttern mit Pantoffeltierchen. Besonderes: Einer der wenigen Salmler ohne Fettflosse. Biotop: Kleine Bäche Südbrasiliens, auch im Schwarzwasser.

Blehers Rotkopfsalmler, *Hemigrammus bleheri*
4,5 cm. Becken: 60 cm. Bereich: Mitte. Wasser: pH 5–6,5; weich bis mittelhart; 23–28 °C. Haltung: Dunkel eingerichtete Gesellschaftsbecken. Anspruchslos. Futter: Alle kleineren Futtersorten, pflanzliche Kost. Geschlechtsunterschiede: Weibchen fülliger. Zucht: Schwierig. Zuchtbecken; Wasser pH 5,5–6,5, sehr weich. Anfüttern mit Pantoffeltierchen. Biotop: Klares, beschattetes, stehendes oder leicht fließendes Schwarzwasser im Einzugsbereich des Rio Negro und des Uaupes in Nordbrasilien. Ähnliche Arten: *Petitella georgiae* und *H. rhodostomus* unterscheiden sich unter anderem durch Rotfärbung am Maul, heißen deshalb Rotmaulsalmler. Die Unterscheidung der Arten ist schwierig.

Roter Neon, *Paracheirodon axelrodi*
4,5–6 cm. Becken: 60 cm. Bereich: Unten, Mitte. Wasser: pH 4,5–6,5; weich bis mittelhart; 23–27 °C. Haltung: Dunkel eingerichtete Becken, Schwimmpflanzen. Schwarmfisch. Vergesellschaftungstip: Nur kleine bis mittelgroße Fische. Futter: Alle kleinen Futtersorten. Geschlechtsunterschiede: Männchen schlanker. Besonderes: Nachzuchten widerstandsfähiger als Wildfänge. Zucht: Zuchtbecken; Wasser pH 5–7, 23–26 °C, sehr weich (bis 10 °dGH). Anfüttern mit Pantoffeltierchen. Biotop: Schattige Bereiche, vor allem im Klarwasser im Bereich des Rio Negro und Orinoco; Nordwest-Brasilien. Ähnliche Art: Neon (*P. innesi*), 4 cm, pH 5–7,5, weich bis hart, 20–24 °C (Foto, → Seite 23).

Längsbandziersalmler, *Nannostomus beckfordi*
6,5 cm. Becken: 60 cm. Bereich: Mitte, oben. Wasser: pH 6–7,5; weich bis hart; 23–26 °C. Haltung: Dunkel eingerichtete Becken, dicht bepflanzt. Vergesellschaftungstip: Gut mit *Apistogramma*-Arten. Futter: Abwechslung mit kleinem Lebend- und Trockenfutter, auch Drosophila bieten. Geschlechtsunterschiede: Männchen schlanker, Rotfärbung stärker. Zucht: Zuchtbecken; Wasser weich bis mittelhart. Anfüttern mit Artemia. Besonderes: Männchen bilden Kleinreviere aus. Biotop: Dickicht der in das Wasser ragenden Ufervegetation der Fließgewässer im nördlichen Südamerika. Ähnliche Art: Dreistreifenziersalmler (*N. trifasciatus*), 6 cm, Wasser weicher.

Königssalmler, *Inpaichthys kerri*
4,5 cm. Becken: 50 cm. Bereich: Mitte. Wasser: pH 6,5–7,5; weich bis mittelhart; 23–26 °C. Haltung: Dunkel gehaltene Becken, lockere Bepflanzung. Vergesellschaftungstip: Kleine Fische. Futter: Alle kleineren Futtersorten. Geschlechtsunterschiede: Weibchen kleiner, farbloser. Zucht: Zuchtbecken; Wasser pH 6–7, 23–25 °C, weich. Anfüttern mit Artemia. Besonderes: Männchen verteidigen kleine Balzreviere. Biotop: Rio Aripuana, Nebenfluß des Rio Madeira, Westbrasilien.

Kaisersalmler, *Nematobrycon palmeri*
6 cm. Becken: 60 cm. Bereich: Unten, Mitte. Wasser: pH 5–7,5; weich bis hart; 23–26 °C. Haltung: Dunkel gehaltene Becken, dicht bepflanzt, Schwimmpflanzen. 2–3 Männchen mit vielen Weibchen. Vergesellschaftungstip: Nicht mit zu lebhaften Fischen. Futter: Alle kleineren Futtersorten, auch Pflanzenkost. Geschlechtsunterschiede: Männchen größere Flossen, im Alter hochrückiger. Zucht: Zuchtbecken; Wasser pH 5–7, 23–26 °C, weich (bis 10 °dGH). Anfüttern mit Pantoffeltierchen. Besonderes: Männchen verteidigen kleine Balzreviere. Biotop: West-Kolumbianische Flußsysteme (Rio Atrata, Rio San Juan).

Marmorbeilbauchfisch, *Carnegiella strigata*
4 cm. Becken: 60 cm. Bereich: Oben. Wasser: pH 5–7,5; weich bis hart; 26–30 °C. Haltung: Teilweise Abdeckung mit Schwimmpflanzen. Wasseroberfläche maximal bis 10 cm unter dichtschließender Deckscheibe, die Tiere springen. Futter: Schwarze Mückenlarven (auch gefriergetrocknet), kleine Insekten (z.B. Drosophila). Geschlechtsunterschiede: Bei Laichansatz (selten) Weibchen fülliger. Zucht: Vereinzelt in weichem Wasser, pH 6–7, gelungen. Anfüttern mit Pantoffeltierchen. Biotop: Schattige, stehende oder leicht fließende Schwarzwasser im nördlichen Südamerika. Insektenjäger unter der Oberfläche. Ähnliche Art: *Gasteropelecus sternicla*, 6 cm (Foto, → Seite 2/3).

Prachtkopfsteher, *Anostomus anostomus*
18 cm. Becken: 100 cm. Bereich: Unten, Mitte. Wasser: pH 6–7,5; weich bis mittelhart; 23–28 °C. Haltung: Becken mit leichter Strömung, viele Versteckplätze. Einzeln halten, bei mehreren unbedingt für jeden ein Versteck. Vergesellschaftungstip: Kleine bis mittelgroße Fische; kann langsamen Fischen (z.B. Skalaren) lästig werden. Futter: Kleines Frostfutter, pflanzliche Kost, Trockenfutter allein nicht ausreichend. Geschlechtsunterschiede: Erwachsene Weibchen größer, fülliger. Zucht: Natürliche Nachzuchten bisher unbekannt. Besonderes: Nicht mit gierig fressenden Fischen zusammenhalten, die alles wegfressen, verhungert sonst. Biotop: Uferbereich von Flüssen im nördlichen Südamerika.

Blauer Perusalmler, *Boehlkea fredcochui*
5 cm. Becken: 60 cm. Bereich: Mitte, oben. Wasser: pH 6–7,5; weich bis mittelhart; 23–26 °C. Haltung: Dunkel eingerichtete Becken mit Strömung, lockerer Bepflanzung, vor allem mit breitblättrigen Arten. Futter: Alle kleineren Futtersorten. Geschlechtsunterschiede: Weibchen fülliger. Zucht: Eine Art mit Vorratsbefruchtung, die Weibchen sind fast immer befruchtet, sie legen erst später die Eier an der Unterseite von Pflanzenblättern ab. Entwicklung der Eier nur in weichem Wasser. Blätter mit Eiern am besten in Zuchtbecken überführen. Anfüttern mit Pantoffeltierchen. Biotop: Peruanischer Amazonasbereich.

Pflegetips für weitere Arten

Schrägsteher, *Nannostomus eques*
5 cm. Becken: 50 cm. Bereich: Oben. Wasser: pH 5–6,5; weich bis mittelhart; 26–29 °C. Dunkel eingerichtetes Becken; kleines Lebendfutter, auch Insekten.

Karfunkelsalmler, *Hemigrammus pulcher*
6 cm. Becken: 60 cm. Bereich: Mitte. Wasser: pH 5–6,5; weich bis mittelhart; 24–28 °C. Dunkel eingerichtetes Becken, sonst farblos.

Schlußlichtsalmler, *Hemigrammus ocellifer*
5 cm. Becken: 60 cm. Bereich: Mitte. Wasser: pH 6–7,5; weich bis hart; 24–28 °C. Dunkel eingerichtetes Becken, sonst farblos.

Schwarzer Neon, *Hyphessobrycon herbertaxelrodi*
4 cm. Becken: 60 cm. Bereich: Mitte. Wasser: pH 5–6,5; weich bis mittelhart; 24–28 °C. Dunkel eingerichtetes Becken.

Brillantsalmler, *Moenkhausia pittieri*
6 cm. Becken: 60 cm. Bereich: Mitte. Wasser: pH 5,5–6,5; weich bis mittelhart; 24–28 °C. Ruhige Art für dunkel eingerichtetes Becken (→ Foto, Seite 41).

Silberdollar, *Methynnis argenteus*
14 cm. Becken: 150 cm. Bereich: Mitte. Wasser: pH 6–7,5; weich bis hart; 24–28 °C. Schwarmfisch für große, pflanzenfreie Aquarien. Pflanzenfresser!

Barben und Bärblinge sind beliebte Schwarmfische für das Gesellschaftsbecken. Die meisten von ihnen stammen aus Süd- und Ostasien, einige auch aus Afrika. Sie bewohnen die unterschiedlichsten Biotope.

Wissenswertes über Barben und Bärblinge
Sie gehören zur Ordnung der *Cypriniformes* (Karpfenartige).
Kennzeichen: An kleinen Barteln in den Mundwinkeln kann man Barben und Bärblinge erkennen, man muß aber schon recht genau hinschauen. Es gibt allerdings auch Arten ohne Barteln! Die Körperform ist langgestreckt bis stark hochrückig (typische Fischform) und seitlich leicht zusammengedrückt.
Mit den ähnlich aussehenden Salmlern werden Barben und Bärblinge oft verwechselt, sie haben jedoch im Gegensatz zu den Salmlern nie eine Fettflosse zwischen Rücken- und Schwanzflosse.
Haltung: Dunkel eingerichtete Becken, die zwar dicht bepflanzt sein sollen, aber dennoch genügend freien Schwimmraum bieten. Andere Ansprüche an die Lichtintensität haben die sonnenliebenden *Brachydanio*-Arten, sie entfalten ihr volles Temperament erst bei starker Beleuchtung. *Puntius*-Arten gründeln gerne am Bodengrund, der daher zumindest teilweise weich sein sollte.
Wasser: Für die Pflege aller Arten – außer dem Glühköpfchen (*Sawbwa resplendens*) – ist neutrales bis leicht saures Wasser optimal.
Vergesellschaftung: Alle Arten lassen sich gut mit gleich großen Fischen vergesellschaften, solange sie sich im Temperament entsprechen. Besonders gut eignen sich Brokatbarbe, Bitterlingsbarbe, Prachtbarbe, Purpurkopfbarbe und *Brachydanio*-Arten. Einige *Puntius*-Arten darf man nicht mit ruhigen, langflossigen Fischen vergesellschaften, da sie gerne an deren Flossen knabbern.
Verhalten: Bei den auf den folgenden Seiten vorgestellten Arten handelt es sich ausnahmslos um Schwarmfische. Man sollte daher immer mindestens 6 Tiere der gleichen Art zusammen halten. Die Barben der Gattung *Puntius* halten sich alle eher in Bodennähe auf und suchen hier zum Teil gründelnd nach Nahrung. Bärblinge bewohnen meist die mittleren und oberen Wasserschichten und nehmen nur selten Nahrung vom Boden auf.
Hinweise zur Zucht: Barben und Bärblinge betreiben keine Brutpflege nach der Eiablage. Man züchtet sie daher in »Zuchtbecken für nicht brutpflegende Fische« (→ Praxis Fischzucht, Seite 53). Viele Arten brauchen zur Zucht weiches, leicht saures Wasser. Arten, für die Artemia als Erstfutter zu groß ist, muß man mit Pantoffeltierchen oder anderem Staubfutter anfüttern. Die Zucht ist nicht ganz einfach; will man zum Erfolg kommen, muß man Geduld und Zeit aufbringen.

Hengels Keilfleckbärbling, *Rasbora hengeli*
3,5 cm. Becken: 50 cm. Bereich: Mitte, oben. Wasser: pH 5,5–6,5; weich bis mittelhart; 23–28 °C. Haltung: Wie Keilfleckbärbling. Die schöne Färbung kommt nur bei abgeschatteter Beleuchtung und dunkler Einrichtung zum Vorschein. Futter: Alle kleineren Futtersorten. Geschlechtsunterschiede: Männchen intensiver gefärbt, größerer Keilfleck. Zucht: Wie Keilfleckbärbling. Besonderes: Eventuell lautet die richtige Bezeichnung *R. espei*. Biotop: Der herrlichen, glühend rostroten Färbung nach zu urteilen, sicherlich ein Schwarzwasserfisch. Verbreitet in Zentral-Sumatra und Thailand.

Keilfleckbärbling, *Rasbora heteromorpha*
4,5 cm. Becken: 50 cm. Bereich: Mitte, oben. Wasser: pH 5–7; weich bis mittelhart; 23–28 °C. Haltung: Dunkel gehaltene Becken mit dichter Randbepflanzung. Lebhafte Art. Vergesellschaftungstip: Kleine bis mittelgroße Fische. Futter: Alle kleineren Futtersorten. Geschlechtsunterschiede: Männchen schwarzer Keilfleck bis zur Bauchkante. Zucht: Zuchtbecken; Wasser pH 5,5–6,5, weich. Kleine *Cryptocoryne* als Ablaichpflanze. Anfüttern mit Artemia. Besonderes: Von *R. hengeli* durch die violette Grundfärbung zu unterscheiden. Biotop: Dicht bewachsener Uferbereich vor allem stehender, meist klarer Gewässer Südostasiens.

Perlmutterbärbling, *Rasbora vaterifloris*
4 cm. Becken: 60 cm. Bereich: Mitte. Wasser: pH 5,5–6,5; weich; 23–27 °C. Haltung: Dunkel eingerichtete Becken mit dichter Boden- und Oberflächenbepflanzung. Anspruchsvoll. Am besten nicht vergesellschaften. Futter: Kleines Lebendfutter, vor allem Schwarze Mückenlarven und Wasserflöhe. Geschlechtsunterschiede: Männchen schlanker. Zucht: Ohne Vergesellschaftung auch im Haltungsbecken möglich. Wasser pH 5,5–6,5, weich, 23–25 °C. Anfüttern mit Pantoffeltierchen. Besonderes: Es gibt mehrere Farbschläge, die zum Teil in der Natur nebeneinander vorkommen. Biotop: Schattige, auch tiefere Stellen klarer, leicht bräunlicher Bäche Sri Lankas.

Zwergbärbling, *Rasbora maculata*
2,5 cm. Becken: 30 cm. Bereich: Mitte. Wasser: pH 5–6,5; weich bis mittelhart; 25–29 °C. Haltung: Becken mit abgedunkelter Beleuchtung, dichte Bepflanzung. Wasserwerte einhalten! Vergesellschaftungstip: Nur »Minifische«. Futter: Kleinstes Lebendfutter, zur Abwechslung auch Trockenfutter. Geschlechtsunterschiede: Weibchen fülliger. Zucht: In Haltungsbecken mit pH um 6, sehr weichem Wasser, dichter Grund- und Schwimmbepflanzung kommen einige Junge hoch. Biotop: Pflanzenreicher Uferbereich langsam fließender und stehender Gewässer (Überschwemmungsgebiete), Westmalaysia, West-Sumatra. Ähnliche Art: Moskito-Rasbora (*R. urophthalma*), bis 26 °C.

Glasbärbling, *Rasbora trilineata*
10–15 cm. Becken: 120 cm. Bereich: Mitte, oben. Wasser: pH 6–8; weich bis mittelhart; 23–27 °C. Haltung: Langgestreckte Becken, am Rand dicht bepflanzt, viel Schwimmraum. Vergesellschaftungstip: Lebhafte Arten des unteren und mittleren Bereichs. Futter: Kleines bis mittleres Lebend- und Trockenfutter. Geschlechtsunterschiede: Weibchen fülliger. Zucht: Dichtbepflanzte Zuchtbecken (80 cm), Wasser pH 6–7,5, weich. Anfüttern mit Artemia. Biotop: Oft trübe, stehende und leicht fließende Gewässer (Klarwasser, Weißwasser) in Südostasien.

Glühlichtrasbora, *Rasbora pauciperforata*
7 cm. Becken: 80 cm. Bereich: Oben. Wasser: pH 5–6,5; weich bis mittelhart; 24–28 °C. Haltung: Becken mit Torffilterung, Schwimmpflanzen. Lebhafte Art. Vergesellschaftungstip: Fische des unteren Bereichs. Futter: Kleines Trocken- und Lebendfutter, auch Drosophila; nimmt kein Futter vom Boden. Geschlechtsunterschiede: Weibchen fülliger. Zucht: Zuchtbecken; Wasser weich; Torffilterung. Anfüttern mit Pantoffeltierchen. Biotop: Nahe der Oberfläche bewachsener Uferbereiche im leicht fließenden Schwarzwasser Malaysias und West-Indonesiens.

Fünfgürtelbarbe, *Puntius pentazona*
5 cm. Becken: 60 cm. Bereich: Unten, Mitte. Wasser: pH 5–6,5; weich bis mittelhart; 26–29 °C. Haltung: Dunkel eingerichtete Becken, Torffilterung, dichte Randbepflanzung als Rückzugsbereich für die etwas scheuen Tiere. Ruhiger als andere Barben. Vergesellschaftungstip: Nicht mit lebhaften Arten. Futter: Alle kleineren Futtersorten. Geschlechtsunterschiede: Männchen schlanker. Zucht: Nur in weichem, torfgefiltertem Wasser. Anfüttern mit Artemia. Besonderes: Zeigt schöne Orangerotfärbung nur bei guter Wasserpflege. Biotop: Uferregion von langsam fließendem oder stehendem Schwarzwasser in Malaysia. Ähnliche Art: *P. johorensis* aus Südmalaysia und Borneo.

Bitterlingsbarbe, *Puntius titteya*
5 cm. Becken: 60 cm. Bereich: Unten, Mitte. Wasser: pH 6–7,5; weich bis hart; 23–27 °C. Haltung: Dunkel eingerichtete, durch Pflanzen abgeschattete Becken, teilweise weicher Bodengrund zum Gründeln. Ruhige Art. Vergesellschaftungstip: Nur ruhige Fische. Futter: Alle kleineren Futtersorten, vor allem auch Wasserflöhe. Geschlechtsunterschiede: Männchen schlanker, intensiver rot. Zucht: Zuchtbecken; Wasser pH 6–6,5, weich, 26–27 °C. Anfüttern mit Artemia. Biotop: Bodenbereich dunkler Urwaldbäche auf Sri Lanka.

Brokatbarbe, *Puntius semifasciolatus ‚schuberti‘*
7 cm. Becken: 80 cm. Bereich: Unten, Mitte. Wasser: pH 6–7,5; weich bis hart; 20–24 °C. Haltung: Helle Becken, zum Teil dicht bepflanzt, teilweise weicher Bodengrund zum Gründeln. Lebhafter, anspruchsloser Schwarmfisch für Gesellschaftsbecken mit niedrigen Temperaturen. Futter: Alle kleineren Futtersorten, auch pflanzliche Kost. Geschlechtsunterschiede: Weibchen fülliger. Zucht: Relativ einfach. Zuchtbecken. Anfüttern mit Artemia. Besonderes: Die seltener gepflegte Stammform, die Messingbarbe aus dem südöstlichen China, wird bis 10 cm groß. Biotop: Als Zuchtform kein natürliches Vorkommen.

Eilandbarbe, *Puntius oligolepis*
5 cm. Becken: 60 cm. Bereich: Unten, Mitte. Wasser: pH: 6–7,5; weich bis hart; 23–27 °C. Haltung: Hellere und dunklere Becken möglich, lockere Bepflanzung, teilweise weicher Bodengrund zum Gründeln. Vergesellschaftungstip: Verträgt sich gut mit lebhaften Arten. Futter: Alle kleineren Futtersorten, auch pflanzliche Kost. Geschlechtsunterschiede: Männchen mit schwarz geränderter Rücken- und Afterflosse; Weibchen fülliger. Zucht: Zuchtbecken, hell, mit Pflanzen bestückt. Anfüttern mit Pantoffeltierchen. Biotop: Stehende und fließende Gewässer hügeliger Landschaften auf Sumatra, Indonesien.

Sumatrabarbe, *Puntius tetrazona*
7 cm. Becken: 80 cm. Bereich: Unten, Mitte. Wasser: pH 6–7,5; weich bis hart; 23–28 °C. Haltung: Becken locker bepflanzt mit viel freiem Schwimmraum, sandiger Bodengrund zum Gründeln. Vergesellschaftungstip: Nur robuste, flinke Fische (langsamen zupft diese Barbe an Flossen). Futter: Alle kleineren Futtersorten, auch pflanzliche Kost. Die gierigen Fresser nicht überfüttern. Geschlechtsunterschiede: Männchen schlanker , intensiver gefärbt. Zucht: Zuchtbecken, Wasser pH 5,5–7, weich bis mittelhart. Anfüttern mit Artemia. Besonderes: Mehrere Zuchtformen, z. B. »Moosgrüne Sumatrabarbe«. Biotop: Bodenbereich leicht fließender und stehender Gewässer, Sumatra.

Blaustrichbarbe, *Barbus barilioides*
5 cm. Becken: 60 cm. Bereich: Unten, Mitte. Wasser: pH 5,5–6,5; weich bis mittelhart; 22–25 °C. Haltung: Dunkel eingerichtete Becken, lockere Bepflanzung und viel freier Schwimmraum. Futter: Alle kleineren Futtersorten, auch pflanzliche Nahrung. Geschlechtsunterschiede: Weibchen fülliger. Zucht: Zuchtbecken, dicht bepflanzt; Wasser weich. Anfüttern mit Pantoffeltierchen. Biotop: Wahrscheinlich kleinere Fließgewässer in Angola, nördlichem Rhodesien, südlichem Zaïre. Ähnliche Art: Dja-Zwergbarbe (*B. jae*), 3 cm, anspruchsvoll, für Becken ab 40 cm.

Zebrabärbling, *Brachydanio rerio*
6 cm. Becken: 80 cm. Bereich: Mitte, oben. Wasser: pH 6–8; weich bis hart; 24–27 °C. Haltung: Becken mit guter Strömung, starker Beleuchtung. Lebhafte Art. Vergesellschaftungstip: Kleinere bis mittlere Fische, die keine Ruhe brauchen. Futter: Kleines Trocken- und Lebendfutter. Geschlechtsunterschiede: Männchen kleiner, schlanker. Zucht: In teilweise dicht bepflanzten Haltungsbecken kommen oft einige Junge hoch. Sonst Zuchtbecken. Anfüttern mit Pantoffeltierchen, auch zerriebenem Trockenfutter. Biotop: Klare, oft schnellfließende Bäche in Vorderindien. Ähnliche Art: Tüpfelbärbling (*B. nigrofasciatus*), 4,5 cm.

Malabarbärbling, *Danio aequipinnatus*
10 cm. Becken: 120 cm. Bereich: Mitte, oben. Wasser: pH 6,5–8; weich bis hart; 23–26 °C. Haltung: Becken mit viel Schwimmraum. Lebhafte Art. Vergesellschaftungstip: Auch größere Fische der unteren Bereiche. Futter: Mittelgroßes Lebend- und Trockenfutter, auch pflanzliche Kost. Geschlechtsunterschiede: Männchen schlanker. Zucht: Große Zuchtbecken. Anfüttern mit Trockenfutter möglich. Biotop: Fließende Gewässer in Vorderindien und Sri Lanka. Ähnliche Arten: Devario-Bärbling (*D. devario*), 8 cm, hochrückiger; *D. regina*, 12,5 cm.

Kardinalfische sind ideale Anfängerfische, die sich recht leicht vermehren lassen. Hält man einen großen Schwarm in einem dicht bepflanzten, ungeheizten Aquarium werden immer einige Jungfische hochkommen. Die Wassertemperatur soll 18–22 °C betragen. Werden diese Fische zu warm gehalten, verblaßt ihre schöne Färbung.

Kardinalfisch, *Tanichthys albonubes*
4 cm. Becken: 60 cm. Bereich: Mitte, oben. Wasser: pH 6–8; weich bis hart; 18–22 °C. Haltung: Becken teilweise dicht bepflanzt. Anspruchslose Art, Männchen imponieren in ihren schönsten Farben voreinander. Futter: Alle kleineren Futtersorten. Geschlechtsunterschiede: Männchen schlanker. Zucht: In dichtbepflanzten Haltungsbecken kommen öfter einige Jungfische hoch. Sonst Zuchtbecken. Anfüttern mit Pantoffeltierchen, auch mit feinem Trockenfutter. Man kann diese Art auch im Daueransatz vermehren. Besonderes: Nicht zu warm halten, schöne Färbung verblaßt bei über 25 °C. Jungfische zeigen besonders ausgeprägten Leuchtstrich. Biotop: Klare Bergbäche in Südchina. Hinweis: Lateinische Namen geben manchmal Auskunft über die Heimat eines Tieres. Solch ein Fall ist der Kardinalfisch, sein lateinischer Name lautet übersetzt »Fisch aus den Weißen Wolkenbergen«, einem Gebirgszug im südlichen China. Als er etwa um 1940 nach Europa gelangte, bekam er einen – heute nicht mehr gebräuchlichen – deutschen Namen, nämlich »Arbeiter-Neon«. Im Gegensatz zu den damals sehr teuren Neonfischen konnten sich auch Leute mit kleinem Geldbeutel diesen Fisch leisten. Zudem war er in seiner Schönheit mit dem Neonfisch vergleichbar, da die Jungfische einen sehr ausgeprägten Neonstreifen zeigen.

Pflegetips für weitere Arten

Haibarbe, *Balantiocheilus melanopterus*
35 cm! Becken: 250 cm. Bereich: Unten, Mitte. Wasser: pH 6–7,5; weich bis mittelhart; 24–28 °C. Häufig im Handel, nur für sehr große Becken, sonst höchstens als Jungtier.

Glühköpfchen, *Sawbwa resplendens*
4,5 cm. Becken: 60 cm. Bereich: Mitte. Wasser: pH 7–8,5; mittelhart bis hart; 21–24 °C. Zeigt das »glühende Köpfchen« nicht in weichem, saurem Wasser.

Purpurkopfbarbe, *Puntius nigrofasciatus*
6,5 cm. Becken: 80 cm. Bereich: Unten, Mitte. Wasser: pH 5,5–6,5; weich bis mittelhart; 21–24 °C. In dunklen Becken und bei Einhalten der Wasserwerte ein herrlich gefärbter Fisch.

Prachtbarbe, *Puntius conchonius*
8 cm, angeblich größer. Becken: 80 cm. Bereich: Unten, Mitte. Wasser: pH 6–8; weich bis hart; 18–22 °C. Nicht zu warm halten!

Schillerbärbling, *Brachydanio albolineatus*
6 cm. Becken: 80 cm. Bereich: Mitte, oben. Wasser: pH 6,5–7,5; weich bis hart; 23–28 °C. Lebhaft, schillernde Färbung kommt nur bei von oben einfallendem Licht zur Geltung.

Regenbogenfische, Ährenfische, Reisfische

Diese Fischgruppen sind zwar nahe miteinander verwandt, gehören aber in vier unterschiedliche Familien. Sie haben jedoch – bis auf das Verbreitungsgebiet – so vieles gemeinsam, daß man sie zusammen beschreiben kann.

Wissenswertes über Regenbogen-, Ähren- und Reisfische

Regenbogenfische gehören zur Familie *Melanotaeniidae*, die nahverwandten Blauaugen zur Familie *Pseudomugilidae*, Ährenfische zur Familie *Atherinidae* und Reisfische zur Familie *Oryziatidae*. Regenbogenfische sind nur in Australien, auf Papua-Neuguinea und in Irian Jaya (Indonesien), Blauaugen in Neuguinea verbreitet, Ährenfische dagegen weltweit in warmen Gewässern, während die Heimat der Reisfische Ostasien ist.

Kennzeichen: Alle Vertreter der vier Familien haben einen langgestreckten, mehr oder weniger seitlich abgeplatteten Körper. Die oft prachtvollen Farben kommen meist erst zur vollen Ausprägung, wenn die Fische erwachsen sind. Alte Regenbogenfisch-Männchen bekommen häufig einen hochrückigen, buckelig wirkenden Körper.

Haltung: Alle Arten sind Schwarmfische, die allein gehalten kümmern. Man sollte deshalb immer mindestens 6 Tiere einer Art halten. Das Haltungsbecken nur am Rand bepflanzen, da die lebhaften Tiere viel freien Schwimmraum brauchen. Als Schutz für Jungfische wird ein geringer Teil der Wasseroberfläche mit Schwimmpflanzen bedeckt. Als Ablaichpflanzen dienen Büschel von Javamoos. Holzwurzeln nur sparsam verwenden (säuern das Wasser an).

Wasser: Bis auf wenige Ausnahmen fühlen sich alle in mittelhartem bis hartem, alkalischem Wasser wohl. Wichtig ist der regelmäßige Wasserwechsel, da die Fische bei schlechten Wasserverhältnissen schnell ihre Farben verlieren.

Vergesellschaftung: Alle Arten der vier Familien lassen sich gut mit Lebendgebärenden, kleineren Cichliden aus dem Tanganyika-See, Grundeln und Welsen vergesellschaften, aber auch mit anderen Fischen, die nicht zu ruppig sind.

Verhalten: Die meisten Arten zeigen faszinierende Verhaltensweisen, die man im Aquarium gut beobachten kann, z.B. die Regenbogenfische. Man nennt sie »Kinder der Morgensonne«, weil die Balz der Männchen meist in den Morgenstunden stattfindet. Ihre Farben sind dann viel leuchtender als am Nachmittag.

Hinweise für die Nachzucht: Als Dauerlaicher legen Regenbogen- und Ährenfische, sowie Blauaugen während einer Fortpflanzungsperiode täglich einige Eier ab. Reisfisch-Weibchen tragen ihre Eier in Trauben an der Afterregion mit sich herum und legen sie erst nach einiger Zeit an Pflanzen ab. Als Laichsubstrat für alle Arten ist Javamoos oder ein Wollmop geeignet. Nach der Eiablage das Laichsubstrat oder die mit den Fingern abgelesenen Eier in ein Aufzuchtbecken überführen. Im Aufzuchtbecken (Wasserwerte wie im Haltungsbecken!) schlüpfen nach 1 bis 2 Wochen die Jungen. Sie schwimmen dicht unter der Oberfläche und nehmen sofort Futter. Angefüttert wird meist mit Staubfutter (auch feinstem Trockenfutter), nur wenige Arten nehmen sofort Artemia. Die Jungen wachsen sehr langsam. (Im Haltungsbecken geschlüpfte Junge ins Aufzuchtbecken überführen.)

Beim Lachsroten Regenbogenfisch tragen nur die Männchen die Rotfärbung, die Weibchen haben einen gelboliv gefärbten Körper mit goldgelb glänzenden Schuppen.

Lachsroter Regenbogenfisch, *Glossolepis incisus*
15 cm. Becken: 120 cm. Bereich: Mitte, oben. Wasser: pH 7–8,5; mittelhart bis hart; 22–25 °C. Haltung: Lockere Bepflanzung, Javamoospolster, viel freier Schwimmraum. Futter: Kleines bis mittleres Lebend- und Trockenfutter (Wasserflöhe, Mückenlarven). Geschlechtsunterschiede: Männchen rot, im Alter hochrückig. Zucht: Eier in Aufzuchtbecken überführen. Anfüttern mit feinstem Trockenfutter, später Artemia. Biotop: In der Nähe von dichtem Pflanzenwuchs im Sentani-See, Irian Jaya (Indonesien). Ähnliche Art: Wanam-Regenbogenfisch (*G. wanamensis*), 10 cm.

Hinweis: Die Ausfärbung des Männchens ist stimmungsabhängig, hat aber auch mit dem Rang des jeweiligen Männchens zu tun. Untergeordnete Tiere zeigen die Prachtfärbung nicht.

Juwelenregenbogenfisch, *Melanotaenia trifasciata* ‚Goyder River'
12 cm. Becken: 120 cm. Bereich: Mitte. Wasser: pH 7–8; mittelhart bis hart; 24–28 °C. Haltung: Lockere Randbepflanzung, Javamoospolster, freier Schwimmraum. Zucht: Eier in Aufzuchtbecken überführen. Anfüttern mit feinstem Trockenfutter. Geschlechtsunterschiede: Weibchen blasser, schlanker. Besonderes: Andere Formen aus dem Giddy- und Coen-Fluß zeigen andere Farben. Die verschiedenen Formen sollte man nicht zusammen in einem Aquarium pflegen, um zu vermeiden, daß Mischlinge entstehen. Biotop: Verschiedene Flüsse in Nordaustralien.

Ajamaru-Regenbogenfisch,
Melanotaenia boesemani
14 cm. Becken: 100 cm. Bereich: Mitte, oben. Wasser: pH 7–8,5; mittelhart bis hart; 23–26 °C. Haltung: Lockere Randbepflanzung, Javamoospolster, viel freier Schwimmraum. Guter Gesellschaftsfisch. Futter: Lebend- und Trockenfutter. Geschlechtsunterschiede: Männchen intensiver gefärbt. Zucht: Eier in Aufzuchtbecken überführen. Anfüttern mit feinstem Trockenfutter. Biotop: Flache Bereiche mit feinfiedrigem Pflanzenwuchs in Ajamaru-Seen, Irian Jaya (Indonesien). Hinweis: Seit seiner Ersteinfuhr (1982) hat sich dieser Fisch zu einem der populärsten Aquarienfische entwickelt.

Blehers Regenbogenfisch, *Chilatherina bleheri*
10 cm. Becken: 100 cm. Bereich: Mitte. Wasser: pH 7–8,5; mittelhart bis hart; 23–27 °C. Haltung: Mit einigen hochwüchsigen Pflanzen strukturierte Becken, dunkler Bodengrund, Javamoospolster, wenige Schwimmpflanzen. Vergesellschaftungstip: Nur Fische, die sich durch den lebhaften Schwarmfisch nicht gestört fühlen. Futter: Mückenlarven, Wasserflöhe, Trockenfutter. Geschlechtsunterschiede: Weibchen unscheinbarer. Zucht: Eier in Aufzuchtbecken überführen. Anfüttern mit feinem Trockenfutter, später Artemia. Biotop: Dichte Ufervegetation und kleine Zuflüsse des Lake Holmes (Danau Biru), Irian Jaya, Indonesien.

Celebes Ährenfisch, *Telmatherina ladigesi*
7 cm. Becken: 80 cm. Bereich: Mitte. Wasser: pH 7–8; mittelhart bis hart; 25–28 °C. Haltung: Becken teilweise dicht bepflanzt, freier Schwimmraum, teilweise Schwimmpflanzendecke. Klares, sauberes Wasser; häufiger Wasserwechsel wichtig, sonst kränkeln die Tiere sehr schnell. Futter: Kleines Lebendfutter, auch Trockenfutter. Geschlechtsunterschiede: Männchen mit ausgezogenen, größeren Flossen. Zucht: Eier vorsichtig in Aufzuchtbecken überführen. Anfüttern mit Pantoffeltierchen, feinem Trockenfutter, später Artemia. Biotop: Nicht zu stark strömende Bäche des Hügellandes auf Sulawesi (Celebes), Indonesien.

Werners Regenbogenfisch, *Iriatherina werneri*
5 cm. Becken: 60 cm. Bereich: Mitte. Wasser: pH 6–7,5; weich bis mittelhart; 25–27 °C. Haltung: Dichte Randbepflanzung, freier Schwimmraum, teilweise Schwimmpflanzendecke. Vergesellschaftungstip: Nur zarte Fische. Futter: Kleines Lebendfutter, vor allem Wasserflöhe, Cyclops und Artemia. Geschlechtsunterschiede: Männchen mit prächtig ausgezogenen Flossen. Zucht: Wie Ajamaru-Regenbogenfisch. Anfüttern mit feinstem Trockenfutter. Biotop: Kleine, stehende oder langsam fließende, verkrautete Gewässer in Nordaustralien und Süd-Neuguinea. Hinweis: Die Fische werden meist durch falsche Vergesellschaftung erfolglos gehalten. Die ganze Pracht dieser Fische zeigt sich erst bei Alleinhaltung oder richtiger Vergesellschaftung (zarte Fische).

Gabelschwanz-Regenbogenfisch, *Pseudomugil furcatus*
7 cm. Becken: 60 cm. Bereich: Mitte, oben. Wasser: pH 6–7,5; weich bis mittelhart; 24–27 °C. Haltung: Becken mit Strömung, dichter Randbepflanzung, Moospolstern auf Steinen. Vergesellschaftungstip: Friedliche kleine Fische des unteren Bereichs. Futter: Kleines Lebend- und Trockenfutter. Geschlechtsunterschiede: Männchen farbiger. Zucht: Eier ablesen, Larven schlüpfen nach 14 Tagen und fressen sofort Artemia. Biotop: Schnellfließende Gewässer mit steinigem Untergrund im nördlichen Papua-Neuguinea. Ähnliche Art: *P. conniae*, keine schwarzen Ränder an der Schwanzflosse.

Madagaskar-Ährenfisch, *Bedotia geayi*
15 cm. Becken: 120 cm. Bereich: Mitte, oben. Wasser: pH 7–8; mittelhart bis hart; 21–24 °C. Haltung: Becken mit kräftiger Strömung, locker bepflanzt. Starke Beleuchtung möglich. Friedlicher Schwarmfisch. Vergesellschaftungstip: Fische aus Fließgewässern. Futter: Pflanzliche Nahrung, Lebend- und Trockenfutter. Geschlechtsunterschiede: Männchen schlanker, intensiver gefärbt. Zucht: Laichsubstrat oder Eier in Aufzuchtbecken mit leichter Strömung überführen. Anfüttern mit Artemia. Biotop: Klare Bergbäche in Madagaskar.

Medaka, *Oryzias latipes*
5,5 cm. Becken: 50 cm. Bereich: Mitte, oben. Wasser: pH 7–8,5; mittelhart bis hart; 18–24° C. Haltung: Becken mit feinfiedrigen Pflanzen, viel Schwimmraum, leichte Strömung vorteilhaft. Vergesellschaftungstip: Nur kleine friedliche Fische des unteren und mittleren Bereichs. Futter: Kleines Lebend- und Trockenfutter. Geschlechtsunterschiede: Männchen mit größeren Flossen. Zucht: Wie alle Regenbogenfische. Biotop: Stehende Gewässer. Verbreitet in Ostasien (Japan, China, Korea). Ähnliche Arten: Im Handel werden einige andere *Oryzias*-Arten aus Sulawesi (Celebes), Indonesien angeboten.

Pflegetips für weitere Arten

Aquamarin-Regenbogenfisch,
Melanotaenia lacustris
12 cm. Becken: 120 cm. Bereich: Mitte, oben. Wasser: pH 7–8,5; mittelhart; 22–25 °C. Etwas empfindlich.

Blauer Regenbogenfisch, *Melanotaenia splendida*
10–15 cm, je nach Unterart. Becken: 100–120 cm. Bereich: Mitte. Wasser: pH 7–7,5; weich bis hart; 23–27 °C, sonst wie *M. boesemani*. Mehrere Unterarten, die nicht vermischt werden sollten.

Gestreifter Regenbogenfisch, *Chilatherina fasciata*
10 cm. Becken: 100 cm. Bereich: Mitte. Wasser: pH 7–8; mittelhart bis hart; 22–26 °C. Männchen mit schönem goldfarbigem Balzstrich.

Gepunkteter Regenbogenfisch,
Pseudomugil gertrudae
4 cm. Becken: 50 cm. Bereich: Mitte, oben. Wasser: pH 6–6,5; weich bis mittelhart; 25–28 °C. Juwel für kleine Becken. Kleines Lebend- und Trockenfutter, gute Wasserpflege wichtig. Zucht schwierig.

Honig-Regenbogenfisch, *Pseudomugil mellis*
4 cm. Becken: 50 cm. Bereich: Mitte, oben. Wasser: pH 6–7,5; weich bis mittelhart; 24–28 °C. Weniger empfindlich als *Pseudomugil gertrudae*.

Einige wenige Arten aus diesen Fischgruppen werden sehr häufig in Aquarien gehalten. Die meisten Aquarianer pflegen einzelne Tiere als Beifische in Gesellschaftsbecken. Leider ist über die Biologie der Vertreter dieser Fischgruppen, die aus Europa, Afrika und Asien stammen, noch wenig bekannt.

Wissenswertes über Schmerlen, Fransenlipper und Rüsselbarben

Diese Fischgruppen gehören zur Ordnung *Cypriniformes* (Karpfenartige) und stammen aus mehreren Familien.
Kennzeichen: Die meisten Arten dieser Gruppen sind langgestreckt und walzenförmig und haben ein unterständiges Maul, das der Nahrungssuche am Boden gut angepaßt ist. Viele Schmerlen haben unter dem Auge einen ausklappbaren Dorn (Vorsicht: Verletzungsgefahr beim Herausfangen). Um in reißenden Gewässern zu überleben, haben die Saugschmerlen und Flossensauger Saugvorrichtungen entwickelt, mit denen sie sich mitten in der Strömung, z.B. an Steinen und Pflanzen, festhalten können.
Haltung: Die wichtigsten Einrichtungsgegenstände fürs Becken sind Verstecke in Form von Höhlen, Wurzeln und bei manchen Arten auch Pflanzendickichten. Viele Arten bilden nämlich um diese Verstecke herum Reviere, manche Arten sind nachtaktiv und die Verstecke dienen als Tagesrastplätze. Der Bodengrund darf nicht scharfkantig sein, da sonst Maulverletzungen auftreten können. Am besten ist man mit Sand oder feinem Kies beraten.
Wasser: Viele Schmerlen und Rüsselbarben reagieren recht empfindlich auf Anreicherung von Stoffwechselprodukten, deshalb ist ein regelmäßiger Wasserwechsel sehr wichtig. Alle Vertreter der drei Gruppen sind mit leicht saurem bis leicht alkalischem (pH 6,5 bis 7,5) und weichem bis mittelhartem Wasser zufrieden.
Vergesellschaftung: Fast alle lassen sich gut mit Fischen der mittleren bis oberen Wasserregionen vergesellschaften. Die unteren Beckenregionen sollten vor allem bei kleinen Becken nicht von anderen Bodenbewohnern besiedelt werden, da sie sich gegenseitig den Lebensraum streitig machen. Manche Arten (Feuerschwanz) werden im Alter ruppig und können ganze Belegschaften von Gesellschaftsbecken terrorisieren.
Verhalten: Einige Arten sind ausgesprochen territorial, so daß man nur Einzeltiere pflegen kann. Andere sind gesellig und leben in kleinen Gruppen. Einige Arten geben knackende Laute von sich, von denen man annimmt, daß sie im Zusammenhang mit Aggression oder Balz geäußert werden.
Hinweise für die Zucht: Bisher sind nur Zufallszuchten, beziehungsweise keine Zuchterfolge bekannt. Wahrscheinlich spielen jahreszeitliche Schwankungen verschiedener Umweltwerte (pH, Salzgehalt, Temperatur?) eine Rolle bei der Einstimmung auf die Fortpflanzungszeit. Versuche mit der !mitation von Regenzeiten könnten hier Erfolg bringen (→ »Kirschbaum-Methode«, Seite 51).

Grüne Schmerle, *Botia modesta*
12–20 cm. Becken: 100 cm. Bereich: Unten. Wasser: pH 6–7,5; weich bis mittelhart; 24–28 °C. Haltung: Locker bepflanzte Becken. Versteck für jedes Tier! Im Trupp halten. Gute Wasserpflege wichtig. Vergesellschaftungstip: Keine bodenbewohnenden Fische. Futter: Mückenlarven, kleines Wurmfutter, Futtertabletten. Geschlechtsunterschiede: Unbekannt. Zucht: Unbekannt. Biotop: Fließende Gewässer in Thailand, Malaysia, Vietnam. Ähnliche Arten: *B. eos, B. lecontei*. Alle drei Arten sind leicht miteinander zu verwechseln.

Schachbrettschmerle, *Botia sidthimunki*
6–9 cm. Becken: 60 cm. Bereich: Unten. Wasser: pH 6–7,5; weich bis hart; 26–29 °C. Haltung: Teilweise dichter Pflanzenwuchs, freier Schwimmraum. Lebhafter Schwarmfisch, der allein gehalten kümmert. Vergesellschaftungstip: Kleinere, nicht revierbildende Fische. Futter: Kleines Lebend- und Trockenfutter. Geschlechtsunterschiede: Laichvolle Weibchen (selten) deutlich dicker. Zucht: Zufallszuchten. Bei der Balz verfärben sich die Tiere und werden blaß. Biotop: Stehende und langsam fließende Gewässer in Hinterindien und im nördlichen Thailand.

Die beliebten Prachtschmerlen kann man sehr gut in dem auf Seite 37 beschriebenen Biotop-Aquarium »Schwarzwasser-Becken für südostasiatische Fische« halten.

Prachtschmerle, *Botia macracanthus*
15–30 cm. Becken: 120 cm. Bereich: Mitte, unten. Wasser: pH 5–7,5; weich bis mittelhart; 24–30 °C. Haltung: Becken mit Versteckplätzen (z.B. Bambusröhren). Trupp von mindestens 5 Tieren halten, wenige Tiere oft untereinander zänkisch. Vergesellschaftungstip: Mittelgroße Fische des mittleren und oberen Bereichs. Futter: Mückenlarven, Wurmfutter, Futtertabletten, kleine Schnecken. Geschlechtsunterschiede: Ältere Weibchen in der Aufsicht fülliger. Zucht: Unbekannt. Wahrscheinlich unternimmt diese Art Laichwanderungen zu speziellen, flußaufwärts gelegenen Ablaichplätzen. Natürliche Nachzuchten sind bisher nicht bekannt geworden. Besonderes: Nicht in kleinen Becken halten! Biotop: Flüsse und Seen auf Sumatra und Borneo, vor allem auch in Überschwemmungsgebieten des Hügellandes.
Hinweis: Die Prachtschmerle wird in großen Mengen aus Südostasien importiert. Viele Menschen haben dort ihre Existenz auf den Fang und den Verkauf der Fische an Zwischenhändler gegründet. Die Fangmethode ist einfach: Im Verbreitungsgebiet der Fische werden an bestimmten Stellen Bambusröhren als Fallen ausgelegt. Die Tiere nehmen diese Fallen als Verstecke an. Beim täglichen Kontrollieren finden sich in vielen der Röhren einzelne oder mehrere Tiere.

Dornauge, *Pangio spec.*
8 cm. Becken: 60 cm. Bereich: Unten. Wasser: pH 5–7; weich bis mittelhart; 26–30 °C. Haltung: Becken mit wenig Strömung, Wurzeln, Pflanzendickichten zum Verstecken, weichem Bodengrund. Fisch tagsüber meist versteckt, kommt zur Fütterung heraus. Futter: Kleines Lebendfutter, das zu Boden sinkt; auch Futtertabletten. Geschlechtsunterschiede: Laichvolle Weibchen unförmig dick. Zucht: Zufallszuchten aus pflanzenreichen Becken bekannt. Biotop: Zu vielen in Pflanzenpolstern versteckt in Bächen und Flüßchen Südostasiens. Ähnliche Arten: *P. myersi*, *P. kuhlii*, *P. semicinctus*; Bestimmung schwierig.

Siamesische Saugschmerle, *Gyrinocheilus aymonieri*
15–25 cm. Becken: 100 cm. Bereich: Alle, aber nicht im freien Wasser. Wasser: pH 6–8; weich bis hart; 24–28 °C. Haltung: Problemlos in Gesellschaftsbecken, wenn Unterschlupf für jedes Tier vorhanden. Im Alter untereinander aggressiv. Vergesellschaftungstip: Keine langsamen, großflächigen Fische, diese werden »beputzt«. Futter: Pflanzliche Kost, Futtertabletten, auch kleines Lebendfutter. Geschlechtsunterschiede: Unbekannt. Zucht: Nur Zufallszuchten. Biotop: Am Boden vor allem fließender, selten auch stehender Gewässer in Hinterindien und Zentral-Thailand.

Flossensauger haben Saugvorrichtungen entwickelt, mit denen sie sich mitten in der Strömung an Steinen oder anderen Gegenständen festhalten können. Durch diese Anpassung können sie in ihrem Lebensraum (schnellfließende Gewässer) überleben. Ein Foto der Saugflossen – von unten gesehen – finden Sie auf Seite 58.

Chinesischer Flossensauger, *Pseudogastromyzon cheni*
6 cm. Becken: 60 cm. Bereich: Substratgebunden. Wasser: pH 6,5–7,5; weich bis mittelhart; 22–24 °C. Haltung: Bepflanzte Becken mit Wurzeln und Kieselsteinen (Filterströmung darüberlaufen lassen). Am besten mehrere Tiere pflegen. Vergesellschaftungstip: Nicht mit Nahrungskonkurrenten, Tiere verhungern sonst, da der Futterkonkurrenz nicht gewachsen. Futter: Artemia, kleine Wasserflöhe, Mückenlarven, auch Trockenfutter; Tiere suchen auf den Steinen nach lebenden Futtertieren, die sich dort aufhalten oder vorbeiströmen. Keine Algenfresser, Algen werden nur »nebenbei« gefressen. Geschlechtsunterschiede: Unsicher, eventuell Männchen mit rotgeränderter Rückenflosse. Zucht: Unbekannt. Besonderes: Interessantes Drohverhalten. Biotop: Auf algenbewachsenen Steinen schnellfließender, klarer Bäche Südchinas. Aufgrund seines Biotops hat man oft den falschen Schluß gezogen, diese Art sei ein reiner Algenfresser. Jedoch fressen Chinesische Flossensauger weder in der Natur noch im Aquarium Algen als Hauptnahrung.

Pferdekopfschmerle, *Acanthopsis spec.*
Etwa 20 cm. Becken: 100 cm. Bereich: Unten. Wasser: pH 6–7,5; weich bis hart; 24–28 °C. Haltung: Wichtig ist sandiger Bodengrund (Flußsand, der nicht scharfkantig ist), in den sich die Fische zeitweise eingraben. Vergesellschaftungstip: Fische des mittleren und oberen Bereichs. Futter: Wurmfutter und Mückenlarven. Geschlechtsunterschiede: Unbekannt. Zucht: Unbekannt. Biotop: Sandboden fließender Gewässer Südostasiens. Ähnliche Arten: Andere, klein bleibende Pferdekopfschmerlen aus der Gattung *Acanthopsoides*, sie begnügen sich mit kleineren Becken.

Schönflossenbarbe, *Epalzeorhynchus kallopterus*
15 cm. Becken: 100 cm. Bereich: Alle, aber nicht im freien Wasser. Wasser: pH 6–7,5; weich bis mittelhart; 25–28 °C. Haltung: Dicht bepflanzte Becken mit Strömung. Schwarmfisch, auch im Alter in kleinen Gruppen halten, wenige Tiere untereinander aggressiv. Gut geeignet als Algenfresser in Gesellschaftsbecken, frißt aber nicht alle Algenarten. Futter: Pflanzliches Trockenfutter, kleines Lebendfutter, Futtertabletten. Geschlechtsunterschiede: Unbekannt. Zucht: Unbekannt. Biotop: In der Strömung mittlerer und großer Fließgewässer des Hügellandes in weiten Teilen Südostasiens. Ähnliche Art: Siamesische Rüsselbarbe (*Crossocheilus siamensis*).

Feuerschwanz, *Epalzeorhynchus bicolor*
15 cm. Becken: 100 cm. Bereich: Unten. Wasser: pH 6–7,5; weich bis hart; 23–28 °C. Haltung: Unterschlupf für jedes Tier sehr wichtig. Revierbildende Art, nur ein Tier halten, da untereineinander und gegen ähnlich aussehende Arten aggressiv, mehrere Tiere nur in sehr großen Becken pflegen. Ältere Tiere auch gegen artfremde Fische aggressiv. Vergesellschaftungstip: Fische des mittleren und oberen Bereichs. Futter: Alle Futtersorten, auch Pflanzenkost. Geschlechtsunterschiede: Männchen schmaler, Rückenflosse läuft nach hinten spitz aus. Zucht: Nur selten gelungen, Höhlenlaicher. Biotop: Klare und trübe Fließgewässer mit Holz- und Steineinlagerungen in Zentral-Thailand.

Grüner Fransenlipper, *Epalzeorhynchus frenatus*
12 cm. Becken: 100 cm. Bereich: Unten. Wasser: pH 6–7,5; weich bis mittelhart; 24–27 °C. Haltung: Wie Feuerschwanz (*E. bicolor*), aber verträglicher unter Artgenossen, ältere Tiere auch mit artfremden Fischen besser zu vergesellschaften. Futter: Alle Futtersorten, besonders gern Pflanzenkost; frißt auch Algen. Geschlechtsunterschiede: Männchen schlanker. Zucht: Nur Zufallszuchten. Biotop: Unbekannt, verbreitet im nördlichen Thailand. Ähnliche Art: Als *E. erythrozonus* werden eventuell nur große *E. frenatus* angeboten; die Benennung ist unsicher.

Pflegetips für weitere Arten

Orangefleck-Bachschmerle,
Nemacheilus notostigma
8 cm. Becken: 80 cm. Bereich: Unten. Wasser: pH 6,5–7,5; weich bis mittelhart; 22–24 °C. Pflanzen und Verstecke. Bereits im Haltungsbecken gezüchtet.

Mausschmerle, *Botia morleti*
7 cm. Becken: 80 cm. Bereich: Unten. Wasser: pH 6,5–7,5; weich bis mittelhart; 25–30 °C. Mehrere Tiere halten. Für jedes Tier ein Versteck. Gelegentlich aggressiv.

Netzschmerle, *Botia lohachata*
10 cm. Becken: 80 cm. Bereich: Unten. Wasser: pH 6,5–7,5; weich bis mittelhart; 24–28 °C. Versteckplätze. Einzelgängerische Art. Gelegentlich aggressiv.

Streifenschmerle, *Botia striata*
10 cm. Becken: 80 cm. Bereich: Unten. Wasser: pH 6,5–7,5; weich bis mittelhart; 23–27 °C. Weicher Bodengrund. Gruppenfisch. Gelegentlich aggressiv.

Zimtfarbenes Dornauge, *Pangio anguillaris*
7 cm. Becken: 50 cm. Bereich: Unten. Wasser: pH 5–6,5; weich bis mittelhart; 24–27 °C. Weicher Bodengrund, dichter Pflanzenbewuchs.

5 Lebendgebärende

Die lebendgebärenden Zierfische sind mehreren Fischfamilien zuzuordnen. Ihre Gemeinsamkeit besteht darin, daß sie nicht wie die meisten anderen Fische Eier legen, sondern lebende Jungfische zur Welt bringen.
Neben den wunderschönen Wildformen sind die überaus zahlreichen Zuchtformen sehr beliebt. Durch Zucht veränderte Färbungen und Flossenformen geben ihnen einen eigenen Reiz.

Wissenswertes über Lebendgebärende
Zu den Lebendgebärenden, die in der Aquaristik von Bedeutung sind, gehören die
- Lebendgebärenden Zahnkarpfen (Familie *Poeciliidae*) aus Nord-, Mittel- und Südamerika;
- Hochlandkärpflinge (Familie *Goodeidae*) aus Mexiko.
- Halbschnabelhechte (Familie *Hemirhamphidae*) aus Südostasien.

Kennzeichen: Da die Eizellen der Lebendgebärenden im Mutterleib befruchtet werden, besitzen die Männchen ein Geschlechtsorgan, das die innere Befruchtung ermöglicht. Es besteht aus der umgebildeten Afterflosse. Aufgrund des unterschiedlichen Aussehens wird es bei Lebendgebärenden Zahnkarpfen Gonopodium, bei Hochlandkärpflingen und Halbschnabelhechten Andropodium genannt. Das Gonopodium wird zur Begattung vorgeklappt, das Andropodium gefaltet und in die Geschlechtsöffnung des Weibchens eingeführt. Je nach Art und Familie geschieht das Lebendgebären auf unterschiedliche Weise:
- Die Jungen reifen in den Eiern im Mutterleib heran, dort schlüpfen sie auch und werden dann »geboren«; Beispiel: Guppy *(Poecilia reticulata)*.
- Die Jungen wachsen ohne Eischale im Mutterleib heran und werden über Nabelschnüre ernährt; Beispiel: Kärpfling *(Ameca splendens)*.

Haltung: Die meisten Lebendgebärenden sind Schwarmfische, deshalb sollten immer mehrere Tiere einer Art im Becken leben. Man muß nur darauf achten, daß der Schwarm mehr Weibchen als Männchen enthält, da sonst oft die Männchen untereinander aggressiv sind und die Weibchen zu stark bedrängen.
Zu empfehlen sind Becken mit dichtem Pflanzenwuchs an den Seiten und viel freiem Schwimmraum.Wichtig ist für die meisten Arten eine Grünfutterzugabe.
Wasser: Mit einigen Ausnahmen fühlen sich Lebendgebärende Zierfische in mittelhartem bis hartem, alkalischem (pH 7–7,8) Wasser wohl. Regelmäßiger Wasserwechsel ist besonders wichtig.
Vergesellschaftung: Die meisten Lebendgebärenden sind problemlos mit anderen lebhaften Schwarmfischen, Welsen und nicht zu großen Cichliden zu vergesellschaften. Wichtig ist, daß die Wasserwerte eingehalten werden.
Verhalten: Vor allem das Balzverhalten kann man im Aquarium gut beobachten. Die Männchen, die fast ständig balzen, umschwimmen hektisch mit oft sichelförmigen Bewegungen die Weibchen. Sind mehrere Männchen im Aquarium, entsteht bald eine Art Hackordnung: Das ranghöchste Männchen vertreibt die rangniederen, das zweithöchste Tier vertreibt die dritten und vierten und so weiter.

Hinweise für die Zucht: Da die Jungen der Lebendgebärenden sofort nach der Geburt selbständig Futter suchen und relativ groß sind, kommen in schwach besetzten Gesellschaftsbecken, die dicht bepflanzt sind, immer einige Junge hoch. Wichtig ist, daß man bei Erscheinen der Jungfische zusätzlich kleines Futter reicht. Will man alle Jungen eines Wurfs aufziehen, setzt man das trächtige Weibchen in einen großen Ablaichkasten oder in ein eigenes Becken. Beide Behälter mit einigen feinfiedrigen Pflanzen versehen. Trächtige Weibchen sind manchmal schwer zu erkennen. Am besten erkennt man sie im Vergleich mit anderen Tieren vor der Fütterung: Ist der Bauch sehr dick und schimmern sogar schon die Augen der Jungen hindurch, steht die Geburt bald an.
Da die Eltern einiger Arten ihren eigenen Jungen nachstellen, überführt man die Jungen in ein Aufzuchtbecken und zieht sie dort mit Kleinkrebsen und zerriebenem Trockenfutter auf.

Schwertträger, *Xiphophorus helleri*
12 cm. Becken: 100 cm. Bereich: Mitte. Wasser: pH 7–8; mittelhart bis hart; 22–28 °C. Haltung: Becken mit Strömung. Männchen untereinander und gelegentlich zu artfremden Fischen aggressiv. Entweder nur ein Männchen pflegen oder viele, so daß sich die Aggressionen verteilen. Futter: Pflanzenkost, auch tierische Nahrung und Flockenfutter. Geschlechtsunterschiede: Männchen kleiner, mit »Schwert« an der Schwanzflosse, Gonopodium. Zucht: Hochträchtige Weibchen isolieren. Aufzucht mit Lebend- und Trockenfutter. Besonderes: Viele Zuchtformen. Biotop: Fließgewässer in Mexiko und Guatemala.

Papageienplaty, *Xiphophorus variatus*
6 cm. Becken: 60 cm. Bereich: Mitte, oben. Wasser: pH 7–8; mittelhart bis hart; 21–24 °C. Haltung: Gute Wasserpflege wichtig, kümmert sonst schnell. Guter Gesellschaftsfisch. Vertilgt Algen im Aquarium. Futter: Pflanzenkost, auch kleineres Lebend- und nichtpflanzliches Trockenfutter. Geschlechtsunterschiede: Männchen farbiger, Gonopodium. Zucht: Hochträchtige Weibchen isolieren. Aufzucht mit Trockenfutter und Artemia. Besonderes: Viele Zuchtformen, z. B. Mari-Gold-Platy. Biotop: Flache, strömungsarme Zonen von Fließgewässern im südlichen Mexiko.

Platy, *Xiphophorus maculatus*
6 cm. Becken: 60 cm. Bereich: Mitte. Wasser: pH 7–8; Mittelhart bis hart; 21–25 °C. Haltung: Lockere Bepflanzung, Schwimmpflanzendecke als Rückzugsort für Jungfische. Anspruchsloser Gesellschaftsfisch. Futter: Alle kleineren Futtersorten, vor allem pflanzliche Nahrung. Geschlechtsunterschiede: Männchen kleiner, Gonopodium. Zucht: Hochträchtige Weibchen isolieren. Aufzucht auch mit Trockenfutter. Besonderes: Viele Zuchtformen, z. B. Mondplaty, Korallenplaty. Biotop: Fließende Tieflandgewässer auf der atlantischen Seite des zentralen Mittelamerikas.

Vom Papageienplaty existieren viele Zuchtformen (z. B. der Gelbrote Papageienplaty), deren Farben oft intensiver sind als bei der Wildform. Wer sich für die Wildform interessiert, wendet sich am besten an die Deutsche Gesellschaft für Lebendgebärende Zahnkarpfen (Adresse, → Seite 156).

»Black Molly« und Spitzmaulkärpfling, *Poecilia sphenops*
8–12 cm. Becken: 80–100 cm. Bereich: Mitte, oben. Wasser: pH 7,5–8,5; mittelhart bis hart; 20–28 °C (Black Molly 26–29 °C). Haltung: Harte Pflanzen, Schwimmpflanzen als Schutz für die Brut. Häufiger Wasserwechsel. Stammart anspruchslos, schwarze Zuchtformen oft krankheitsanfällig. Futter: Pflanzenkost, auch Trocken- und Lebendfutter. Gute Algenfresser. Geschlechtsunterschiede: Männchen kleiner, Gonopodium. Zucht: Jungfische in Aufzuchtbecken mit pflanzlichem Trockenfutter aufziehen, auch Artemia. Besonderes: Sowohl die Zuchtform als auch die Stammart sind ausgezeichnete Algenfresser. Im Aquarium haben sie sich als »Algenvertilger« bestens bewährt. Biotop: Wildform in Süß- und Brackwasser, vor allem in Fließgewässern in Venezuela bis Mexiko.
Hinweis: Die schwarzen Zuchtformen mit dem hübschem Namen »Black Molly« gibt es mit unterschiedlich ausgeprägter Beflossung. Während die Stammart (→ Foto oben rechts) anspruchlos ist, können die schwarzen Zuchtformen krankheitsanfällig sein. Wie bei vielen Zuchtformen ist die Krankheitsanfälligkeit darauf zurückzuführen, daß mit der Veränderung der Form und der Färbung auch andere, nicht sichtbare Merkmale des Fisches verändert werden. Solche unsichtbaren Veränderungen können die Widerstandsfähigkeit der Tiere negativ beeinflussen.

Guppy, *Poecilia reticulata*
6 cm. Becken: 60 cm. Bereich: Mitte, oben. Wasser: pH 7–8,5; mittelhart bis hart; 20–30 °C. Haltung: Becken dicht bepflanzt mit etwas freiem Schwimmraum. Gute Gesellschaftsfische. Großflossige Zuchtformen besser allein halten. Futter: Kleines Lebend- und Trockenfutter. Geschlechtsunterschiede: Männchen kleiner, Gonopodium. Zucht: Einfach, auch im Haltungsbecken (»Millionenfisch«). Junge mit Trockenfutter leicht aufzuziehen. Besonderes: Viele Zuchtformen, die zum Teil höhere Ansprüche ans Wasser stellen. Biotop: Stehende und leicht fließende Gewässer, ursprünglich nördliches Südamerika, Karibik.

Segelkärpfling, *Poecilia velifera*
15 cm. Becken: 120 cm. Bereich: Mitte, oben. Wasser: pH 7,5–8,5; hart; 25–28 °C. Haltung: Becken mit viel Schwimmraum, sonst bilden Nachzucht-Männchen nicht ihre hohen Flossen aus. Nicht für normale Gesellschaftsbecken geeignet, da die Art brackiges Wasser braucht (Salzzugabe); gut für Brackwasseraquarien. Futter: Pflanzenkost, zusätzlich andere Futtersorten. Geschlechtsunterschiede: Männchen mit hoher Segelflosse, Gonopodium. Zucht: Etwa alle 28 Tage werden bis 200 Junge geworfen. In Aufzuchtbecken mit pflanzlichem Trockenfutter und Artemia aufziehen. Biotop: Küstennahe Bereiche auf Yucatan, Mexiko. Ähnliche Art: Breitflossenkärpfling (*P. latipinna*).

Messerkärpfling, *Alfaro cultratus*
8 cm. Becken: 100 cm. Bereich: Oben. Wasser: pH 6,5–7,5; weich bis mittelhart; 24–26 °C. Haltung: Becken mit Strömung. Lebhafte Art. Vergesellschaftungstip: Kleine bis mittelgroße mittelamerikanische Cichliden. Futter: Mückenlarven, Insekten. Geschlechtsunterschiede: Männchen kleiner, Gonopodium. Zucht: Weibchen werfen etwa alle 30 Tage bis 80 Junge. Weibchen vorher isolieren. Die schnellwüchsige Brut in großen Becken mit Kleinkrebsen und pflanzlichem Trockenfutter aufziehen. Biotop: An der Oberfläche in Ufernähe stark strömender Bereiche klarer Fließgewässer im westlichen Mittelamerika.

Zwergkärpfling, *Heterandria formosa*
4,5 cm. Becken: 40 cm. Bereich: Mitte, oben. Wasser: pH 7–8; mittelhart bis hart; 18–30 °C. Haltung: Becken mit dichtem Pflanzenwuchs, vor allem Schwimmpflanzen. Vergesellschaftungstip: Nur kleine, flinke Schwarmfische, langsame Arten werden belästigt. Futter: Kleinkrebse, auch Artemia-Nauplien und Flockenfutter. Geschlechtsunterschiede: Männchen kleiner, Gonopodium. Zucht: Im Haltungsbecken, da die Eltern den Jungen kaum nachstellen. Während der Wurfperiode werden jeden Tag einige Junge geboren. Biotop: Zwischen Pflanzen von kleinen bis kleinsten, verkrauteten Gewässern in Florida und South Carolina, USA.

Metallkärpfling, *Girardinus metallicus* »Schwarzbauch«
7 cm. Becken: 60 cm. Bereich: Mitte. Wasser: pH 6,5–8; mittelhart bis hart; 25–28 °C. Haltung: Einfach bei guter Wasserpflege und zum Teil dichter Bepflanzung. Futter: Alle kleineren Futtersorten, auch pflanzliche Kost. Geschlechtsunterschiede: Männchen fast um die Hälfte kleiner als Weibchen, Gonopodium. Zucht: Weibchen werfen etwa alle 28 bis 30 Tage. Weibchen vorher isolieren. Aufzucht mit zerriebenen Pflanzenflocken und Artemia. Biotop: Langsam fließende und stehende Gewässer auf Kuba.

Leuchtaugenkärpfling, *Priapella intermedia*
7 cm. Becken: 80 cm. Bereich: Mitte, oben. Wasser: pH 7–8; mittelhart bis hart; 25–28 °C. Haltung: Becken mit Strömung, bis zur Oberfläche reichende lockere Randbepflanzung, viel freier Schwimmraum. Dichte Deckscheibe, da die Art springt. Gute Wasserpflege wichtig. Friedlicher Gesellschaftsfisch. Futter: Mückenlarven, Insekten (Drosophila), auch Trockenfutter. Geschlechtsunterschiede: Männchen etwas kleiner, Gonopodium. Zucht: Etwa alle 28 Tage wirft das Weibchen 10 bis 20 Junge. Weibchen vorher isolieren. Aufzucht mit Artemia. Biotop: An der Oberfläche schnellfließender, klarer Gewässer in Mexiko.

Ameca-Hochlandkärpfling, *Ameca splendens*
12 cm. Becken: 100 cm. Bereich: Mitte. Wasser: pH 6,5–8; mittelhart bis hart; 24–28 °C. Haltung: Becken mit guter Strömung, viel Schwimmraum. Friedliche Art. Vergesellschaftungstip: Andere mittelamerikanische Lebendgebärende. Futter: Pflanzenkost wichtig, auch Lebend- und Trockenfutter. Geschlechtsunterschiede: Männchen kleiner, gelb geränderte Schwanzflosse, Andropodium. Zucht: Alle 40 bis 60 Tage kommen die bis 2 cm großen Jungfische zur Welt. Aufzucht mit pflanzlichem Trockenfutter und Kleinkrebsen. Biotop: Klare Fließgewässer mit felsigen Abschnitten und reichlich Pflanzenwuchs. Mexiko.

Banderolenkärpfling, *Xenotoca eiseni*
7 cm. Becken: 80 cm. Bereich: Mitte. Wasser: pH 6–8; mittelhart bis hart; 18–26 °C. Haltung: Becken mit Strömung. Anspruchslose Art. Vergesellschaftungstip: Nicht mit langsamen, langflossigen Fischen, da sie Anreiz zum Flossenzupfen bieten. Futter: Alle kleineren Futtersorten, vor allem Pflanzenkost. Geschlechtsunterschiede: Männchen farbiger, Andropodium. Zucht: Weibchen werfen alle 35–70 Tage bis zu 50 Junge (15 mm). Weibchen vorher isolieren. Aufzucht mit Kleinkrebsen und pflanzlichem Trockenfutter. Ältere Weibchen werfen nicht mehr. Biotop: Mäßig fließende Bäche und Flüsse in Mexiko.

Hechtköpfiger Halbschnäbler, *Dermogenys pusillus*
7 cm. Becken: 80 cm. Bereich: Oben. Wasser: pH 7–8; mittelhart bis hart; 24–28 °C. Haltung: Becken mit leichter Strömung, Bepflanzung, die zur Oberfläche reicht, einige Schwimmpflanzen. Auch Brackwasseraquarium mit etwas Salzgehalt. Guter Gesellschaftsfisch. Futter: Insekten, Mückenlarven, auch Trockenfutter. Vitaminzusatz empfehlenswert. Geschlechtsunterschiede: Männchen kleiner, Andropodium. Zucht: Die bis 80 Jungfische vorsichtig in Aufzuchtbecken überführen. Aufzucht mit Artemia. Biotop: Flache Bereiche küstennaher Fließgewässer Südostasiens.

Liems Halbschnäbler, *Nomorhamphus liemi*
10 cm. Becken: 100 cm. Bereich: Oben. Wasser: pH 6,5–8; weich bis mittelhart; 20–24 °C. Haltung: Kräftige Strömung, Schwimmpflanzen. Häufiger Wasserwechsel wichtig. Ein Männchen mit mehreren Weibchen, da Männchen untereinander sehr aggressiv sind. Futter: Kräftiges Lebendfutter, Jungfische, Insekten, Trockenfutter. Geschlechtsunterschiede: Männchen viel kleiner, farbiger, mit schwarzem Kinnfortsatz, Andropodium. Zucht: Jungfische (2 cm) in Aufzuchtbecken mit kleinem Lebendfutter aufziehen. Biotop: Schnellfließende Bergbäche auf Sulawesi (Indonesien) bis über 1000 m Seehöhe.

Pflegetips für weitere Arten

Regenbogen-Goodeide, *Characodon lateralis*
6,5 cm. Becken: 60 cm. Bereich: Unten, Mitte. Wasser: pH 6,5–7,5; mittelhart bis hart; 18–24 °C. Dunkel eingerichtete Becken, etwas empfindlich.

Leopardkärpfling, *Ilyodon furcidens*
12 cm. Becken: 100 cm. Bereich: Unten, Mitte. Wasser: pH 6–8; mittelhart bis hart; 24–27 °C. Steine und Strömung, pflanzliche Nahrung wichtig. Frißt Jungfische. Gelegentlich bissig.

Gefleckte Gambuse, *Gambusia affinis*
6,5 cm. Becken: 60 cm. Bereich: Mitte, oben. Wasser: pH 6–8,5; weich bis hart; 18–30 °C. Anspruchslose Art, die weltweit verbreitet ist.

Gefleckter Kaudi, *Phalloceros caudimaculatus*
7 cm. Becken: 60 cm. Bereich: Mitte, oben. Wasser: pH 7–8; mittelhart bis hart; 18–22 °C. Gut bepflanzte Becken. Es gibt eine schöne Goldvariante.

Buckelkärpfling, *Limia nigrofasciata*
7 cm. Becken: 60 cm. Bereich: Mitte. Wasser: pH 7–8,5; mittelhart bis hart; 25–28 °C. Pflanzliche Kost wichtig. Alte Männchen werden buckelig.

Guatemalakärpfling, *Phallichthys amates*
6 cm. Becken: 60 cm. Bereich: Mitte. Wasser: pH 6,5–7,5; mittelhart bis hart; 24–27 °C. Dicht bepflanzte Becken. Nicht mit robusten Arten vergesellschaften.

Hechtkärpfling, *Belonesox belizanus*
22 cm. Becken: 120 cm. Bereich: Oben. Wasser: pH 6–8; mittelhart bis hart; 22–26 °C. Räuberische Art! Ernährung fast nur mit kleinen und mittelgroßen Fischen möglich.

Zahnleisten-Halbschnäbler, *Hemirhamphodon pogonognathus*
9 cm. Becken: 100 cm. Bereich: Oben. Wasser: pH 6–7,5; weich bis mittelhart; 24–28 °C. Leichte Strömung, Fütterung mit Drosophila und anderen kleinen Insekten.

Killis gelten als die Überlebenskünstler unter den Fischen, denn einige Arten haben es geschafft, als »Saisonfische« Gewässer zu bewohnen, die lange Perioden im Jahr ausgetrocknet sind. Im Schlamm vergraben überdauern nur ihre Eier die Trockenperioden, die Eltern sterben. Füllt der Regen das Gewässer wieder auf, schlüpfen die Jungfische.

Wissenswertes über Killifische

Sie gehören zur Ordnung der *Cyprinodontiformes* (Zahnkarpfenartige). Mit Ausnahme von Australien und den arktischen Gebieten sind Killifische weltweit verbreitet.

Kennzeichen: Die meisten Killis haben einen mehr oder weniger langgestreckten Körper mit rundem Körperquerschnitt. Oberflächenorientierte Arten besitzen ein stark oberständiges Maul. Arten, die im unteren und mittleren Wasserbereich leben, sind meist hochrückiger und haben ein nur leicht oberständiges Maul.

Haltung: Als Bewohner der Flachwasserbereiche stehender oder langsam fließender Gewässer brauchen die meisten Killis dicht bepflanzte Becken ohne Strömung, dunklen Bodengrund und Abschattung von oben. Eine Ausnahme machen die Leuchtaugenfische, die eine leichte Strömung und freien Schwimmraum benötigen. Dicht schließende Abdeckung ist nötig, da Killis gute Springer sind.

Wasser: Die meisten Killis bevorzugen weiches, leicht saures (pH 6–7) Wasser. Ausnahmen sind die Tanganyika-Leuchtaugen und die Wüstenfische, die hartes, alkalisches (pH 7,5–8,5) Wasser brauchen.

Vergesellschaftung: Viele Killis lassen sich gut mit Welsen, kleinen Schwarmfischen und anderen nicht aggressiv revierbildenden Arten vergesellschaften. Robuste, größer werdende oder oberflächenorientierte Arten vertragen sich auch gut mit Zwergcichliden. Empfindliche, kleine Arten hält man besser für sich in kleinen Spezialbecken.

Verhalten: Die meisten Killis sind keine lebhaften Schwimmer. Die Männchen sind untereinander sehr aggressiv und können sich in zu kleinen Becken auch zu Tode bekämpfen. In größeren Becken kann man das ständige Imponieren der Männchen voreinander gut beobachten. Das Becken muß aber so angelegt sein, daß sich die Tiere notfalls aus dem Weg gehen können.

Hinweise für die Zucht: Bei den Killifischen gibt es Boden- und Haftlaicher.

Bodenlaicher legen ihre Eier in weichem Bodengrund ab, in den sie zur Eiablage gemeinsam eintauchen oder die meisten Eier hineinschleudern. Sie betreiben keine Brutpflege. Für die Zucht von Bodenlaichern sollte man Spezialliteratur zu Rate ziehen (→ Bücher, Seite 159).

Haftlaicher legen ihre Eier an Pflanzen oder in Holz- und Steinspalten ab; sie betreiben keine Brutpflege. Haftlaichern stellt man im Haltungsbecken meist einen Wollmop oder Bimssteine mit eingefeilten Rinnen zur Verfügung, die nach einigen Tagen in eine kleine Aufzuchtschale überführt werden. Dort werden die geschlüpften Jungfische in der Regel mit Artemia angefüttert. Danach Artemia und zusätzlich anderes kleines Lebendfutter (Cyclops, Wasserflöhe). Für einige Haftlaicher empfiehlt sich ein Daueransatz (→ Seite 53).

Gardners Prachtkärpfling, *Aphyosemion gardneri*
6–8 cm. Becken: 50 cm. Bereich: Unten, Mitte. Wasser: pH 6–7,5; weich bis mittelhart; 23–27 °C. Haltung: Dunkel eingerichtete, dicht bepflanzte Becken, Schwimmpflanzen, kleine Verstecke. Ein Männchen mit mehreren Weibchen halten. Männchen untereinander aggressiv. Vergesellschaftungstip: Keine zu zarten Arten. Futter: Lebend- und Trockenfutter. Geschlechtsunterschiede: Männchen farbiger. Zucht: Sowohl Haft- als auch Bodenlaicher. Torflagerung der Eier. Aufguß nach etwa 4 Wochen. Anfüttern mit Artemia. Besonderes: Idealer Anfänger-Killi. Biotop: Vor allem kleinere Gewässer in Savannengebieten Nigerias.

Gestreifter Prachtkärpfling, *Aphyosemion striatum*
5 cm. Becken: 30 cm. Bereich: Alle. Wasser: pH 6–7; weich bis mittelhart; 21–23 °C. Haltung: Dunkel eingerichtete Becken mit dichtem Pflanzenwuchs, Schwimmpflanzen. Vergesellschaftungstip: In größeren Becken (60 cm) andere haftlaichende *Aphyosemion*-Arten, Leuchtaugenfische, Zwergbarben. Futter: Kleines Lebendfutter, auch Drosophila. Geschlechtsunterschiede: Männchen schöner. Zucht: Wie *A. australe*. Besonderes: Gut für Anfänger geeignete Art. Biotop: Flache Uferbereiche kleiner Fließgewässer in Nordgabun.

Die Männchen des Blauen Prachtkärpflings sind oft aggressiv zu den Weibchen. Deshalb muß man für die Weibchen ausreichend Pflanzenverstecke schaffen.

Blauer Prachtkärpfling, *Aphyosemion sjoestedti*
14 cm. Becken: 80 cm. Bereich: Unten, Mitte. Wasser: pH 6–7,5; weich bis hart; 24–26 °C. Haltung: Becken bepflanzt, Verstecke, Boden teilweise mit dünner Torfschicht bedeckt. 1 Männchen mit 2 Weibchen halten. Vergesellschaftungstip: Auch größere Fische. Futter: Kräftiges Lebendfutter. Keine Tubifex an erwachsene Fische. Sparsam füttern. Geschlechtsunterschiede: Männchen größer, farbenprächtiger. Zucht: Bodenlaicher. Torflagerung der Eier. Aufguß nach 1–2 Monaten. Anfüttern mit Artemia. Biotop: Sumpfige Gewässer des Küstenregenwaldes von Nigeria bis Kamerun. Ähnliche Art: Trugprachtkärpfling (*A. fallax*), 9 cm.

Hinweis: Die Zucht dieses und vieler anderer Bodenlaicher kann auch im Haltungsbecken erfolgen, wenn man Ablaichgefäße hineinstellt: Als Gefäß eignet sich eine etwa 10 cm hohe Gefrierdose mit Deckel. Unter den Deckel Loch zum Einschlüpfen der Fische schneiden. 2 cm hoch Torf einfüllen, Dose verschließen. Nach zwei Wochen Behälter entfernen, Torf durch ein Netz gießen und ausdrücken, bis kein Wasser mehr fließt. Nachschauen, ob Eier vorhanden sind. Wenn ja, Torf auf 3 Lagen Zeitungspapier etwa einen Tag lang antrocknen lassen, dann 6–8 Wochen lang in Plastikbeutel, der öfter gelüftet wird, aufbewahren. Anschließend Torf in kleinem Becken aufgießen und sofort, mehrmals täglich Artemia-Nauplien füttern.

Kap Lopez, *Aphyosemion australe*
6 cm. Becken: 30 cm. Bereich: Alle. Wasser: pH 6–7; weich bis mittelhart; 21–23 °C. Haltung: Dunkle Beckeneinrichtung mit Pflanzendickicht, Schwimmpflanzen und kleinen Verstecken. In 30-cm-Becken 1 Männchen und 2 Weibchen halten. Vergesellschaftungstip: Zwergbarben, Leuchtaugenfische, kleine *Aphyosemion*. Futter: Kleines Lebendfutter, auch Drosophila. Geschlechtsunterschiede: Männchen hübscher. Zucht: Haftlaicher. Eier in kleinsten Becken oder in Torf aufbewahren. Aufguß nach 2–3 Wochen. Anfüttern mit Artemia. Biotop: Flache, mit Laub bedeckte Uferbereiche kleiner Regenwaldgewässer, Gabun, Rio Muni.

Querbandhechtling, *Epiplatys dageti monroviae*
6 cm. Becken: 60 cm. Bereich: Oben. Wasser: pH 6–7; weich bis mittelhart; 22–26 °C. Haltung: Dunkel eingerichtete Becken, locker bepflanzt, Schwimmpflanzen, viel Schwimmraum. Vergesellschaftungstip: Schwarmfische des mittleren Bereichs, Zwergcichliden, kleine Welse. Futter: Lebendfutter, vor allem Drosophila, auch Trockenfutter. Geschlechtsunterschiede: Männchen mit größeren Flossen. Zucht: Haftlaicher. Im Haltungsbecken mit Schwimmpflanzendecke kommen Junge hoch. Anfüttern mit Trockenfutter und Pantoffeltierchen. Biotop: Kleine Bäche in Liberia.

Gelber Leuchtaugenfisch, *Procatopus similis*
6 cm. Becken: 60 cm. Bereich: Mitte, oben. Wasser: pH 6,5–7,5; weich bis mittelhart; 23–25 °C. Haltung: Dunkel eingerichtete, locker bepflanzte Becken mit leichter Strömung. Schwarmfisch. Futter: Kleines Lebend-, auch Trockenfutter, Drosophila. Geschlechtsunterschiede: Männchen größer, farbiger. Zucht: Spaltenlaicher. Naturkorkstückchen auf Oberfläche legen, in deren Spalten abgelaicht wird. Kork in Aufzuchtschalen überführen. Schlupf nach etwa 14 Tagen. Nach Anfüttern mit Pantoffeltierchen, auch zerriebenem Trockenfutter, wenig später Artemia. Biotop: Bäche im küstennahen Urwald Westkameruns. Ähnliche Art: Rotrückiger Leuchtaugenfisch (*P. nototaenia*).

Roter Leuchtaugenfisch, *Aplocheilichthys macrophthalmus*
3,5 cm. Becken: 30 cm. Bereich: Mitte, oben. Wasser: pH 6,5–7,5; weich bis mittelhart; 25–27 °C. Haltung: Dunkel eingerichtete, dicht bepflanzte Becken mit leichter Strömung. Gute Wasserpflege wichtig. Mindestens 6–8 Tiere pflegen. Vergesellschaftungstip: Bodenbewohnende, kleine Regenwaldfische wie Zwergbarben, kleine *Aphyosemion*-Arten, kleine Panzerwelse. Futter: Kleines Lebendfutter, vor allem Drosophila. Geschlechtsunterschiede: Männchen mit größeren Flossen. Zucht: Haftlaicher, auch in Spalten wie Gelber Leuchtaugenfisch. Anfüttern mit Pantoffeltierchen. Biotop: Kleine Regenwaldbäche in Südnigeria.

Prachtgrundkärpfling beim Ablaichen: Das Männchen »umarmt« sein Weibchen mit der Rückenflosse. Kurz danach werden die Eier in den Bodengrund geschleudert.

Rachows Prachtgrundkärpfling,
Nothobranchius rachovii
6 cm. Becken: 40 cm. Bereich: Unten, Mitte. Wasser: pH 6–7,5; weich bis hart; Temperatur: 26 °C. Haltung: Dunkel eingerichtete, bepflanzte Becken. Mehrere Paare halten. Vergesellschaftungstip: Kleine Schwarmfische, Welse. Futter: Kleines Lebend- und Trockenfutter, gerne Tubifex. Geschlechtsunterschiede: Männchen farbiger. Zucht: Bodenlaicher. Torflagerung der Eier. Aufguß nach 4–6 Monaten. Anfüttern mit Artemia und Trockenfutter. Biotop: Saisonfisch der Gewässer im Schwemmland des Sambesi und anderer Flüsse in Mozambique.
Ähnliche Arten: Andere *Nothobranchius*-Arten, z. B. *N. guentheri*, 4,5 cm.
Hinweis: Unter den farbenprächtigen Männchen der Gattung *Nothobranchius* kann es zu heftigen Revierkämpfen kommen. Die Fische schwimmen mit weitgefächerten Flossen und abgespreizten Kiemendeckeln aufeinander zu. Dieses Imponiergehabe genügt meistens schon, den Gegner in die Flucht zu schlagen. In zu kleinen Aquarien kann es aber passieren, daß der Unterlegene mit seinem Leben bezahlen muß.

Tanganyika-Leuchtauge, *Lamprichthys tanganicanus*
15 cm. Becken: 120 cm. Bereich: Mitte, oben. Wasser: pH 7,5–8,5; mittelhart bis hart; 26–27 °C. Haltung: Locker bepflanzte Becken. Viel freier Schwimmraum! Schwarmfisch. Vergesellschaftungstip: Gut für Tanganyika-See-Becken; nicht mit *Cyprichromis*-Arten. Futter: Kleinkrebse, Mückenlarven, Insekten; unbedingt mehrmals täglich füttern! Geschlechtsunterschiede: Männchen größer. Zucht: Wie Gelber Leuchtaugenfisch. Spaltenlaicher. Jungfische mit Artemia in großen Aufzuchtbecken aufziehen. Besonderes: Wegen Kammschuppen nur einzeln transportieren, nie mit Netz fangen; in 2-l-Weckglas treiben. Biotop: Uferbereiche des Tanganyika-Sees.

Gemeiner Hechtling, *Aplocheilus panchax*
7 cm. Becken: 60 cm. Bereich: Oben. Wasser: pH 6–7,5; weich bis mittelhart; 24–29 °C. Haltung: Dicht bepflanzte Becken mit Schwimmpflanzen, die Sichtschutz für die untereinander etwas aggressiven Männchen bieten. Anspruchslose Art. Futter: Lebend- und Trockenfutter; besonders gerne Insekten. Geschlechtsunterschiede: Schwierig festzustellen. Weibchen fülliger. Zucht: Haftlaicher an Oberflächenpflanzen. Eier oder Jungfische in Aufzuchtbecken überführen. Anfüttern mit Artemia. Biotop: An der Oberfläche verkrauteter Sümpfe und von Reisfeldern in Südostasien.

Agila-Bachling, *Rivulus agilae*
5 cm. Becken: 30 cm. Bereich: Alle. Wasser: pH 6–7; weich bis mittelhart; 22–25 °C. Haltung: Dunkel eingerichtete Becken, dichte Bepflanzung, teilweise weicher Bodengrund, leichte Strömung. Ein Männchen mit mehreren Weibchen halten. Vergesellschaftungstip: Kleine Salmler, Welse. Futter: Mückenlarven, Drosophila, Wasserflöhe, Artemia. Geschlechtsunterschiede: Männchen farbiger. Zucht: Haftlaicher. Eier in leicht feuchtem Torf aufbewahren. Aufguß nach 3 Wochen. Anfüttern mit Artemia. Biotop: Kleine schattige Fließgewässer in der Küstenebene der Guayana-Länder; auch oberflächennah in stehenden Gewässern.

Blaustreifenbachling, *Rivulus xiphidius*
3,5 cm. Becken: 30 cm. Bereich: Mitte, oben. Wasser: pH 6–7; weich; 23–25 °C. Haltung: Dunkel gehaltene Becken mit Schwimmpflanzendecke. Empfindliche Art. Besser nicht vergesellschaften. Futter: Lebendfutter, vor allem Drosophila, Artemia und Cyclops. Geschlechtsunterschiede: Ab 3 cm Größe Männchen farbiger. Zucht: Wie *R. agilae*. Haftlaicher. Biotop: Kleine schattige Fließgewässer der Küstenebene in Guyana-Ländern. Auch obenflächennah in stehenden Gewässern.

Stahlblauer Wüstenkärpfling, *Cyprinodon macularius*
6 cm. Becken: 50 cm. Bereich: Unten, Mitte. Wasser: pH 7,5–8,5; hart; 26–33 °C. Haltung: Becken mit heller Beleuchtung, Hornkraut, Seesalzzusatz (3 Teelöffel auf 10 l) erforderlich. Männchen bilden Reviere. Ein Männchen mit mehreren Weibchen halten. Futter: Pflanzliche Kost, Lebend- und Trockenfutter; unbedingt mehrmals täglich füttern. Geschlechtsunterschiede: Weibchen blasser, fülliger. Zucht: Auf Perlongespinst ablaichen lassen, Eier in kleinste Becken überführen. Anfüttern mit Artemia. Biotop: Sandige Bereiche von Wüstengewässern mit extremen Temperaturen und Salzgehalten, Nordamerika. In der Natur fast ausgestorben.

Peru-Schleierkärpfling, *Pterolebias peruensis*
12 cm. Becken: 50 cm. Bereich: Unten, Mitte. Wasser: pH 6–7,5; weich bis mittelhart; 27–30 °C. Haltung: Dunkel eingerichtete Becken mit dichter Bepflanzung als Versteck. Ein Männchen mit mehreren Weibchen halten. Vergesellschaftungstip: Kleinere Salmler, Welse. Futter: Mückenlarven, ausgewachsene Artemia, wenig Trockenfutter, auch Tubifex. Geschlechtsunterschiede: Männchen mit größeren Flossen. Zucht: Bodenlaicher. Torflagerung der Eier. Aufguß nach 5–6 Monaten. Anfüttern mit Artemia. Biotop: Sumpfiges Überschwemmungsland des Amazonas, das auch trocken fallen kann, Peru.

Pflegetips für weitere Arten

Kekem-Prachtkärpfling, *Aphyosemion bualuanum kekemense*
5 cm. Becken: 30 cm. Bereich: Mitte, oben. Wasser: pH 6–6,5; weich; 20–23 °C. Haftlaicher.

Diapteron fulgens
3,5 cm. Becken: 30 cm. Bereich: Unten, Mitte. Wasser: pH 6–6,5; weich; 18–22 °C. Empfindliche Art, nur für erfahrene Aquarianer. Haftlaicher. Fütterung mit Artemia, Cyclops, Drosophila, kleinen Mückenlarven.

Ringelhechtling, *Pseudepiplatys annulatus*
4 cm. Becken: 30 cm. Bereich: Oben. Wasser: pH 6–6,5; weich; 23–27 °C. Zum Teil dicht bepflanzte Becken. Haftlaicher, Aufzucht im Haltungsbecken. Fütterung mit Artemia, Drosophila.

Tüpfelhechtling, *Pachypanchax playfairii*
8 cm. Becken: 80 cm. Bereich: Mitte, oben. Wasser: pH, 6,5–7,5; weich bis hart; 22–26 °C. Auch gegenüber artfremden Fischen aggressiv. Nur mit robusten Arten pflegen. Haftlaicher.

Sternhimmelfisch, *Cynolebias nigripinnis*
6 cm. Becken: 30 cm. Bereich: Unten, Mitte. Wasser: pH 6–7; weich bis mittelhart; 18–22 °C. Bodenlaicher. Verträgt sehr hohe Temperaturen nicht gut. Männchen untereinander sehr aggressiv.

Bei den Aquarianern beliebt sind die »Labyrinther« vor allem wegen ihren prachtvollen Farben und ihren faszinierenden Verhaltensweisen. Bei vielen Arten kann man Balz, Nestbau und die spannende Brutpflege auch im Gesellschaftsaquarium beobachten – vorausgesetzt das Becken ist nicht zu stark besetzt.

Wissenswertes über Labyrinthfische

Sie gehören zur Überfamilie *Anabantoidea* (Labyrinthfische). Asien ist das Hauptverbreitungsgebiet der Labyrinthfische, einige Arten kommen in Afrika vor. In der Natur leben viele Arten in stehenden, höchstens leicht fließenden Gewässern, die oft trüb und sauerstoffarm sind.

Kennzeichen: Das Organ, das dieser Fischgruppe den Namen gibt, ist das Labyrinth. Es liegt oberhalb der Kiemen und besteht aus stark durchbluteten Hautfalten, über die Sauerstoff aus der Luft aufgenommen werden kann. Aufgrund dieser anatomischen Besonderheit können die Labyrinthfische auch in extrem sauerstoffarmen Gewässern überleben.

Die Körperform der Labyrinthfische variiert von langgestreckt und nur wenig seitlich abgeflacht (Kampffische) bis zu blattartigen Fischen (Wabenschwanzguramis).

Haltung: Wichtig für die erfolgreiche Pflege der meisten Arten sind dunkle Becken mit einer dichten Bepflanzung, zu der auch Schwimmpflanzen gehören. Einige Gattungen lieben zusätzlich den Schutz kleiner Höhlen. Wenige Arten nehmen ausschließlich Lebendfutter. Strömung ist bei schaumnestbauenden Arten zu vermeiden.

Wasser: Fast alle Arten fühlen sich in leicht saurem (pH um 6,5), weichem bis mittelhartem Wasser wohl und vermehren sich auch darin. Ausgenommen sind Spezialisten aus dem Schwarzwasser, wie Schokoladenguramis oder die *Parosphromenus*-Arten, die stark saures, extrem weiches Wasser für Pflege und Zucht brauchen. Je nach Art hält man Labyrinther paarweise oder in kleinen Gruppen.

Vergesellschaftung: Labyrinthfische sind überwiegend ruhige Fische, die nur mit ruhigen Bodenbewohnern oder Schwarmfischen vergesellschaftet werden sollten. Mit Cichliden hält man sie besser nicht zusammen, da diese wie die Labyrinther revierbildend sind. Kleinere Labyrinther sind bei Auseinandersetzungen mit anderen Arten schnell unterlegen.

Verhalten: Vor allem in Fortpflanzungsstimmung gründen die meisten Labyrinthfischmännchen Reviere, die sie gegen Artgenossen und meist auch Artfremde verteidigen. Das Brutverhalten ist unterschiedlich:

- Die Männchen vieler Labyrintherarten bauen innerhalb des Reviers an der Wasseroberfläche oder an die Decke von Höhlen ein Schaumnest aus schleimumhüllten Luftblasen. Unter dem Nest wird abgelaicht. In der Regel transportiert das Männchen die Eier mit dem Maul ins Schaumnest. Auch die Brutpflege wird meist vom Männchen ausgeführt.
- Labyrinthfische, vor allem jene, die in strömenden Gewässern zu Hause sind, in denen ein Schaumnest nicht stabil genug wäre, betreiben in den meisten Fällen Maulbrutpflege. Bei manchen dieser maulbrütenden Arten ist nur der Vater für Eier und Larven zuständig, bei anderen sorgt nur das Weibchen für die Brut.
- Einige Labyrinther sind Freilaicher, sie legen ihre Eier ins freie Wasser ab und betreiben keine Brutpflege.

Hinweise für die Zucht: Wenn man Labyrinthern die richtigen Lebensbedingungen bietet, ist in schwach besetzten Gesellschaftsbecken die Nachzucht bis zum Freischwimmen der Jungen möglich. Dann aber sollte man folgendermaßen vorgehen:

Schaumnestbauer: Die Larven in ein Aufzuchtbecken überführen und anfüttern (Erstfutter → nachfolgende Steckbriefe), weitere Aufzucht mit Artemia und anderen kleinen Futtermitteln.

Maulbrüter: Den maulbrütenden Fisch sehr vorsichtig in einem kleinen Wasserbehälter überführen. Nach dem Entlassen der Jungen aus dem Maul den Elternfisch herausnehmen und die Jungen, wie bei den Schaumnestbauern angegeben, aufziehen.

Freilaicher: Eier in Aufzuchtbecken überführen und nach Aufschwimmen die Jungen anfüttern.

Aufzuchtbecken für Labyrinther: Wasserwerte wie Haltungsbecken (Abweichungen sind in den Steckbriefen angegeben), einige krautige Pflanzen, sowie Schwimmpflanzen; am besten Schaumstoffinnenfilter, kein Bodengrund (erleichtert Reinigung).

Blauer Fadenfisch, *Trichogaster trichopterus*
12 cm. Becken: 100 cm. Bereich: Mitte, oben. Wasser: pH 6–7,5; weich bis hart; 22–27 °C. Haltung: Becken mit dichtem Pflanzenwuchs, Schwimmpflanzen. Anspruchslose Art. Brutpflegende Männchen können im Gesellschaftsbecken aggressiv werden. Vergesellschaftungstip: Keine flossenzupfenden Barben. Futter: Trocken- und Lebendfutter. Geschlechtsunterschiede: Weibchen kleiner, kurze, abgerundete Rückenflossen. Zucht: Wasser wie Haltung, sonst wie *T. leeri.* Schaumnestbauer. Besonderes: Verschiedene Zuchtformen. Biotop: Stehende und fließende, auch schlammige, trübe Gewässer in Indonesien und Malaysia.

Mosaikfadenfisch, *Trichogaster leeri*
12 cm. Becken: 100 cm. Bereich: Mitte, oben. Wasser: pH 5,5–7,5; weich bis hart; 23–27 °C. Haltung: Dunkle Becken, Schwimmpflanzendecke. In kleinen Becken paarweise halten. Weibchen Rückzugsmöglichkeiten bieten! Vergesellschaftungstip: Nur ruhige Bodenbewohner. Futter: Lebend- und Trockenfutter. Geschlechtsunterschiede: Ausgewachsene Männchen längere Rücken- und Afterflossenstrahlen, orange bis rote Brust. Zucht: Wasser weich bis mittelhart. Schaumnestbauer. Junge in Aufzuchtbecken überführen. Anfüttern mit Pantoffeltierchen. Biotop: Bewachsene Ufer oder unter Schwimmpflanzen stehender oder leicht fließender Gewässer Südostasiens. Oft in flachen Bereichen mit Laubboden.

Honiggurami, *Colisa chuna*
4,5 cm. Becken: 50 cm. Bereich: Mitte, oben. Wasser: pH 6–7,5; weich bis hart; 22–28 °C. Haltung: Becken dicht bepflanzt, Schwimmpflanzen. Vergesellschaftungstip: Nur kleine, zarte Fische des unteren Bereichs. Futter: Kleines Trocken- und Lebendfutter. Geschlechtsunterschiede: Weibchen auch in Laichstimmung farblos. Zucht: Wie *Trichogaster leeri*. Schaumnestbauer. Biotop: Ufernähe oder Überschwemmungsgebiete leicht fließender und stehender Gewässer in Nordostindien. Hinweis: Im Händlerbecken meist farblos.

Zwergfadenfisch, *Colisa lalia*
6 cm. Becken: 60 cm. Bereich: Mitte, oben. Wasser: pH 6–7,5; weich bis hart; 24–28 °C. Haltung: Becken dicht bepflanzt, Schwimmpflanzendecke. Paarweise, in Becken ab 80 cm in kleinen Gruppen halten. Vergesellschaftungstip: In kleinen Becken nur Fische der Bodenzone, in größeren auch friedliche Schwarmfische. Futter: Alle kleinen Futtersorten. Geschlechtsunterschiede: Männchen bunt, Weibchen silbrig. Zucht: Wie *Trichogaster leeri*, Schaumnestbauer. Biotop: Überschwemmungsgebiete großer Flüsse, Kanäle mit dichtem Pflanzenwuchs, Indien. Ähnliche Art: Gestreifter Fadenfisch (*C. fasciata*), 12 cm, Becken ab 80 cm.

Betta spec. aff. pugnax
10 cm. Becken: 80 cm. Bereich: Unten, Mitte. Wasser: pH 5–6,5; weich bis mittelhart; 23–27 °C. Haltung: Becken mit Strömung, dichte Bepflanzung, Wurzeln. Gute Filterung! Vergesellschaftungstip: Mittelgroße Fische des oberen Bereichs, auch kleine Welse. Futter: Kleines, kräftiges Lebendfutter. Geschlechtsunterschiede: Männchen etwas intensiver gefärbt. Zucht: Maulbrüter (Männchen). Männchen vorsichtig in Aufzuchtbecken überführen. Anfüttern mit Artemia. Biotop: Bewachsene Uferregion klarer Fließgewässer in Borneo. Ähnliche Aren: Großer maulbrütender Kampffisch (*B. pugnax*) und *B. picta*, Becken ab 60 cm, 23–25 °C.

Siamesischer Kampffisch, *Betta splendens*
6 cm (Schleierform etwas größer). Becken: 50 cm. Bereich: Mitte, oben. Wasser: pH 6–7,5; weich bis hart; 23–27 °C. Haltung: Becken dicht bepflanzt, Schwimmpflanzendecke. Ein Männchen kann mit mehreren Weibchen gehalten werden. Nie mehr als ein Männchen pro Becken, bekämpfen sich sonst bis zum Tod! Guter Gesellschaftsfisch. Futter: Kleines Trocken- und Lebendfutter. Geschlechtsunterschiede: Weibchen braun, Flossen kürzer. Zucht: Schaumnestbauer. Junge in Aufzuchtbecken überführen, anfüttern mit zerriebenem Trockenfutter und Artemia möglich. Biotop: Sumpfige Gebiete (auch Reisfelder), Kanäle in Thailand.

Kleiner Kampffisch, *Betta imbellis*
5 cm. Becken: 40 cm. Bereich: Mitte, oben. Wasser: pH 6–7; weich bis hart; 26–28 °C. Haltung: Becken dicht bepflanzt, Schwimmpflanzendecke. In 40-cm-Becken paarweise halten. In 60-cm-Becken 2 Männchen mit mehreren Weibchen möglich, da Männchen etwas friedlicher untereinander als bei *Betta splendens*. Vergesellschaftungstip: Kleine Fische des unteren Bereichs. Futter: Kleines Lebend- und Trockenfutter. Geschlechtsunterschiede: Weibchen unscheinbar. Zucht: Wie *B. splendens*, Anfüttern aber mit Pantoffeltierchen. Biotop: Sumpfige Gebiete, Kanäle und Überschwemmungsbereiche Ost-Thailands und West-Malaysias.

Knurrender Zwerggurami, *Trichopsis pumila*
4 cm. Becken: 40 cm. Bereich: Mitte. Wasser: pH 6–7; weich bis hart; 23–27 °C. Haltung: Dichte Bepflanzung. Vergesellschaftungstip: Welse, Schwarmfische gleicher Größe. Futter: Kleines Lebend- und Trockenfutter. Geschlechtsunterschiede: Männchen mit spitz ausgezogener Rückenflosse. Dreieckiger Eierstock des Weibchens bei Durchlicht erkennbar. Zucht: Schaumnestbauer. Junge in Aufzuchtbecken überführen, anfüttern mit Pantoffeltierchen. Biotop: Mit Unterwasser- oder Schwimmpflanzen dicht bewachsene Tümpel oder Kanäle auf dem südostasiatischen Festland. Ähnliche Art: Knurrender Gurami (*T. schalleri*), 5 cm.

Prachtgurami, *Parosphromenus deissneri*
4 cm. Becken: 30 cm. Bereich: Unten, Mitte. Wasser: pH 4–5; sehr weich; 22–25 °C. Haltung: Dunkel gehaltene Becken, leichte Strömung durch luftbetriebenen (Torf-)-Filter, dünne Sandschicht, kleine Höhlen, nur Schwimmpflanzen. Paarweise halten. Keine zusätzlichen Fische! Futter: Feinstes Lebendfutter. Geschlechtsunterschiede: Weibchen zeigen wenig Farben. Zucht: Schaumnestbauer (in Höhlen). Junge in Aufzuchtbecken überführen. Anfüttern mit frischgeschlüpften (!) Artemia-Nauplien. Biotop: Langsam fließendes, klares Schwarzwasser in sumpfigen Gebieten Süd-Malaysias. Ähnliche Art: Fadenschwanz-Prachtgurami (*P. filamentosus*), 4 cm, robuster.

Makropode, Paradiesfisch, *Macropodus opercularis*
10 cm. Becken: 80 cm. Bereich: Mitte. Wasser: pH 6–8; weich bis hart; 20–26 °C. Haltung: Becken dicht bepflanzt, Schwimmpflanzen. Anspruchslose Art. Manchmal zu Artgenossen und seltener zu artfremden Fischen aggressiv. Vergesellschaftungstip: Nur robuste Fische. Futter: Trocken- und Lebendfutter. Geschlechtsunterschiede: Männchen farbiger, längere Flossen. Zucht: Schaumnestbauer. Junge in Aufzuchtbecken überführen. Anfüttern mit feinem Trockenfutter. Biotop: Sumpfige Gebiete, Kanäle in Vietnam bis Südchina. Ähnliche Art: Schwarzer Makropode (*M. concolor*), 11 cm.

Küssender Gurami, *Helostoma temminckii*
20–30 cm. Becken: 150 cm. Bereich: Mitte, oben. Wasser: pH 6–7,5; weich bis hart; 23–27 °C. Haltung: Becken mit großblättrigen Pflanzen, Schwimmpflanzen. Vergesellschaftungstip: Andere größere Labyrinthfische. Futter: Verschiedenes kleines Trockenfutter (auch pflanzliches), das meist von der Wasseroberfläche eingesaugt wird. Geschlechtsunterschiede: Weibchen eventuell fülliger. Zucht: Freilaicher. Eier in Aufzuchtbecken überführen. Brut nach Aufschwimmen mit Pantoffeltierchen anfüttern, auch feinstes Trockenfutter möglich. Besonderes: Es gibt eine rosafarbene Zuchtform. Das Küssen, für das diese Art bekannt ist, wird im Aquarium nur selten beobachtet. Wahrscheinlich handelt es sich um einen ritualisierten »Kampf«. Es ist aber mit Sicherheit auch ein Teil des Balzverhaltens. Biotop: Vor allem stehende, oft krautige und trübe Gewässer in Südostasien.
Hinweis: Der Küssende Gurami ist in seiner Heimat und auch in weiten Teilen des restlichen Südostasiens ein wichtiger Speisefisch. Er wird in großen Teichanlagen gezüchtet. Zum Beispiel in Borneo kann man ihn auf jedem Markt kaufen.

Schokoladen-Gurami, *Sphaerichthys osphromenoides*
5 cm. Becken: 60 cm. Bereich: Alle. Wasser: pH 4,5–6; sehr weich; 24–27 °C. Haltung: Mit Wurzeln und Pflanzen strukturierte Becken, Bodengrund aus ausgekochtem Flockentorf, leichte Strömung durch Torffilter. Anspruchsvolle Art. Kleine Gruppen halten. Nicht mit anderen Arten vergesellschaften! Futter: Kleines Lebendfutter, auch Drosophila. Geschlechtsunterschiede: Männchen mit hellem Afterflossensaum. Zucht: Maulbrutpflege durch Weibchen (etwa 19 Tage). Jungfische in Aufzuchtbecken überführen. Anfüttern mit Artemia. Biotop: Uferregion in leicht fließendem, klarem Schwarzwasser in Malaysia, Sumatra und West-Borneo.

Orange-Buschfisch, *Ctenopoma ansorgii*
7 cm. Becken: 60 cm. Bereich: Alle. Wasser: pH 6–7,5; weich bis hart; 23–27 °C. Haltung: Becken dicht bepflanzt, Schwimmpflanzen, kleine Wurzeln. Vergesellschaftungstip: Nur ruhige kleine Arten. Futter: Kleines Lebendfutter. Geschlechtsunterschiede: Männchen mit weißen Flossensäumen. Zucht: Schaumnestbauer. Jungfische in Aufzuchtbecken überführen. Anfüttern mit feinem Trockenfutter. Biotop: Dicht bewachsene Uferregion kleiner Fließgewässer im westlichen Zentralafrika. Ähnliche Art: Gestreifter Buschfisch (*C. fasciolatum*), 8 cm.

Pflegetips für weitere Arten

Roter Kampffisch, *Betta coccina*
6 cm. Becken: 40 cm. Bereich: Alle. Wasser: pH 4,5–6; sehr weich; 23– 26 °C. Dunkle, dicht bepflanzte Becken mit Schwimmpflanzen. Schaumnestbauer.

Foerschs Kampffisch, *Betta foerschi*
6,5 cm. Becken: 60 cm. Bereich: Mitte, oben. Wasser: pH 4,5–6; sehr weich; 22– 25 °C. Dichte Bepflanzung, Torffilterung und dunkle Beckeneinrichtung. Maulbrüter.

Smaragd-Kampffisch, *Betta smaragdina*
6 cm. Becken: 60 cm. Bereich: Mitte, oben. Wasser: pH 6–7,5; weich bis hart; 23–27 °C. Dunkel eingerichtete Becken mit kleinen Höhlen, in denen gelaicht wird. Nicht so aggressiv wie *Betta splendens*. Schaumnestbauer.

Neon-Prachtgurami, *Parosphromenus nagyi*
4 cm. Becken: 30 cm. Bereich: Unten, Mitte. Wasser: pH 4,5–6; sehr weich; 21–24 °C. Torffilterung, kleine Höhlen, gute Wasserpflege (→ *Parosphromenus deissneri*). Schaumnestbauer in Höhlen.

Schwarzer Spitzschwanzmakropode,
Pseudosphromenus cupanus
6 cm. Becken: 50 cm. Bereich: Alle. Wasser: pH 6,5–7,5; weich bis hart; 23–27 °C. Dichte Bepflanzung, Höhlen. Anspruchslose Art. Schaumnestbauer in Höhlen.

Gefleckter Spitzschwanzmakropode,
Malpulutta kretseri
6 cm. Becken: 50 cm. Bereich: Alle. Wasser: pH 5–6,5; weich; 23–27 °C. Kleines Lebendfutter. Ruhige Art, nicht vergesellschaften. Schaumnestbauer.

Rundschwanz-Makropode, *Macropodus ocellatus*
8 cm. Becken: 60 cm. Bereich: Mitte, oben. Wasser: pH 6–7,5; weich bis hart; 15-20 °C. Anspruchslose Art für unbeheiztes Zimmeraquarium. Überwinterung bei etwa 8 °C. Schaumnestbauer.

Wabenschwanzgurami, *Belontia hasselti*
Etwa 20 cm. Becken: 120 cm. Bereich: Alle. Wasser: pH 6–7,5; weich bis hart; 23–27 °C. Dunkle Verstecke, kräftiges Lebendfutter. Schaumnestbauer, beide Geschlechter an Brutpflege beteiligt.

Knurrender Gurami, *Trichopsis vittata*
7 cm. Becken: 60 cm. Bereich: Mitte, oben. Wasser: pH 6,5–7,5; weich bis hart; 23–27 °C. Teilweise dichte Bepflanzung. Anspruchslose Art. Schaumnestbauer.

Schwanzfleckbuschfisch, *Ctenopoma kingsleyae*
15 cm. Becken: 120 cm. Bereich: Mitte. Wasser: pH 6–7,5; weich bis hart; 23–27 °C. Verstecke durch Wurzeln, kräftiges Lebendfutter. Nur mit etwa gleich großen, robusten Arten vergesellschaften. Freilaicher.

Leopardbuschfisch, *Ctenopoma acutirostre*
15 cm. Becken: 120 cm. Bereich: Unten, Mitte. Wasser: pH 6–7,5; weich bis mittelhart; 23–27 °C. Versteckreiche Becken (Wurzeln), kräftiges Lebendfutter. Nur mit ruhigen, gleich großen Fischen vergesellschaften. Freilaicher.

Familie Cichliden (Buntbarsche)

Wer Cichliden hält, kann sicher nur schwer sagen, was ihn an diesen Fischen am meisten fasziniert: die bunten Farben, die Vielfalt der fürs Aquarium geeigneten Arten oder ihr Verhalten, vor allem das unterschiedliche Brutpflegeverhalten, das man im Aquarium sehr gut beobachten kann. Sicherlich trägt alles zusammen dazu bei, daß die Buntbarsche zu den beliebtesten Aquarienfischen zählen.

Wissenswertes über die Familie der Cichliden

Die Heimat der meisten Cichliden-Arten ist Afrika, Süd- und Mittelamerika, nur einige wenige Arten sind in Asien (Indien und Sri Lanka, Israel und Iran) verbreitet. Cichliden besiedeln die unterschiedlichsten Biotope: von kleinen Seen bis hin zu reißenden Flüssen. In den nachfolgenden Steckbriefen ist eine Auswahl der Arten aus den jeweiligen Verbreitungsgebieten vorgestellt:

- Tanganyika-See-Cichliden, Seite 112 bis 115;
- Malawi-See-Cichliden, Seite 116 bis 119;
- Afrikanische Cichliden, die nicht aus den »Großen Seen« stammen, Seite 120 bis 124;
- Mittelamerikanische Cichliden, Seite 125 bis 128;
- Südamerikanische Cichliden, Seite 129 bis 134.

Kennzeichen: Ihre Verwandtschaft mit den Barschartigen zeigt sich bei den Cichliden u.a. in der Rückenflosse. Sie besteht aus zwei Teilen, einem hartstrahligen, stacheligen Teil und einem weichstrahligen. Die vielen verschiedenen Arten unterscheiden sich vor allem durch die Form ihres Maules und ihrer Zähne. Es gibt Arten mit unterständigem, endständigem und oberständigem Maul.
Ebenso vielgestaltig ist die Körperform: Sie reicht von »Bleistiftform« bis hin zu »Blattform«. Die häufigste Körperform: Seitlich abgeflacht, mittelmäßig hochrückig, endständiges Maul.
Haltung: Die Einrichtung der Aquarien ist bei den jeweiligen Cichlidengruppen beschrieben.
Vergesellschaftung: Wenn man die Mitbewohner auf die »Charaktereigenschaften« der Cichliden abstimmt, ist die Vergesellschaftung gut möglich. Cichliden bilden Reviere, die sie sehr vehement verteidigen können; verstärkt verteidigt wird während der Brutpflege.
Zwergcichliden lassen sich in der Regel gut mit Salmlern und anderen Schwarmfischen des oberen Beckenbereichs vergesellschaften. Pärchen verschiedener Zwergcichliden-Arten kann man gut zusammen in größeren Becken pflegen, wenn sie unterschiedliche Brutpflegeformen haben. Da sie dann unterschiedliche Nischen im Aquarium besetzen, entsteht keine so starke Konkurrenz, wie bei zwei ähnlich brütenden Arten mit ähnlichem Revierverhalten.
Großcichliden vertragen sich in versteckreichen Aquarien gut mit großen Harnischwelsen, ruhige, wenig aggressive Arten auch mit großen Schwarmfischen, die keine Reviere bilden. Vorausgesetzt, es ist genügend Platz im Aquarium für die Mitbewohner. Das Brutpflegerevier darf also nicht so groß sein wie das ganze Aquarium.
Wasser: Bitte die Angaben bei den einzelnen Cichlidengruppen beachten, da Cichliden – je nach ihrer Herkunft – sehr unterschiedliche Ansprüche haben.
Aggressives Verhalten: Wegen ihrer hochentwickelten Brutpflege und der damit verbundenen starken Territorialität, spielt das aggressive Verhalten eine besondere Rolle bei Cichliden. Der Aquarianer muß darauf vorbereitet sein: Oft kommt es nach einer Verpaarung wieder zum Paarbruch, bei dem meist das kleinere Weibchen vom Männchen aggressiv vertrieben wird. Reichte das Becken vorher gut für ein Paar, kann es jetzt zu klein sein. Das bedeutet: Entweder muß das Weibchen aus dem Becken entfernt werden oder man trennt die beiden Partner durch eine durchsichtige Plexiglasscheibe. Kleine gebohrte Löcher in der Scheibe sorgen für den ungehinderten Wasseraustausch zwischen den Beckenteilen. Das Paar kann sich zwar sehen, aber nicht verletzen. So gewöhnen sie sich oft wieder (oder zum ersten Mal) aneinander. Gehen aggressive Verhaltensweisen (Drohen) zurück, entfernt man probeweise die Trennscheibe. Vertragen sie sich nicht, muß man sie wieder trennen. Sehr nützlich für viele schlanke Arten sind auch eingehängte Ton- oder Plastikröhren kurz unter der Oberfläche. Sie sollten einen etwas größeren Durchmesser als der Fisch haben und etwas länger sein. Dort finden die unterdrückten Tiere Schutz und werden nicht so leicht gefunden.
Fortpflanzungsverhalten: Man unterscheidet bei den Cichliden zwischen Substrat- und Maulbrütern.
Substratbrüter, die ihre Eier offen auf einer Unterlage ablegen, nennt man Offenbrüter; Substratbrüter, die ihre Eier in Verstecken ablegen, sind Höhlenbrüter.
Sowohl Offen- als auch Höhlenbrüter betreiben Brutpflege. Die Eier z.B. werden befächelt, um Sauerstoff zuzuführen. Die geschlüpften Larven werden so lange betreut, bis der Dottersack aufgezehrt ist, die Jungfische freischwimmen und Nahrung aus dem Wasser aufnehmen. Auch danach wird die Brutpflege weitergeführt, vor allem als Schutz der Brut vor Freßfeinden. In dieser Phase kann es für Mitbewohner im Aquarium gefährlich werden, da die Eltern besonders aggressiv werden können, weil sie ihr Brutrevier vergrößern.
Maulbrüter, die sowohl ihre Eier (gleich nach, oder noch während des Ablaichens), als auch ihre Larven ins Maul nehmen, bezeichnet man als ovophile (»eierliebende«) Maulbrüter. Maulbrüter, die ihre Eier auf ein Substrat ablegen, sie bis zum Schlupf der Larven pflegen und die Larven dann ins Maul nehmen, bis sie freischwimmen, gehören zu den larvophilen (»larvenliebenden«) Maulbrütern.
Die Brutpflege endet bei manchen Arten nach dem ersten Freilassen der Jungen aus dem Maul; sie kann aber auch länger andauern, so daß die Brut bei Gefahr wieder ins schützende Elternmaul aufgenommen wird.
Verpaarung der Eltern: Es gibt unterschiedliche Formen der Paarbildung:

- Monogamie: Ein Männchen und ein Weibchen verpaaren sich.
- Polygynie: Ein Männchen verpaart sich mit vielen Weibchen.
- Polyandrie (selten): Ein Weibchen verpaart sich mit mehreren Männchen.
- Agamie: Die Partner gehen keine länger andauernde Bindung ein, sie trennen sich sofort nach dem Ablaichen.

Hinweis: In der Regel ist es am besten, wenn man einen kleinen Schwarm von 6 bis 8 Tieren einsetzt, aus dem sich dann – je nach Familienform – die Paare bzw. Harems herausbilden können.

Familienformen: Man unterscheidet:

- Elternfamilie: Beide Eltern übernehmen die gleichen Aufgaben bei der Brutpflege bzw. wechseln sich dabei ab. Meist gekoppelt mit Monogamie bei Offenbrütern.
- Vater-Mutter-Familie: Das Weibchen ist für die Brutpflege an Eiern und Larven zuständig, das Männchen verteidigt das Revier. Meist gekoppelt mit Monogamie bei Höhlenbrütern.
- Mann-Mutter-Familie: Mehrere Weibchen sind in einem Großrevier eines Männchens für die Eier und Larven zuständig, das Männchen verteidigt das Revier. Meist gekoppelt mit Polygynie bei Höhlenbrütern.
- Mutter- bzw. Vater-Familie: Nur ein Geschlecht kümmert sich um die Brut. Meist gekoppelt mit Agamie bei ovophilen Maulbrütern.
- Familie mit Brutpflegehelfern: An der Brutpflege beteiligen sich Eltern und ältere Geschwister aus früheren Gelegen.

Hinweise für die Zucht: Cichliden werden in Haltungsbecken gezüchtet. Die Jungen füttert man zusätzlich mit Artemia, Trockenfutter und anderen kleinen Futtermitteln. Spätestens, wenn die Brutpflege der Eltern nachläßt und die Jungfische 1 bis 2 Zentimeter groß sind, fängt man die Brut heraus und zieht sie in Aufzuchtbecken groß.

Zum Foto: Bei den Cichliden finden sich die ausgefallenen Verhaltensweisen nicht nur bei der Fortpflanzung (→ Text links), sondern auch bei der Beschaffung ihrer Nahrung. Ein besonders spannendes Verhalten legt der »Schläfer« aus dem Malawi-See an den Tag: der braun-weiß marmorierte Fisch liegt scheinbar leblos, oft sogar in Seitenlage am Boden, seine Färbung ähnelt dabei der eines verwesenden Fisches – eine ganz besondere Art der Tarnung. Andere Fische schwimmen arglos um ihn herum, weil sie wohl annehmen, daß es sich um eine Fischleiche handelt. Diese Arglosigkeit nutzt der Räuber, um seine Beute zu packen.

Bei den Cichliden des Tanganyika-Sees kommen bis auf die reine Vaterfamilie alle Familienformen vor. Auch im Ernährungsverhalten findet man interessante Spezialisierungen, z. B. Schuppen- und Flossenfresser.

Wissenswertes über Tanganyika-Cichliden

Haltung: Es gibt sowohl Maulbrüter als auch Substratbrüter, die meistens Höhlenbrüter sind. Für die Höhlenbrüter (ausgenommen Schneckencichliden) errichtet man im Hintergrund Felsenaufbauten, die bis zur Wasseroberfläche reichen können und auch solche Höhlen enthalten, die nur einen Zugang haben. Für die maulbrütenden Arten des Felsenbiotops schafft man viele Durchgänge in den Steinaufbauten. Cichliden des Sandbereiches (Sandcichliden, Schneckencichliden) und der freien Wasserzone (z. B. Kärpflingscichliden) brauchen Sandflächen, in die man für Schneckencichliden Weinbergschneckenhäuser setzt, bzw. viel freien Schwimmraum.

Vergesellschaftung: Tanganyika-Cichliden-Arten, die unterschiedliche Beckenbereiche bewohnen, kann man in größeren Becken gut miteinander vergesellschaften. Sandcichliden und Felsencichliden sollte man nur in sehr großen Becken zusammen halten. Falls die freien Wasserzonen nicht von Cichliden besiedelt sind, passen Regenbogenfische gut zu den kleineren *Lamprologus-*, *Neolamprologus-* und *Julidochromis*-Arten.

Wasser: Alle Tanganyika-Cichliden fühlen sich in mittelhartem bis hartem, leicht alkalischem (pH 7,5–9) Wasser wohl. Saures Wasser vertragen sie nicht.

Schneckenbuntbarsch, *Lamprologus ocellatus*
6 cm. Becken: 50 cm. Bereich: Unten. Wasser: pH 7,5–9; mittelhart bis hart; 25–27 °C. Haltung: Große Schneckenhäuser z. B. von Weinbergschnecken, für jedes (!) Tier mindestens eines. Die Fische graben die Häuser selbst ein! Futter: Kleineres Lebend- und Trockenfutter. Geschlechtsunterschiede: Die kleineren Weibchen mit weißem, Männchen mit gelbem Rückenflossensaum. Zucht: Vater-Mutter-Familie. Etwa 9 Tage nach Eiablage erscheinen die Jungen. Anfüttern mit Artemia. Biotop: Im Sandbiotop liegende Schneckenhäuser. Ähnliche Arten: *Neolamprologus brevis*, 6 cm; *N. multifasciatus*, 4 cm.

Perlhuhn-Nanderbuntbarsch, *Altolamprologus calvus*
14 cm. Becken: 100 cm. Bereich: Mitte. Wasser: pH 7,5–9; mittelhart bis hart; 25–27 °C. Haltung: Felsenaquarium mit engen Spalten, keine geräumigen Höhlen; ersatzweise große Meeresschneckenhäuser. Vergesellschaftungstip: Andere Tanganyika-Cichliden, auch lebhafte Arten (*A. calvus* legt seine Scheu dann eher ab). Futter: Insektenlarven, Jungfische, Mysis, größere Kleinkrebse. Kein Trockenfutter. Geschlechtsunterschiede: Männchen größer. Zucht: Höhlenbrüter. Vater-Mutter-Familie. Laichhöhle muß einen langen, schmalen Eingang haben. Anfüttern der langsam wachsenden Jungen mit Artemia. Biotop: Im sedimentreichen Felsenbiotop, vor allem an Stellen mit engen Ritzen. Ähnliche Art: *A. compressiceps*, 15 cm.

Prinzessin von Burundi, *Neolamprologus brichardi*
10 cm. Becken: 80 cm. Bereich: Mitte. Wasser: pH 7,5–9; mittelhart bis hart; 25–27 °C. Haltung: Felsen mit Höhlen, freier Schwimmraum im Vordergrund. Paarweise halten. Vergesellschaftungstip: Cichliden aus anderen Biotopen, z. B. Sandcichliden. Futter: Lebend- und Trockenfutter. Geschlechtsunterschiede: Männchen etwas größer. Zucht: Höhlenbrüter mit Brutpflegehelfern. Anfüttern mit Artemia und Trockenfutter. Biotop: Sedimentbedeckter Felsenbereich, über dem die Tiere im freien Wasser Zooplankton fressen, zwischen den Felsnischen aber brüten. Ähnliche Art: *N. marunguensis* (Foto, → Seite 11).

Tanganyika-Goldcichlide, *Neolamprologus longior*
10 cm. Becken: 80 cm. Bereich: Unten, Mitte. Wasser: pH 7,5–9; mittelhart bis hart; 25–27 °C. Haltung: Felsen mit Höhlen. Paarweise halten. Vergesellschaftungstip: Tanganyika-Cichliden mit anderen Biotopansprüchen, z. B. Kärpflingscichliden, Schneckencichliden. Futter: Lebend- und Trockenfutter. Die schöne gelbe Farbe bleibt nur bei abwechslungsreicher Fütterung. Geschlechtsunterschiede: Alte Männchen mit kleinem Stirnbuckel. Zucht: Höhlenbrüter mit Vater-Mutter-Familie. Anfüttern mit Artemia. Biotop: Versteckt zwischen den Ritzen der Höhlen des sedimentreichen Felsenbiotops. Ähnliche Arten: *N. leleupi*, 10 cm; *N. cylindricus*, 12 cm. Aus der Gattung *Neolamprologus* stammen noch viele weitere, häufig gepflegte Tanganyika-Cichliden. Viele werden jedoch größer als *N. longior*, z. B. *N. tretocephalus* oder *N. sexfasciatus* – beide etwa 15 cm. Diese größeren Arten muß man in Becken ab 100 cm halten. Sie brauchen auch größere und geräumigere Höhlen sowie kräftigeres Futter als *N. longior*.

Moorii, *Tropheus moorii*
Etwa 12 cm. Becken: 150 cm (!). Bereich: Alle. Wasser: pH 7,5–9; mittelhart bis hart; 25–28 °C. Haltung: Felsenaquarium mit Durchgängen. 6–10 Tiere halten, die Rangordnung ausbilden. Nie mehr Männchen als Weibchen. Keine Tiere aus der Gruppe zeitweise entfernen, keine anderen dazusetzen! Vergesellschaftungstip: Nur Cichliden mit gleichen Futteransprüchen. Futter: Ballaststoffreiche Kost. Nie Rote Mückenlarven, Tubifex, Rinderherz! Geschlechtsunterschiede: Kaum erkennbar. Zucht: Maulbrüter mit Mutterfamilie. Anfüttern mit Artemia. Besonderes: Von *T. moorii* gibt es viele Farbformen. Biotop: Im sedimentfreien Felsenbereich bis 3 m Tiefe. Ähnliche Art: Weißpunktbuntbarsch (*T. duboisi*), auch paarweise zu halten.

Gelber Schlankcichlide, *Julidochromis ornatus*
8 cm. Becken: 60 cm. Bereich: Unten, Mitte. Wasser: pH 7,5–9; mittelhart bis hart; 25–27 °C. Haltung: Felsenbecken mit Höhlen. Paarweise halten. Bei Unverträglichkeit einen Partner herausfangen, er könnte sonst getötet werden. Veränderungen im Becken können ein harmonisierendes Paar »brechen«. Vergesellschaftungstip: Andere Tanganyika-Cichliden, Regenbogenfische. Futter: Kleines Lebend- und Trockenfutter. Geschlechtsunterschiede: Weibchen etwas größer. Zucht: Wie *Neolamprologus brichardi*. Höhlenbrüter mit Brutpflegehelfern. Biotop: Flach abfallende Felsküste. Ähnliche Arten: Andere *Julidochromis*-Arten.

Tanganyika-Clown, *Eretmodus cyanostictus*
20 cm. Becken: 100 cm. Bereich: Unten. Wasser: pH 7,5–9; mittelhart bis hart; 25–27 °C. Haltung: Felsenzone mit vielen Verstecken in Bodennähe. Nicht verpaarte Tiere sind untereinander äußerst aggressiv. Futter: Ballaststoffreiche, pflanzliche Kost, Kleinkrebse, Mückenlarven (keine Roten). Geschlechtsunterschiede: Nicht erkennbar. Zucht: Ovophiler Maulbrüter mit Eltern-Familie. Maulbrutpflege zuerst durch Weibchen, nach etwa 12 Tagen durch Männchen. Anfüttern mit kleinem Lebendfutter. Biotop: Flache Geröllbereiche in der Uferregion. Ähnliche Art: *Tanganicodus irascae*, 7 cm, keine pflanzliche Kost nötig.

Gelbe Sandcichliden bewohnen im Tanganyika-See Sandbodenbereiche, die oft auch zwischen Felsen liegen.

Gelber Sandcichlide, *Xenotilapia flavipinnis*
8–10 cm. Becken: 80 cm. Bereich: Unten. Wasser: pH 7,5–9; mittelhart bis hart; 25–27 °C. Haltung: Becken mit Sandboden, im Hintergrund auch wenige Steine und Pflanzen. Aus mehreren Tieren finden sich nach einiger Zeit Paare, die kleine Reviere verteidigen. In größeren Becken (ab 120 cm) ist Platz für mehrere Paare. Vergesellschaftungstip: Cichliden des freien Wassers oder der Felsenzone. Futter: Kleineres Lebendfutter. Geschlechtsunterschiede: Bei Männchen Gelbtöne intensiver. Zucht: Ovophiler Maulbrüter mit Eltern-Familie. Nach dem Ablaichen übernimmt zuerst das Weibchen die Maulbrutpflege und übergibt nach etwa 8 Tagen die Eier dem Männchen, das nun die Brutpflege weiter betreibt. Nach dem Freischwimmen betreuen beide Eltern die Jungen. Anfüttern mit Artemia. Biotop: Sandbodenbereiche, die oft auch zwischen Felsengruppen liegen. Ähnliche Arten: Andere *Xenotilapia*-Arten, aber auch *Enantiopus*- und *Callochromis*-Arten; benötigen oft größere Becken; sind meist ovophile Maulbrüter mit Mutter-Familie.

Zitronenschwanz-Kärpflingscichlide,
Cyprichromis leptosoma
14 cm. Becken: 150 cm. Bereich: Mitte, oben. Wasser: pH 7,5–9; mittelhart bis hart; 25–27 °C. Haltung: Sandboden, sehr viel freier Schwimmraum. In Gruppen (mehr Weibchen). Futter: Keine Roten Mückenlarven, sondern Kleinkrebse, andere Mückenlarven, vitaminisiertes Trockenfutter. Geschlechtsunterschiede: Männchen intensiver gefärbt. Zucht: Ovophiler Maulbrüter mit Mutter-Familie. Anfüttern mit Artemia. Besonderes: Schlechte Wasserpflege und einseitige Fütterung können zur Erblindung führen. Biotop: Freies Wasser über Felsen.

Pflegetips für weitere Arten

Neolamprologus buescheri
7 cm. Becken: 60 cm. Bereich: Unten, Mitte. Wasser: pH 7,5–9; mittelhart bis hart; 26–27 °C. Höhlenbrüter mit Vater-Mutter-Familie.

Großer Fadenmaulbrüter, *Cyathopharynx furcifer*
20 cm. Becken: 180 cm. Bereich: Unten, Mitte. Wasser: pH 7,5–9; mittelhart bis hart; 26–27 °C. Mehrere Weibchen mit einem Männchen halten. Sandboden mit nur wenigen großen Steinen und Pflanzen im Hintergrund. Maulbrüter mit Mutter-Familie.

Tanganyika-Buckelkopf, *Cyphotilapia frontosa*
30 cm. Becken: 150 cm. Bereich: Unten, Mitte. Wasser: pH 7,5–9; 26–27 °C. Ruhige Großcichliden. Ein Männchen mit mehreren Weibchen halten. Garnelen und Fischfleisch füttern. Maulbrüter mit Mutter-Familie.

Maskencichlide, *Chalinochromis brichardi*
12 cm. Becken: 80 cm. Bereich: Unten, Mitte. Wasser: pH 7,5–9; mittelhart bis hart; 26–27 °C. Höhlenbrüter (→ Foto, Seite 34).

Magara-Schneckencichlide, *Neolamprologus calliurus*
8 cm. Becken: 60 cm. Bereich: Unten, Mitte. Wasser: pH 7,5–9; mittelhart bis hart; 26–27 °C. Polygyner Schneckencichlide; nur die kleinen Weibchen passen ins Schneckenhaus (→ Foto, Seite 34).

Malawi-Cichliden

Im Malawi-See leben schätzungsweise 500 Cichliden-Arten. Damit beherbergt dieser ostafrikanische große Grabenbruchsee, der rund 600 km lang, aber nur 85 km breit ist, wohl die größte Artenvielfalt.

Wissenswertes über Malawi-Cichliden

Haltung: Die meisten, häufig gepflegten Arten stammen aus den Felsregionen des Malawi-Sees. Diese Felsencichliden, auch Mbuna genannt, hält man in Becken mit Felsaufbauten, die im Hintergrund bis zur Wasseroberfläche reichen. Da alle Arten Maulbrüter sind, brauchen sie keine geschlossenen Höhlen für die Ablage der Eier. Die Steine sollten so gestapelt sein, daß durchgängige Höhlen entstehen. Das heißt, ein Fisch, der vorne in die Höhle hineinschwimmt, soll an einer anderen Stelle wieder herauskönnen. Wie im Tanganyika-See gibt es aber auch Sandcichliden und Cichliden, die im freien Wasser leben (Utaka). Beide Arten benötigen keine Felsenaufbauten.

Fortpflanzungsverhalten: Alle endemischen Cichliden aus dem Malawi-See sind ovophile Maulbrüter mit Mutter-Familie (Seite 111). Es ist aber nicht so, daß sich alle Arten gleich verhalten: Es werden alle Möglichkeiten dieses Fortpflanzungsverhaltens ausgeschöpft. So gibt es Arten, die ihre Jungen nach dem ersten Entlassen aus dem Maul nicht mehr weiterpflegen, aber auch solche, die sie wieder ins Maul nehmen. Bei anderen Arten schließen sich die Mütter zu »Kinderbetreuungsgruppen« zusammen. Schließlich gibt es sogar Arten, die ihren Nachwuchs brutpflegenden großen räuberischen Welsen unterschieben. Die Cichlidenjungen werden in den Jungfischschwarm dieser Welse integriert und genießen so den Schutz der großen Wels-Elterntiere.

Futter: Mbuna brauchen ballaststoffreiches Futter in Form von pflanzlichem Trockenfutter und Kleinkrebsen. Bei allen Arten intensivieren sich die Rottöne durch die Fütterung mit Kleinkrebsen. Andere Cichliden des Malawi-Sees sind mit allen mittelgroßen bis großen Futtermitteln zu ernähren.

Vergesellschaftung: Cichliden aus unterschiedlichen Biotopen lassen sich nur in sehr großen Becken (ab 150 cm) vergesellschaften. Pflegt man darin neben Felsencichliden auch Arten, die an Sandflächen oder an das Leben im freien Wasser angepaßt sind, muß man natürlich für genügend freie Flächen und Schwimmraum im Becken sorgen. Mbuna sind untereinander aggressiv. Wenn man sie mit anderen Mbuna-Arten oder vielen Artgenossen vergesellschaftet, verteilt sich die Aggressivität besser. Von allen Arten pflegt man immer ein Männchen mit mehreren Weibchen.

Wasser: Alle Malawi-Cichliden brauchen mittelhartes bis hartes, alkalisches (pH 7,5 bis 8,5) Wasser. Keine Wurzeln verwenden, da sie das Wasser ansäuern.

Bestechend schön sind die tiefblauen Männchen der Azur-Cichliden. Die Weibchen dagegen sind unscheinbar grau. Voll zur Geltung kommt die Schönheit dieser Fische erst in einem großen Aquarium.

Azur-Cichlide, *Sciaenochromis ahli*

Etwa 16 cm. Becken: 150 cm. Bereich: Unten, Mitte. Wasser: pH 7,5–8,5; mittelhart bis hart; 25–28 °C. Haltung: Felsenaquarium mit geräumigen durchgängigen Höhlen, aber auch Schwimmraum. Ein Männchen mit mehreren Weibchen halten. Räuberische Art. Vergesellschaftungstip: Utaka-Cichliden, Sandcichliden, andere ruhige Arten aus dem Malawi-See, Welse. Nicht mit kleinen Fischen halten. Futter: Kräftiges Lebendfutter, vor allem Krebstiere. Geschlechtsunterschiede: Weibchen unscheinbar grau, Männchen tiefblau. Zucht: Ovophiler Maulbrüter mit Mutter-Familie. Anfüttern mit kleinen Wasserflöhen und Trockenfutter. Besonderes: Dieser Fisch kommt in zwei Farbvarianten vor, die eine besitzt eine weiße Stirnblesse, die andere nicht. Biotop: Übergangszone zwischen felsigem und sandigem Bereich. Ähnliche Art: *Tyrannochromis fuscotaeniatus*, 25 cm, Becken ab 200 cm, ebenfalls räuberische Art. Hinweis: Früher wurde dieser Cichlide fälschlicherweise als *»Haplochromis« jacksoni* bezeichnet, diese Bezeichnung taucht auch heute noch im Handel auf.

Kadango-Utaka, *Copadichromis spec.* »Kadango«
Etwa 14 cm. Becken: 120 cm. Bereich: Unten, Mitte. Wasser: pH 7,5–8,5; mittelhart bis hart; 25–28 °C. Haltung: Sandboden, wenig Felsen, Pflanzen. Ausreichender Schwimmraum! Ein Männchen mit mehreren Weibchen halten. Futter: Lebend- und Trockenfutter, vor allem Kleinkrebse. Geschlechtsunterschiede: Weibchen unscheinbar gefärbt. Zucht: Ovophiler Maulbrüter mit Mutter-Familie. Anfüttern mit Artemia. Biotop: Zooplanktonfresser des freien Wassers (Utaka). Sexuell aktive Tiere auf in Sandnähe liegenden Felsen, auf denen Männchen Sandnest errichten. Ähnliche Arten: Andere Utaka, zum Beispiel *C. borleyi*.

Messerbuntbarsch, *Dimidiochromis compressiceps*
24 cm. Becken: 180 cm. Bereich: Mitte. Wasser: pH 7,5–8,5; mittelhart bis hart; 25–28 °C. Haltung: Becken mit Felsenbereichen, dazu als Rückzugsmöglichkeit langblättrige, hohe Pflanzen, z. B. Vallisnerien. Vergesellschaftungstip: Am besten mit Utaka- und Sandcichliden aus dem Malawi-See, Welse, keine kleinen Fische. Futter: Kräftiges Lebendfutter. Geschlechtsunterschiede: Männchen farbiger, Weibchen unscheinbar. Zucht: Ovophiler Maulbrüter mit Mutter-Familie. Anfüttern mit Artemia, auch Trockenfutter. Biotop: Bereiche mit Wasserpflanzenwuchs, v. a. Vallisnerien, auch Schilf. Lauern dort mit dem Kopf schräg nach unten auf Beutefische. Fressen öfter auch Augen von Karpfenfischen. Hinweis: Der Messerbuntbarsch hatte lange Zeit einen schlechten Ruf als augenfressender Buntbarsch. Im Rahmen von Freilandbeobachtungen vorgenommene Untersuchungen des Mageninhalts haben gezeigt, daß dieser Fisch tatsächlich Augen anderer Fische frißt. Die Augen sind aber nicht Hauptbestandteil seiner Nahrung, sondern werden nur als »leckeres Zubrot« genommen. Außerdem werden wohl nur Augen bestimmter Nicht-Cichliden gefressen. Dieses Zubrot verschafft sich der Fisch mit einiger Sicherheit nur im Freiland, denn im Aquarium hat man dieses Ernährungsverhalten noch nicht beobachtet.

Feenbuntbarsch, *Aulonocara jacobfreibergi*
12 cm. Becken: 120 cm. Bereich: Unten, Mitte. Wasser: pH 7,5–8,5; mittelhart bis hart; 25–28 °C. Haltung: Becken mit geräumigen durchgängigen Höhlen. Ein Männchen mit mehreren Weibchen pflegen. Vergesellschaftungstip: Nur ruhige Cichliden des Malawi-Sees (keine Mbuna), Welse. Futter: Lebend- und Trockenfutter, vor allem Krebstiere. Geschlechtsunterschiede: Weibchen unscheinbar blaß. Zucht: Ovophiler Maulbrüter mit Mutter-Familie. Anfüttern mit Artemia und Trockenfutter. Biotop: Grotten im Überhang zwischen der Fels- zur Sandzone. In größeren Höhlen auch viele Männchen, von denen immer nur eines ausgefärbt ist. Ähnliche Arten: Weitere *Aulonocara*-Arten.

Malawi-Zebrabuntbarsch, *Pseudotropheus zebra*
Etwa 12 cm. Becken: 120 cm. Bereich: Alle. Wasser: pH 7,5–8,5; mittelhart bis hart; 25–28 °C. Haltung: Felsenbecken mit durchgängigen Höhlen. Ein Männchen mit mehreren Weibchen halten. Futter: Ballaststoffreiches Lebend- und Trockenfutter. Geschlechtsunterschiede: Weibchen oft andere Färbung, schwache oder fehlende Eiflecken in der Afterflosse. Zucht: Ovophile Maulbrüter mit Mutter-Familie. Anfüttern mit Artemia und Trockenfutter. Besonderes: Viele verschiedene Populationen mit unterschiedlicher Färbung. Biotop: Felsenbiotope, die frei von Sediment sind (Aufwuchs nicht von feinen Partikeln überlagert). Ähnliche Art: *P. aurora*, 13 cm.

Gelber Labidochromis, *Labidochromis spec.* »yellow«
10 cm. Becken: 80 cm. Bereich: Alle. Wasser: pH 7,5–8,5; mittelhart bis hart; 25–28 °C. Haltung: Felsenaquarien. Ein Männchen mit mehreren Weibchen pflegen. Vergesellschaftungstip: In Becken ab 100 cm andere kleinere Malawi-Cichliden, Welse oder Schwarmfische (z. B. Regenbogenfische). Futter: Kleines Lebend- und Trockenfutter. Geschlechtsunterschiede: Männchen mit kleinem Stirnbuckel. Zucht: Ovophile Maulbrüter mit Mutter-Familie. Anfüttern mit Artemia. Biotop: In Tiefen von 15 bis 20 m in einem durch mittlere bis große Felsen gekennzeichneten Bereich. Ähnliche Arten: Andere *Labidochromis*-Arten.

Malawi-Schneckenbuntbarsch, *Pseudotropheus lanisticola*
6–7 cm. Becken: 80 cm. Bereich: Unten, Mitte. Wasser: pH 7,5–8,5; mittelhart bis hart; 25–28 °C. Haltung: Sandboden, große Weinbergschneckenhäuser, auch Felsen. Ein Männchen mit mehreren Weibchen halten. Futter: Kleinkrebse, anderes kleines Lebend- und Trockenfutter. Geschlechtsunterschiede: Kaum vorhanden; Weibchen oft ohne Eiflecken oder mit Flecken ohne schwarzen Hof. Zucht: Maulbrüter mit Mutter-Familie. Anfüttern mit Artemia und Trockenfutter. Biotop: Sandboden mit leeren Schneckenhäusern, meist in tieferem Wasser.

Melanochromis johannii
12 cm. Becken: 100 cm. Bereich: Alle. Wasser: pH 7,5–8,5; mittelhart bis hart; 25–28 °C. Haltung: Felsenaquarium. Ein Männchen mit mehreren Weibchen pflegen. Vergesellschaftungstip: Andere Mbuna. Futter: Ballaststoffreiches Lebend- und Trockenfutter. Geschlechtsunterschiede: Weibchen und Jungtiere gelb, dominante Männchen tiefschwarz mit hellen Flecken. Zucht: Ovophiler Maulbrüter mit Mutterfamilie. Anfüttern mit Artemia und Trockenfutter. Biotop: Felsenküste im Übergangsbereich zwischen der sedimentfreien und sedimentreichen Zone. Ähnliche Arten: Türkisgoldbuntbarsch (*M. auratus*), 12 cm; *M. chipokae*, 15 cm (Becken ab 150 cm).

Gestreckter Schabemund-Mbuna, *Labeotropheus trewavasae*
Etwa 12 cm. Becken: 120 cm. Bereich: Alle. Wasser: pH 7,5–8,5; weich bis mittelhart; 25–28 °C. Haltung: Felsenaquarium. Ein Männchen mit mehreren Weibchen pflegen. Vergesellschaftungstip: Andere Mbuna. Futter: Ballaststoffreiches Lebend- und Trockenfutter. Geschlechtsunterschiede: Weibchen kleine oder keine Eiflecken in der Afterflosse. Zucht: Ovophiler Maulbrüter mit Mutter-Familie. Anfüttern mit Artemia. Besonderes: Verschiedene Populationen mit unterschiedlicher Färbung. Biotop: Felsiger Bereich, auf dem Sediment abgelagert ist, mit vielen Spalten und Lücken. Ähnliche Art: *L. fuelleborni.*

Pflegetips für weitere Arten

Placidochromis electra
16 cm. Becken: 150 cm. Bereich: Unten, Mitte. Wasser: pH 7,5–8,5; mittelhart bis hart; 25–28 °C. Sandboden. Ovophiler Maulbrüter.

Pseudotropheus »acei«
12 cm. Becken: 120 cm. Bereich: Unten, Mitte. Wasser: pH 7,5–8,5; mittelhart bis hart; 25–28 °C. Felsenbecken mit viel freiem Schwimmraum.

Pseudotropheus elongatus
10–12 cm. Becken: 120 cm. Bereich: Alle. Wasser: pH 7,5–8,5; mittelhart bis hart; 25–28 °C. Mbuna-Art, die – je nach Population – sehr aggressiv sein kann.

Schläfer, *Nimbochromis livingstonii*
25 cm. Becken: 150 cm. Bereich: Unten, Mitte. Wasser: pH 7,5–8,5; mittelhart bis hart; 25–28 °C. Räuberische Art, die, in der Natur auf der Seite liegend und mit auffälliger Fleckenzeichnung, ihrer Beute, jungen Cichliden, auflauert. Das Verhalten wird als Nachahmung eines verwesenden Fisches interpretiert. Vergesellschaftung mit großen Arten problemlos.

Protomelas fenestratus
14 cm. Becken: 120 cm. Bereich: Unten, Mitte. Wasser: pH 7,5–8,5; mittelhart bis hart; 25–28 °C. Friedliche, sehr empfehlenswerte Art. Nicht mit robusten Mbunas vergesellschaften.

Gephyrochromis moorii
12 cm. Becken: 120 cm. Bereich: Unten, Mitte. Wasser: pH 7,5–8,5; Mittelhart bis hart; 25–28 °C. Freier Schwimmraum, Sandboden, Felsen nur im Hintergrund.

10 Weitere afrikanische Cichliden

Damit sind jene Arten gemeint, die nicht aus einem der beiden großen See – Malawi- oder Tanganyika-See – stammen. Ihr jeweiliges Verbreitungsgebiet ist unter dem Stichwort »Biotop« angegeben.

Wissenswertes über afrikanische Cichliden

Die Flüsse und Seen Afrikas beherbergen eine Vielfalt an Cichliden, die nur mit der Vielfalt der Flußcichliden in Südamerika verglichen werden kann. Dieser Reichtum an Arten ist in Afrika heute jedoch – wie vielerorts – bedroht. Ein gravierendes Beispiel dafür ist der Viktoria-See: Mit seiner Ausdehnung von fast 69000 km² ist er der größte See Afrikas und beherbergt mehrere hundert Cichliden-Arten. Ein großer Teil dieser Arten ist zum Aussterben verurteilt. Die Ursachen hierfür sind nicht eine zu starke Fischerei durch Einheimische oder der Aquarienfischexport. Vielmehr sind sie zu suchen im Einsetzen fremder Fische: Wegen seiner Größe (bis 2 m) wurde der Nilbarsch (*Lates niloticus*) eingesetzt, der als großer Räuber das empfindliche Gleichgewicht der vielen kleinen Arten gestört hat.

Haltung: Die kleineren Arten lassen sich alle gut in bepflanzten, mit Wurzeln und kleinen Höhlen ausgestatteten Becken halten und auch züchten.

Ein Becken für große Arten richtet man mit großen Steinplatten und Wurzeln so ein, daß Unterstände und Rückzugsmöglichkeiten für schwächere Tiere entstehen. Robuste großblättrige Pflanzen werden am Wurzelhals mit Kieselsteinen umlegt, und so vor dem Ausgraben geschützt. Für einige Arten ist eine Bepflanzung ungeeignet, da sie ausgesprochene Pflanzenfresser sind (*Tilapia*).

Vergesellschaftung: Die meisten Arten sind auch während der Brutpflege nicht zu ruppig und können mit Welsen und Schwarmfischen des oberen Beckenbereichs vergesellschaftet werden. Allerdings gibt es auch ausgesprochene Rauhbeine, nämlich die Roten Cichliden, sowie größere Arten aus der *Tilapia*-Verwandtschaft, die während der Brutpflege sehr aggressiv werden können und große Platzansprüche stellen. Vergesellschaftung dieser Rauhbeine nur mit robusten anderen großen Arten, auch mit größeren Welsen.

Wasser: Bis auf einige Zwergbuntbarsche aus den Gattungen *Nanochromis* und *Pelvicachromis* sind alle Arten mit mittelhartem und schwach saurem bis leicht alkalischem (pH 6 bis 7,5) Wasser zufrieden. Viktoriasee-Cichliden bevorzugen alkalisches (pH 7,5 bis 8,5) Wasser.

Hinweis: Am Ende der Steckbriefe (Seite 124) – als Außenseiter – ist der Indische Buntbarsch (*Etroplus maculatus*) zu finden, ein Vertreter der in Asien sehr wenig verbreiteten Cichliden.

Purpur-Prachtbuntbarsch,
Pelvicachromis pulcher

10 cm. Becken: 60 cm. Bereich: Unten, Mitte. Wasser: pH 5–7,5; weich bis hart; 25–28 °C. Haltung: Dunkel eingerichtete Becken mit Pflanzen, Wurzeln und kleinen Höhlen. Vergesellschaftungstip: Schwarmfische des oberen Bereichs, in Becken ab 100 cm andere kleinere Cichliden. Futter: Alle kleineren Futtersorten. Geschlechtsunterschiede: Weibchen kleiner, Rückenflosse glänzend. Zucht: Höhlenbrüter mit Vater-Mutter-Familie. Anfüttern mit Artemia und Trockenfutter. Besonderes: Es gibt verschiedene Farbschläge von *P. pulcher*, die z. T. weicheres, saures Wasser benötigen. Biotop: Flache Bereiche mit Fallaub, Holzgestrüpp und Pflanzen in leicht fließenden, selten in stehenden Gewässern, Südnigeria.

Günthers Prachtbuntbarsch kommt in verschiedenen Populationen vor, die auch unterschiedliche Endgrößen erreichen. Diese Art gehört zu den wenigen Maulbrütern im männlichen Geschlecht, das heißt, Eier und Dottersacklarven werden vom Vater erbrütet.

Günthers Prachtbuntbarsch, *Chromidotilapia guntheri*
12–16 cm. Becken: 80 cm. Bereich: Unten, Mitte. Wasser: pH 6–7,5; weich bis hart; 24–28 °C. Haltung: Becken mit feinem Bodengrund, Kieselsteinen und Wurzeln. Leichte Strömung empfehlenswert. Vergesellschaftungstip: In Becken ab 100 cm *Pelvicachromis*-Arten, lebhafte Schwarmfische des oberen Bereichs. Durch die Vergesellschaftung sind die Tiere nicht so scheu. Futter: Lebend- und Trockenfutter aller Art. Geschlechtsunterschiede: Weibchen kleiner, Rückenflosse glänzend. Zucht: Ovophiler Maulbrüter. Eier und Dottersacklarven werden vom Vater erbrütet. Nach Freischwimmen der Jungen kümmern sich beide Eltern um die Brut. Anfüttern mit Artemia. Biotop: In den unterschiedlichsten Biotopen, meistens aber in Fließgewässern über sandigem oder kiesigem Grund, Westafrika, von Ghana bis Kamerun. Ähnliche Arten: *C. finleyi*, 12 cm und *C. batesii*, 12 cm. Von beiden Arten gibt es mehrere, unterschiedlich gefärbte Populationen. Die Arten unterscheiden sich auch im Brutpflegeverhalten. *C. finleyi* ist ein ovophiler Maulbrüter, bei dem sich beide Eltern oft sogar mehrmals täglich die Eier übergeben und die Brut später gemeinsam führen. *C. batesii* ist ein larvophiler Maulbrüter. Beide Arten haben höhere Ansprüche an die Wasserqualität als *C. guntheri* und bevorzugen weiches, leicht saures Wasser.

Smaragd-Prachtbuntbarsch, *Pelvicachromis taeniatus*
8,5 cm. Becken: 60 cm. Bereich: Unten, Mitte. Wasser: pH 6–7,5; weich bis mittelhart; 25–28 °C. Haltung: Dunkle Einrichtung, kleine Höhlen, Pflanzen. Leichte Strömung. Vergesellschaftungstip: Schwarmfische des oberen Bereichs. Futter: Abwechslungsreich, kleines Lebend- und Trockenfutter. Geschlechtsunterschiede: Männchen größer, Flossen lang ausgezogen. Zucht: Höhlenbrüter mit Vater-Mutter-Familie. Anfüttern mit Artemia. Besonderes: Verschiedene Populationen, die z. T. weiches, saures Wasser benötigen. Biotop: Uferbereiche mit Fallaub und Holzgestrüpp meist klarer Fließgewässer, Kamerun, Ostnigeria.

Nanochromis transvestitus
6 cm. Becken: 50 cm. Bereich: Unten. Wasser: pH 5,0–6,5; weich bis mittelhart; 27–29 °C. Haltung: Dunkle Einrichtung mit Holzwurzeln und kleinen Höhlenverstecken. Vergesellschaftungstip: Mit kleinen Salmlern, Killifischen und anderen, die den oberen Bereich bevölkern. Futter: Kleines Lebend- und Trockenfutter. Abwechslungsreich. Geschlechtsunterschiede: Weibchen bunter, kleiner, mit gestreifter Schwanzflosse. Zucht: Höhlenbrüter mit Vater-Mutter-Familie. Wasser weich, sehr sauer (pH 4,5 bis 5,5). Biotop: In flachem, z. T. felsigem Uferbereich des Schwarzwassergebietes um den Maj-Ndombe-See, Zaïre.

Rote Cichliden, *Hemichromis spec.*
Etwa 10 cm. Becken: 80 cm. Bereich: Unten, Mitte. Wasser: pH 6–7,5; weich bis hart; 24–28 °C. Haltung: Dunkle Einrichtung, robuste Pflanzen, Wurzeln. Aggressive Art. Vergesellschaftungstip: In Becken ab 120 cm mit gleichgroßen Cichliden. Futter: Lebend- und Trockenfutter. Geschlechtsunterschiede: Kaum vorhanden. Weibchen wirken runder, etwas kleiner. Zucht: Offenbrüter mit Eltern-Familie. Anfüttern mit Artemia und Trockenfutter. Besonderes: Wird meist als *H. lifalili* angeboten. Biotop: Die verschiedenen Arten kommen in sumpfigen Kleingewässern und klaren Bächen West- und Zentralafrikas vor.

Afrikanischer Schmetterlings-Buntbarsch, *Anomalochromis thomasi*
8 cm. Becken: 60 cm. Bereich: Unten, Mitte. Wasser: pH 6–7,5; weich bis mittelhart; 24–28 °C. Haltung: Dunkel eingerichtete Becken mit Pflanzenwuchs, kleinen Wurzeln und offenen Flächen mit Kieselsteinen. In hellen Becken kommt die zarte Schönheit dieser Fische nicht zur Geltung. Vergesellschaftungstip: Schwarmfische des oberen Bereichs; in Becken ab 100 cm auch mit höhlenbrütenden Zwergcichliden (z. B. *Pelvicachromis*-Arten). Futter: Kleines Lebend- und Trockenfutter. Geschlechtsunterschiede: Sind oft auch bei ausgewachsenen Fischen schwer zu erkennen. Weibchen kleiner, etwas intensiver gefärbt. Zucht: Offenbrüter mit Elternfamilie. Wasser weich, leicht sauer (pH 6 bis 6,5). Anfüttern mit Artemia. Eltern vertragen sich oft schlecht, so daß es zum Paarbruch kommt. Wiederverpaarung versuchen mit Trennscheibenmethode (→ Seite 110, Stichwort »Aggressives Verhalten«. Biotop: Kleine, klare Fließgewässer in Wald- und Buschlandschaften von Sierra Leone und Liberia. Hinweis: Früher hieß die Art *Pelmatochromis thomasi*.

Buckelkopfbuntbarsch,
Steatocranus casuarius
Etwa 12 cm. Becken: 80 cm. Bereich: Unten. Wasser: pH 6,5–8; weich bis hart; 24–27 °C. Haltung: Becken mit Steinhöhlen. Anspruchslose Art. Paarweise halten. Vergesellschaftungstip: In Becken ab 100 cm Schwarmfische des oberen Bereichs, robuste Cichliden. Futter: Lebend- und (auch pflanzliches) Trockenfutter aller Art. Geschlechtsunterschiede: Männchen größer, Buckel größer. Zucht: Höhlenbrüter, bei dem sich beide Eltern an der Brutpflege beteiligen können. Biotop: Zwischen Steinen in Stromschnellen des unteren Zaïre, Zentralafrika. Ähnliche Art: Zwergbuckelkopf (*S. spec. aff. ubanguiensis*), 7 cm, gut für kleine Becken ab 50 cm geeignet (Foto, → Seite 35).

Joka-Tilapie, *Tilapia joka*
20 cm. Becken: 120 cm. Bereich: Unten, Mitte. Wasser: pH 6–7,5; weich bis mittelhart; 25–27 °C. Haltung: Dunkle Einrichtung, Höhlen, Wurzeln, robuste Pflanzen. Ruhige Art. Vergesellschaftungstip: Andere ruhige Cichliden, Welse. Futter: Pflanzliche und tierische Nahrung. Geschlechtsunterschiede: Erwachsene Männchen dunkelgrau mit weißgrauen Schwanzflossenverlängerungen. Zucht: Versteckbrüter in geräumigen Höhlen. Anfüttern mit Artemia und Trockenfutter. Biotop: Versteckreiche Uferböschungen in kleineren, klaren Fließgewässern, Sierra Leone, Liberia.

Pracht-Zwergmaulbrüter, *Pseudocrenilabrus nicholsi*
7 cm. Becken: 60 cm. Bereich: Unten, Mitte. Wasser: pH 6,5–7,5; mittelhart bis hart; 23–26 °C. Haltung: Bepflanzte Becken, freier Schwimmraum, feinkörniger Bodengrund. Ein Männchen mit mehreren Weibchen halten. Vergesellschaftungstip: Etwa gleichgroße Fische. Futter: Vor allem Kleinkrebse, anderes Lebend-, Trockenfutter. Geschlechtsunterschiede: Männchen farbenprächtiger, etwas größer. Zucht: Maulbrüter mit Mutter-Familie. Weibchen isolieren. Anfüttern mit Artemia. Biotop: Südliches Zaïre-System von Upemba-Seen bis Ankoro. Ähnliche Art: Vielfarbiger Maulbrüter (*P. multicolor*), 8 cm.

»Haplochromis« nigricans
Etwa 12 cm. Becken: 100 cm. Bereich: Unten, Mitte; pH 7,5–8,5; mittelhart bis hart; 24–28 °C. Haltung: Becken mit Steinen und Pflanzen. Ein Männchen mit vielen Weibchen halten. Vergesellschaftungstip: Andere Cichliden aus dem Viktoria-See, Welse. Futter: Lebend- und Trockenfutter. Geschlechtsunterschiede: Weibchen kleiner, farbloser. Zucht: Maulbrüter mit Mutter-Familie. Weibchen isolieren. Anfüttern mit Artemia. Biotop: Aufwuchsfresser aus dem Felsenbiotop, Viktoria-See. Ähnliche Arten: Andere *H. spec.*-Arten aus dem Viktoria-See. Anmerkung: Es gibt mehrere hundert Arten Cichliden im Viktoria-See, die zum großen Teil zum Aussterben verurteilt sind!

Indischer Buntbarsch, *Etroplus maculatus*
8 cm. Becken: 60 cm. Bereich: Unten, Mitte. Wasser: pH 7,5–9; mittelhart bis hart; 26–29 °C. Haltung: Becken mit Verstecken. Wasser mit Salzzusatz (1–2 Teelöffel auf 10 l) empfehlenswert. Paarweise, in Becken ab 120 cm auch mehrere Paare. Vergesellschaftungstip: Andere Cichliden, Welse. Bei Salzzugabe Brackwasserfische (Silberblatt, Argusfisch). Futter: Kleines Lebend- und Trockenfutter. Geschlechtsunterschiede: Kaum feststellbar. Zucht: Paarbildender Substratbrüter mit Eltern-Familie. Anfüttern mit Artemia. Biotop: Flache Uferbereiche stehender Gewässer, häufig in Brackwasserlagunen, Südindien, Sri Lanka.

Pflegetips für weitere afrikanische Arten

Silberfleck-Nanochromis,
Nanochromis squamiceps
6 cm. Becken: 50 cm. Bereich: Unten. Wasser: pH 5,5–7,5; weich bis mittelhart; 25–28 °C. Höhlenbrüter. Dunkel eingerichtete Becken. Nur zur Zucht extrem niedrige Wasserwerte nötig.

Pelvicachromis humilis
12 cm. Becken: 100 cm. Bereich: Unten. Wasser: pH 6–7,5; weich bis mittelhart; 24–28 °C. Anspruchsvolle, ruhige Art. Dunkle, versteckreiche Becken mit sandigem Bodengrund. Höhlenbrüter.

Pelvicachromis subocellatus
9 cm. Becken: 60 cm. Bereich: Unten, Mitte. Wasser: pH 6–7,5; weich bis hart; 25–29 °C. Haltung wie andere *Pelvicachromis*-Arten. Höhlenbrüter. Zur Zucht niedrigere Wasserwerte nötig.

Zaïre-Grundelbuntbarsch, *Steatocranus tinanti*
12 cm. Becken: 80 cm. Bereich: Unten. Wasser: pH 6,5–8; weich bis hart; 24–28 °C. Friedliche Art. Liebt Strömung. Höhlenbrüter. Guter Gesellschaftsfisch für unteren Bereich von größeren Gesellschaftsbecken.

Rotbrust-Tilapia, *Tilapia zillii*
Etwa 30 cm. Becken: 120 cm. Bereich: Unten, Mitte. Wasser: pH 6–9; weich bis sehr hart; 24–30 °C. Großcichlide, nur für pflanzenfreie Aquarien geeignet. Offenbrüter mit Eltern-Familie.

Marien-Buntbarsch, *Tilapia mariae*
Etwa 30 cm. Becken: 120 cm. Bereich: Unten, Mitte. Wasser: pH 6–8; weich bis hart; 24–28 °C. Ruhige Art. Großcichlide. Vergesellschaftung mit anderen großen Arten. Höhlenbrüter mit Eltern-Familie.

Schwarzkinn-Maulbrüter,
Sarotherodon melanotheron
Etwa 20 cm. Becken: 120 cm. Bereich: Unten, Mitte. Wasser: pH 7–8,5; mittelhart bis sehr hart; 26–29 °C. Schwimmfreudige Art. Große Becken. Maulbrüter, vorwiegend Männchen, manchmal beteiligen sich aber auch die Weibchen an der Brutpflege.

Kongo-Grundcichlide, *Lamprologus congoensis*
15 cm. Becken: 120 cm. Bereich: Unten. Wasser: pH 6,5–8; weich bis hart; 24–28 °C. Polygamer Höhlenbrüter. Großes Becken. Ein Männchen mit mehreren Weibchen. Jedes Tier braucht ein Höhlenversteck.

Thysochromis ansorgii
12 cm. Becken: 80 cm. Bereich: Unten, Mitte. Wasser: pH 6–7,5; weich bis hart; 25–28 °C. Pflege wie *Pelvicachromis pulcher*. Höhlenbrüter. Weibchen mit Silberfleck in der Analgegend.

Zwergcichliden gibt es unter den mittelamerikanischen Cichliden fast keine. Die meisten mittelamerikanischen Cichliden werden so groß, daß das Aquarium nicht kleiner als 80 cm sein darf.

Wissenswertes über mittelamerikanische Cichliden

Haltung: Für die mittelgroßen bis großen Arten, die oft gerne wühlen, wird das Becken so eingerichtet: Große Steinplatten an der Rückwand, große Wurzeln und robuste Pflanzen (z.B. Riesenvallisnerien), die gegen das Ausgegrabenwerden durch Steine rund um den Wurzelhals geschützt sind. Bei der Einrichtung darauf achten, daß Unterstände und Höhlen, aber auch freier Platz entstehen. Bei einigen Arten muß man immer wieder mal nachpflanzen, falls man auf Pflanzenwuchs Wert legt, denn sie reißen Pflanzen aus oder fressen sie. Besser man läßt die Pflanzen weg, falls sie einmal ausgerissen wurden.
Für kleinere Arten aus der »*Cichlasoma*«-Untergattung *Archocentrus* und für *Thorichthys*-Arten sowie *Theraps coeruleus* darf das Becken reichlich bepflanzt sein und kleine Höhlen aufweisen, weil sie Pflanzen unbehelligt lassen oder nur direkt neben der Bruthöhle graben.
Für alle Arten sind Höhlen und Unterstände wichtig, da sie das Zentrum des Laichreviers bilden und außerdem unterlegenen Tieren Rückzugsmöglichkeiten bieten.
Wasser: Alle mittelamerikanischen Cichliden fühlen sich in mittelhartem bis hartem, alkalischem (pH 7,5 bis 8,5) Wasser wohl. Die meisten Arten vertragen kein saures Wasser.

Kleiner Blauer, *Theraps coeruleus*
12 cm. Becken: 100 cm. Bereich: Unten. Wasser: pH 7–8,5; mittelhart bis sehr hart; 24–27 °C. Haltung: Becken mit großen, runden Kieselsteinen, die kleine Höhlen bilden. Starke Strömung. Vergesellschaftungstip: In größeren Becken ein Paar *Thorichthys* (*T. meeki*), sonst Lebendgebärende Zahnkarpfen. Futter: Alle kleineren Futtersorten. Geschlechtsunterschiede: Männchen etwas größer, kleine schwarze Tüpfel auf der Flanke. Zucht: Höhlenbrüter mit Vater-Mutter-Familie. Anfüttern mit Artemia. Biotop: Strömungsliebende Art aus dem klaren Wasser verschiedener Quellflüsse des Rio Tulija, Süd-Mexiko. Ähnliche Art: Großer Blauer (*T. lentiginosus*), 25 cm, Becken ab 150 cm.

Nicaragua-Buntbarsch, »*Cichlasoma*« *nicaraguense*
25 cm. Becken: 120 cm. Bereich: Unten. Wasser: pH 7–8,5; mittelhart bis sehr hart; 24–27 °C. Haltung: Höhlen mit sandigem Bodengrund aus größeren Felsbrocken gebaut. Vergesellschaftungstip: Andere mittelgroße Cichliden. Futter: Lebend- und Trockenfutter, auch Schnecken. Geschlechtsunterschiede: Weibchen kleiner, bunter, flachere Stirn. Zucht: Höhlenbrüter (Eier kleben nicht) mit Vater-Mutter-Familie. Anfüttern mit Artemia. Besonderes: Es gibt mehrere farblich unterschiedliche Populationen. Biotop: Übergangszone zwischen sandigem und felsigem Bereich, vor allem in Seen Nicaraguas und Costa Ricas.

Zebrabuntbarsch, »*Cichlasoma*« *nigrofasciatum*
14 cm; manche Populationen kleiner. Becken: 80 cm. Bereich: Unten. Wasser: pH 7–8,5; mittelhart bis sehr hart; 23–27 °C. Haltung: Becken mit Höhlen aus Steinen und Wurzeln. Futter: Alle Futtersorten, auch pflanzliche Kost. Geschlechtsunterschiede: Männchen größer, Stirn steiler, Flossen länger ausgezogen. Zucht: Höhlenbrüter mit Vater-Mutter-Familie. Anfüttern mit Artemia und Trockenfutter. Besonderes: Viele Populationen mit unterschiedlichem Aussehen. Biotop: In unterschiedlichen Biotopen von Panama bis Mexiko. Ähnliche Arten: »*C.*« *septemfasciatum*, 12 cm; »*C.*« *sajica*, 10 cm (beide »*C.*«-Untergattung *Archocentrus*).

Quetzalbuntbarsch, *»Cichlasoma« synspilum*
35 cm. Becken: 200 cm. Bereich: Unten, Mitte. Wasser: pH 7–8,5; mittelhart bis sehr hart; 24–27 °C. Haltung: Becken mit groben Wurzeln und großen Steinplatten im Hintergrund. Keine Bepflanzung, die Art wühlt; außerdem zerbeißt und frißt sie gern Pflanzen. Paarweise halten. Vergesellschaftungstips: Gleichstarkes Großcichlidenpärchen, dann aber darauf achten, daß das Aquarium in zwei Reviere aufgeteilt wird. Futter: Kräftiges Lebend- und Trockenfutter in großen Brocken und Mengen, auch pflanzliche Nahrung. Abwechslungsreiche Fütterung wichtig, da hiervon die Ausbildung der schönen Farben abhängt. Geschlechtsunterschiede: Erwachsene Männchen bekommen einen deutlichen Stirnbuckel. Zucht: Offenbrüter mit Elternfamilie. Anfüttern mit Artemia und Trockenfutter. Bei geschlechtsreifen Tieren gibt es oft große Probleme bei der Partnerfindung. Aufgrund innerartlicher Aggression kann das Zusammentreffen zu einem gefährlichen Ereignis werden, das sogar mit dem Tod des schwächeren Partners enden kann. Dagegen bilden sich bei Jungfischen, die miteinander aufwachsen, leichter Paare heraus. Biotop: Langsam fließende, zum Teil trübe Gewässer von Südmexiko bis Belize. Ähnliche Arten: Schwarzgürtelbuntbarsch (*»C.« maculicauda*), 30 cm; *»C.« bifasciatum*, 25 cm.

Regenbogencichlide, *Herotilapia multispinosa*
12 cm. Becken: 80 cm. Bereich: Unten, Mitte. Wasser: pH 7–8,5; mittelhart bis sehr hart; 25–30 °C. Haltung: Becken mit harten Pflanzen, Felsen als Verstecke. Feinkörniger Bodengrund. Anspruchlose Art. Vergesellschaftungstip: Nur mit gleichgroßen Cichliden, auch Lebendgebärende. Futter: Pflanzliche Nahrung, Lebend- und Trockenfutter. Geschlechtsunterschiede: Männchen mit etwas steilerer Stirn. Zucht: Substratbrüter mit Tendenz zum Versteckbrüten. Anfüttern mit Trockenfutter und Artemia. Biotop: Flache, oft schlammige, pflanzenreiche Uferzone in Flüssen und Seen von Honduras bis Costa Rica.

Popenoes-Buntbarsch, *»Cichlasoma« longimanus*
15 cm. Becken: 100 cm. Bereich: Unten. Wasser: pH 7–8,5; weich bis sehr hart; 24–29 °C. Haltung: Im hinteren Beckenbereich geräumige Unterstände aus Wurzeln und Steinen. Boden teilweise sandig. Großblättrige Pflanzen. Futter: Kleines bis mittleres Lebend- und Trockenfutter. Geschlechtsunterschiede: Weibchen kleiner, in Balzstimmung kontrastreicher gefärbt. Zucht: Offenbrüter mit Eltern-Familie. Anfüttern mit Artemia. Biotop: Über sandigem und gerölligem Boden teils schnellfließender Bereiche des Rio Choluteca, Honduras. Ähnliche Art: *»C.« rostratum*, 25 cm, 120-cm-Becken.

Großgefleckter Perlmutterbuntbarsch, *»Cichlasoma« carpinte*
30 cm. Becken: 120 cm. Bereich: Unten, Mitte. Wasser: pH 7–8,5; mittelhart bis sehr hart; 24–27 °C. Haltung: Becken mit großen Holzwurzeln und Steinplatten. Großblättrige Pflanzen. Vergesellschaftungstip: Andere Großcichliden. Futter: Kräftiges Lebend- und Trockenfutter. Geschlechtsunterschiede: Weibchen kleiner, Stirn flacher. Zucht: Offenbrüter mit Eltern-Familie. Anfüttern mit Artemia. Biotop: Bewohnt die verschiedensten Biotope auf der atlantischen Seite Nordmexikos. Ähnliche Art: *»C.« cyanoguttatum*, 30 cm.

Der Feuermaul-Buntbarsch ist einer der »dienstältesten« Cichliden in unseren Aquarien. Wildfänge, wie das Paar auf dem Foto, sind schöner als die angebotenen Nachzuchten aus Südostasien.

Feuermaul-Buntbarsch, *Thorichthys meeki*
14 cm. Becken: 80 cm. Bereich: Unten. Wasser: pH 6,5–8,5; weich bis sehr hart; 24–27 °C. Haltung: Becken mit Wurzeln, großblättrigen Pflanzen und freien, z. T. sandigen Flächen. Paarweise halten. Vergesellschaftungstip: In Becken ab 120 cm mehrere Paare der Art. Futter: Mittelgroßes Lebend- und Trockenfutter. Geschlechtsunterschiede: Weibchen mit schwarzem Fleck in Rückenflosse. Zucht: Offenbrüter mit Eltern-Famile, wobei das Weibchen eher für direkte Brutpflege zuständig ist, das Männchen für Revierverteidigung. Anfüttern mit feinem Trockenfutter, später Artemia. Biotop: Flache Uferbereiche (mit Holzeinlagerungen oder Felsen) klarer und trüber Flüsse und deren Stillwassergebiete, vor allem im Süden Mexikos und Guatemalas. Ähnliche Arten: Goldbuntbarsch (*Th. aureus*), *Th. callolepis*.

Salvins Buntbarsch, *»Cichlasoma« salvini*
15 cm. Becken: 100 cm. Bereich: Unten, Mitte. Wasser: pH 7–8,5; weich bis sehr hart; 24–28 °C. Haltung: Becken mit Wurzeln, Pflanzen und Steinen so einrichten, daß Unterstände und Verstecke entstehen. Aggressive Art. Paarweise halten. Vergesellschaftungstip: In Becken ab 120 cm andere mittelgroße, robuste Cichliden, Harnischwelse. Futter: Räuberische Art, die kräftiges Lebendfutter braucht, aber auch Trockenfutter nimmt. Geschlechtsunterschiede: Weibchen kleiner, mit mehr Rot. Zucht: Offenbrüter mit Tendenz zum Versteckbrüten; Vater-Mutter-Familie. Anfüttern mit Artemia. Besonderes: Kommt je nach Fundort in verschiedenen Körperformen, Farbschlägen und Größen vor. Biotop: Stehende und fließende, klare und trübe Gewässer in Mexiko bis Guatemala. Meist an Stellen mit Wurzeln und Pflanzen.

Pflegetips für weitere Arten

Motagua-Buntbarsch, *»Cichlasoma« motaguense*
Etwa 30 cm. Becken: 150 cm. Bereich: Unten, Mitte. Wasser: pH 7–8,5; mittelhart bis sehr hart; 25–28 °C. Räuberische Art, die am besten mit gleichgroßen, robusten Cichliden in sehr großen Becken (ab 2 m) vergesellschaftet wird.

Panamabuntbarsch, *»Cichlasoma« panamense*
15 cm. Becken: 80 cm. Bereich: Unten, Mitte. Wasser: pH 7–8,5; mittelhart bis sehr hart; 24–27 °C. Pflege wie *»C.« nigrofasciatum*. Höhlenbrüter.

Schwarzer Felsencichlide, *Neetroplus nematopus*
11 cm. Becken: 80 cm. Bereich: Unten, Mitte. Wasser: pH 7–8,5; mittelhart bis sehr hart; 24–27 °C. Einrichtung mit Felsverstecken. Aggressive Art. Höhlenbrüter; brutpflegende Tiere schwarz mit weißer Flankenbinde, Normalfärbung umgekehrt.

Achtbinden-Buntbarsch, *»Cichlasoma« octofasciatum*
20 cm. Becken: 120 cm. Bereich: Unten, Mitte. Wasser: pH 7–8,5; mittelhart bis sehr hart; 25–28 °C. Höhlenverstecke. Kräftiges Lebend- und Trockenfutter, auch pflanzliche Kost. Offenbrüter.

Blessen-Buntbarsch, *»Cichlasoma« bartoni*
18 cm. Becken: 100 cm. Bereich: Unten, Mitte. Wasser: pH 7–8,5; mittelhart bis sehr hart; 23–27 °C. Pflege wie *»C.« carpintis*. Offenbrüter. Die Art ist in der Natur in ihrem Bestand gefährdet.

Maskenbuntbarsch, *»Cichlasoma« sieboldii*
Etwa 20 cm. Becken: 120 cm. Bereich: Unten, Mitte. Wasser: pH 7–8,5; mittelhart bis hart; 23–27 °C. Pflanzliches Futter reichen! Höhlenbrüter.

Südamerikanische Cichliden sind seit jeher sehr beliebt. Zu ihnen zählen die bekanntesten und als Aquarienfische die »dienstältesten« Buntbarsche, nämlich der Diskus und der Skalar. Die meisten der »Südamerikaner« stammen aus dem riesigen Amazonasgebiet, in dem die unterschiedlichsten Wasserqualitäten vorkommen. Daher haben die südamerikanischen Arten auch im Aquarium oft sehr unterschiedliche Ansprüche an die Wasserqualität.

Wissenswertes über die Cichliden Südamerikas

Haltung: Man bietet diesen Cichliden dunkel gehaltene, reich strukturierte Becken. Dazu verwendet man vor allem Holzwurzeln und Steine, die für Versteckbrüter zu Höhlen zusammengestellt werden. Für kleinere Arten sind Kokosnußschalen mit einem Loch oder Blumentopfscherben ein guter Höhlenersatz.
Großblättrige Pflanzen sind besonders gut als Bepflanzung für Cichlidenbecken geeignet. Rund um den Wurzelhals legt man Kieselsteine, um zu verhindern, daß die Tiere die Pflanzen ausgraben. Manche Arten sind allerdings Pflanzenfresser, die man in unbepflanzten Becken halten muß. Zwergcichliden können in dicht bepflanzten Becken gehalten werden. Sie eignen sich gut für Gesellschaftsbecken mit Salmlern und anderen friedlichen Fischen, sofern ihre Ansprüche an die Wasserqualität beachtet werden.
Wasser: Bis auf wenige empfindliche Zwergbuntbarsche fühlen sich alle Arten in mittelhartem, saurem bis leicht alkalischem (pH 6 bis 7,5) Wasser wohl. Viele Arten brauchen aber für die Zucht weiches und saures Wasser.

Buntschwanz-Zwergbuntbarsch,
Apistogramma agassizii
10 cm. Becken: 80 cm. Bereich: Unten. Wasser: pH 5–6,8; sehr weich bis mittelhart; 26–29 °C. Haltung: Dunkel eingerichtete Becken, Wurzelgestrüpp, Pflanzen, kleine Höhlen. Anspruchsvolle Art. Vergesellschaftungstip: Schwarmfische des oberen Bereichs. Futter: Kleines Lebend- und Frostfutter. Geschlechtsunterschiede: Männchen größer, Flossen größer. Zucht: Höhlenbrüter mit Vater-Mutter-Familie (polygyn). Weiches Wasser. Anfüttern mit Artemia. Besonderes: Es gibt mehrere Farbschläge. Biotop: Strömungsarme Flachwasserbereiche mit Laubboden, Ästen, vor allem im Schwarzwasser entlang des Amazonas-Hauptstroms.

Kakadu-Zwergbuntbarsch,
Apistogramma cacatuoides
9 cm. Becken: 80 cm. Bereich: Unten. Wasser: pH 6,5–8; weich bis hart; 26–29 °C. Haltung: Dunkel eingerichtete, dicht bepflanzte Becken. Verstecke aus Holzwurzeln, kleine Höhlen.
Ein Männchen mit mehreren Weibchen halten. Vergesellschaftungstip: Schwarmfische des oberen Bereichs. Futter: Kleines bis mittleres Lebend- und Trockenfutter. Geschlechtsunterschiede: Weibchen halb so groß wie Männchen, Flossen kürzer. Zucht: Höhlenbrüter mit Mann-Mutter-Familie (polygyn). Anfüttern mit Artemia. Biotop: Flache Bereiche mit Laubboden in kleinen Fließ- und Restgewässern des peruanischen Amazonas (Klar- und Weißwasser). Ähnliche Art: *A. spec.* »Großmaul«.

Zu den bekanntesten Buntbarschen gehört der farbenprächtige Schmetterlings-Buntbarsch, ein Offenbrüter, der auf kleinen Steinen laicht und bei dem beide Elternteile die Brutpflege betreiben. Das Gelege, das bis zu 200 Eier umfassen kann, wird gemeinsam befächelt und verteidigt. Auch die Jungenschar wird nach dem Freischwimmen noch eine Zeitlang von beiden Eltern geschützt und betreut.

Schmetterlings-Buntbarsch, *Papiliochromis ramirezi*
5 cm. Becken: 50 cm. Bereich: Unten, Mitte. Wasser: pH 5–6,5; weich bis mittelhart; 27–30 °C. Haltung: Becken so dicht bepflanzt, daß Bodenbereich abgeschattet ist. Friedliche Art. Paarweise halten. Vergesellschaftungstip: Ruhige Fische des oberen Bereichs. In Becken ab 80 cm auch mehrere Paare der Art. Futter: Kleines Lebendfutter, auch Trockenfutter. Geschlechtsunterschiede: Erwachsene Männchen mit lang ausgezogenem Flossenläppchen im vorderen Teil der Rückenflosse. Sexuell aktive Weibchen mit rosarotem Bauch. Zucht: Offenbrüter mit Eltern-Familie. Kleine Steine als Laichsubstrat. Weiches Wasser. Anfüttern mit Artemia. Besonderes: Asiatische Nachzuchten werden größer, sie sind oft in ihrem Brutpflegeverhalten degeneriert. Biotop: Sumpfige Lagunen in offenen Savannenlandschaften, Venezuela, Kolumbien. Ähnliche Art: Bolivianischer Schmetterlings-Buntbarsch (*P. altispinosus*), 9 cm, anspruchsloser. Hinweis: Wasserwerte einhalten. *P. ramirezi* ist eine etwas empfindliche Art in bezug auf die Wasserqualität. Die Art erreicht kein hohes Alter (etwa 2 Jahre).

Gabelschwanz-Schachbrettcichlide,
Dicrossus filamentosus
9 cm. Becken: 80 cm. Bereich: Unten, Mitte. Wasser: pH 5–6,8; weich; 24–27 °C. Haltung: Bepflanzte Becken mit Holzwurzeln und höhlenartigen Verstecken. Vergesellschaftungstip: Salmler des oberen Bereichs. Futter: Kleines Lebendfutter. Geschlechtsunterschiede: Weibchen kleiner, kürzere Flossen, in Laichstimmung rote Bauchflossen. Zucht: Versteckbrüter mit Vater-Mutter-Familie. Wasser extrem weich, sauer (pH um 5). Anfüttern mit Artemia. Biotop: Bäche und Flußbuchten im Rio Negro und Orinoco, Brasilien, Venezuela.

Tüpfelbuntbarsch, *Laetacara curviceps*
8 cm. Becken: 60 cm. Bereich: Unten, Mitte. Wasser: pH 6–7; weich bis mittelhart; 26–30 °C. Haltung: Dicht bepflanzte Becken mit kleinen Wurzeln als Reviergrenzen und einigen Steinen auf dem feinkörnigen Boden. In Becken ab 80 cm Länge kann man zwei Paare pflegen. Vergesellschaftungstip: Kleine Fische des oberen Bereichs. Futter: Kleines Lebendfutter. Geschlechtsunterschiede: Erwachsene Weibchen sind kleiner als Männchen. Zucht: Offenbrüter mit Eltern-Familie. Erstfutter Pantoffeltierchen oder Trockenfutter, erst einige Tage später Artemia. Biotop: Strömungsarme Ufer und Buchten im ganzen Amazonasgebiet. Sumpfpflanzen in Ufernähe bieten Versteckplätze.

Bujurquina vittata
12 cm. Becken: 80 cm. Bereich: Unten, Mitte. Wasser: pH 6–7,5; weich bis mittelhart; 24–28 °C. Haltung: Im Hintergrund Unterstände aus Wurzeln und Pflanzen. Welke, trockene, braune Buchenblätter einbringen. Ruhige Art. Vergesellschaftungstip: Robuste Salmler, Welse, kleinere Cichliden. Futter: Lebend- und Trockenfutter. Geschlechtsunterschiede: Kaum vorhanden. Erwachsene Männchen mit längeren Flossen. Zucht: Larvophile Maulbrüter, die Eier auf Fallaubblättern ablegen, so daß sie das Gelege transportieren können. Anfüttern mit Artemia und Trockenfutter. Biotop: Fließgewässer im Einzug des Parana und Paraguay im südlichen Südamerika.

Mit zarten Pastellfarben besticht dieser *Biotodoma cupido*, der in der Umgebung der brasilianischen Stadt Santarem beheimatet ist.

Biotodoma cupido »Santarem«
13 cm. Becken: 80 cm. Bereich: Unten, Mitte. Wasser: pH 6–7,5; weich bis hart; 25–28 °C. Haltung: Bepflanzte Becken, Wurzeln oder Steinplatten als Verstecke. Teilweise feiner Bodengrund mit Kieseln im Vordergrund. Mehrere Tiere, aus denen sich Pärchen bilden, pflegen. Ruhige Art. Vergesellschaftungstip: Nur ruhige, kleine bis mittelgroße Fische. Futter: Kleines bis mittleres Lebendfutter, zusätzlich Trockenfutter. Geschlechtsunterschiede: Männchen farbiger, mit bläulich irisierenden Glanzbinden unter den Augen. Weibchen haben an dieser Stelle Glanzpunkte. Zucht: Offenbrüter mit Eltern-Familie. Kleine Gruben mit Kieseln am Grund dienen als Ablaichplatz. Anfüttern mit Artemia. Biotop: Seenartige Erweiterungen des Rio Tapajos bei Santarem; brasilianischer Amazonas-Einzugsbereich, dort im Klarwasser. Ähnliche Arten: *Biotodoma*-Arten, die zur Zeit noch der Art *B. cupido* zugeordnet werden (ausgenommen *B. wavrini*).

Brauner Diskus, *Symphysodon aequifasciatus*
18 cm. Becken: 120 cm, mindestens 50 cm hoch. Bereich: Mitte. Wasser: pH 5–7,5; sehr weich bis mittelhart; 26–30 °C. Haltung: Schwer zu pflegen, kein Anfängerfisch. Becken mit großblättrigen Pflanzen. Holzwurzeln, die bis an die Wasseroberfläche reichen. Gedämpfte Beleuchtung. Häufiger kleiner Wasserwechsel sehr wichtig. Vergesellschaftungstip: Ruhige Fische, wühlen nicht und beschädigen keine Pflanzen. Futter: Tubifex, Rinderherz und Rote Mückenlarven nicht oder nur selten verfüttern! Sonstiges Lebendfutter problemlos. Abwechslungs- und vitaminreich füttern, sonst Neigung zur Lochkrankheit. Geschlechtsunterschiede: Erwachsene Männchen oft mit kleinem Stirnbuckel, Genitalpapille beim Männchen spitz, beim Weibchen rund; normalerweise schwer zu unterscheiden. Zucht: Nur in weichem, saurem (pH 5,5 bis 6,5) Wasser möglich. Offenbrüter an senkrechten Substraten; Eltern-Familie. Die Eltern brauchen Ruhe. Die Fische laichen an sorgfältig geputzten Pflanzenblättern oder Steinen ab. Das Gelege umfaßt bis zu 250 Eier. Bei 28–30 °C schlüpfen die Jungen nach dem 3. Tag. 6 Tage nach dem Schlüpfen schwimmen sie frei. Die Jungfische ernähren sich von dem vermehrt gebildeten Körperschleim der Eltern (Nährsekret). Ab dem 5. bis 10. Tag nach dem Freischwimmen bietet man zusätzlich Artemia an, später auch Cyclops und Mikrowürmchen. Die Jungfische müssen jedoch mindestens 10 Tage lang bei den Eltern bleiben, da sie auf das Nährsekret nicht verzichten können. Es läßt sich durch künstliche Aufzuchtmittel kaum ersetzen. Zu lange dürfen die Jungfische jedoch auch nicht bei den Eltern bleiben. Sie »beweiden« die Eltern schließlich zu stark und schädigen so die Schleimhaut. Wegen der anhaltenden Brutpflegebereitschaft wehren sich die Eltern nicht. Hinweis: Die Zucht ist nicht einfach. Bei paarweiser Haltung und absolut geeigneter Wasserqualität ist die Zucht im Haltungsbecken möglich. Eine Alternative dazu ist das paarweise Einsetzen der Tiere in ein Zuchtbecken (Größe: 70 × 70 × 70 cm). Um das Wasser möglichst sauber zu halten, kein Bodengrund, keine Pflanzen, zwei Steinplatten, ein Ablaichkegel oder eine umgedrehte Grabvase aus Ton. Wasser: 1–3 °dGH, pH bis 6,5, 28–31 °C. Biotop: Tiefe, ruhige Bereiche mit ins Wasser gestürzten Bäumen im Klar- und Weißwasser Amazoniens. Zwischen den Ästen dieser Bäume in Gruppen. Ähnliche Arten: In der Natur gibt es viele Diskusformen, von denen manche wesentlich anspruchsvoller sind als der Braune Diskus, z. B. der Blaue Diskus. Auch gibt es viele gezüchtete Farbschläge (z. B. »Royal Blue«, Türkis-Diskus), die das Ergebnis jahrelanger Zuchtbemühungen sind.

Skalar, *Pterophyllum scalare*
15 cm. Becken: 80 cm, mindestens 50 cm hoch! Bereich: Mitte. Wasser: pH 5,5–7,5; weich bis mittelhart; 24-28 °C. Haltung: Becken mit großblättrigen Pflanzen, gedämpfter Beleuchtung und Holzwurzeln, die bis an die Oberfläche reichen. Friedliche Art, wühlt nicht, neigt zur Schwarmbildung, ist während der Laichzeit revierbildend. Paarweise halten, in Becken ab 100 cm Länge auch im Trupp von etwa 6 Tieren. Vergesellschaftungstip: Ruhige Fische, aber nicht zu kleine und schlanke (wie z.B. Neon), da sie gefressen werden könnten. Futter: Lebend- und Trockenfutter. Geschlechtsunterschiede: Unbekannt. Zucht: Offenbrüter, der senkrechte Unterlagen bevorzugt. Eltern-Familie. Die geschlüpften Larven werden wieder am Laichsubstrat angeklebt, später in Gruben untergebracht. Beide Eltern betreuen die Jungfische. Anfüttern mit Artemia. Besonderes: Es gibt verschiedene Zuchtformen (z.B. Marmor-, Schleier- oder Goldskalar); Zuchtformen meist degeneriert. Biotop: Tiefere Bereiche ruhiger oder strömender Flußabschnitte zwischen Holzgestrüpp oder Felsen; in fast ganz Amazonien verbreitet. Ähnliche Art: *P. altum* für höhere und größere Becken mit saurem, weichem Wasser, schwieriger zu pflegen (→ Foto, Seite 36).

***Geophagus*-Arten zeigen ihre ganze Schönheit erst als erwachsene Fische. Junge Tiere haben noch nicht die prächtigen Farben und die langausgezogenen Flossen.**

Geophagus spec. aff. altifrons
25 cm. Becken: 120 cm. Bereich: Unten, Mitte. Wasser: pH 6–7,5; weich bis hart; 26–30 °C. Haltung: Becken mit feinkörnigem Bodengrund und großen Unterständen (Wurzeln). Die Tiere graben in der oberen Sandschicht nach Nahrung. Vergesellschaftungstip: Andere ruhige Cichliden, Welse, größere Salmler. Futter: Mückenlarven, kleine Regenwürmer, zusätzlich auch Trockenfutter. Geschlechtsunterschiede: Männchen etwas farbiger, Bauch- und Schwanzflossenspitzen lang ausgezogen. Zucht: Ovophile Maulbrüter mit Eltern-Familie. Nachdem sich ein Paar gefunden hat, werden die Eier auf einem festen Substrat abgelaicht und danach sofort ins Maul genommen. Anfüttern mit Artemia. Biotop: Wahrscheinlich wie andere *Geophagus*-Arten: Sandige, schlammige, kiesige oder felsige Bereiche größerer Fließgewässer (oft in Nähe von Holzeinlagerungen). Genauer Fundort unbekannt. Ähnliche Arten: Andere *Geophagus*- und *Satanoperca*-Arten. Früher wurden alle *Geophagus* als *G. surinamensis* bezeichnet. Heute weiß man, daß es mehr als 10 verschiedene, aber sehr ähnlich aussehende Arten gibt. Trotz der Ähnlichkeit im Aussehen bestehen große Unterschiede im Fortpflanzungsverhalten, es gibt sowohl Substrat- als auch Maulbrüter.

Das Weibchen des Schulterfleck-Hechtbuntbarsches hat während der Balz einen rosa bis rot gefärbten Bauch. Für die Brutpflege an Eiern und Larven ist das Weibchen zuständig, das Männchen verteidigt das Revier. Nach dem Freischwimmen der Jungen betreuen beide den Nachwuchs.

Schulterfleck-Hechtbuntbarsch, *Crenicichla anthurus*
25 cm. Becken: 120 cm. Bereich: Unten, Mitte. Wasser: pH 6–7,5; weich bis hart; 24–28 °C. Haltung: Becken mit Höhlenverstecken und Pflanzen. Als erwachsene Tiere paarweise halten. Halberwachsene Tiere sind untereinander sehr aggressiv, sie sollten zu vielen (8–10 Tiere) in großen Becken aufgezogen werden, so verteilen sich die Aggressionen. Röhrenartige Verstecke unterhalb der Wasseroberfläche für schwächere Tiere. Nach Paarbildung überzählige Tiere herausfangen. Vergesellschaftungstip: Große, hochrückige Cichliden, Harnischwelse. Futter: Kräftiges Lebendfutter, Fische. Geschlechtsunterschiede: Weibchen mit weißer Rückenflossenzeichnung. Zucht: Höhlenbrüter mit Vater-Mutter-Familie. Anfüttern mit Artemia. Biotop: Klare Fließgewässer mit laubbedecktem Boden und Holzeinlagerungen im peruanischen und ecuadorianischen Amazonas-Einzugsgebiet. Ähnliche Arten: Andere *Crenicichla*-Arten, darunter seit einiger Zeit sehr klein bleibende Arten, z. B. *C. regani* und *C. notophthalmus*, beide etwa 12 cm, haben aber hohe Ansprüche an die Wasserqualität (weich und sauer), unterdrückte Weibchen brauchen Röhrenverstecke.

Ballonkopf-Erdfresser, *Gymnogeophagus balzanii*
18 cm. Becken: 120 cm. Bereich: Unten, Mitte. Wasser: pH 6,5–7,5; weich bis hart; 24–28 °C. Haltung: Becken mit großen Wurzeln und großblättrigen Pflanzen im Hintergrund. Vergesellschaftungstip: Nur ruhige Arten wie Harnischwelse oder andere Cichliden aus der *Geophagus*-Verwandtschaft. Futter: Kräftiges Lebend- und Trockenfutter. Geschlechtsunterschiede: Männchen entwickeln großen Kopfbuckel, vor allem in Gegenwart anderer Männchen. Weibchen kleiner. Zucht: Larvophile Maulbrüter; Mutter-Familie. Anfüttern mit Artemia. Biotop: Ruhige, auch sumpfige Gewässer des Rio Parana und in Paraguay.

Pflegetips für weitere Arten

Gelber Zwergbuntbarsch, *Apistogramma borellii*
6 cm. Becken: 50 cm. Bereich: Unten, Mitte. Wasser: pH 6,5–7,5; weich bis hart; 24–26 °C. Haltung wie *A. agassizii*. Keine Haremsbildung.

Glänzender Zwergbuntbarsch, *Nannacara anomala*
9 cm. Becken: 60 cm. Bereich: Unten, Mitte. Wasser: pH 6–7,5; weich bis hart; 26–29 °C. Robust. Neigt zum Versteckbrüten.

Pfauenaugen-Buntbarsch, *Astronotus ocellatus*
35 cm. Becken: 150 cm. Bereich: Mitte. Wasser: pH 6–7,5; weich bis hart; 26–30 °C. Kräftige Nahrung, z.B. Regenwürmer, Fischfleisch. Ruhige Art.

Flaggenbuntbarsch, *Mesonauta insignis*
20 cm. Becken: 120 cm. Bereich: Mitte, oben. Wasser: pH 6–7,5; weich bis hart; 26–30 °C. Holzwurzeln, Schwimmpflanzen. Pflanzenkost wichtig. Offenbrüter.

Keilfleckbuntbarsch, *Uaru amphiacanthoides*
25 cm. Becken: 120 cm. Bereich: Unten, Mitte. Wasser: pH 5–7; weich bis mittelhart; 27–30 °C. Dunkle Becken, Holzwurzeln. Ruhige Art. Haltung in kleiner Gruppe möglich. Pflanzenkost. Offenbrüter mit Körperschleimernährung wie Diskus.

Ihre bizarre, vom »Durchschnittsfisch« stark abweichende Körperform und ihr possierliches Verhalten faszinieren die Aquarianer so sehr, daß heute viele Welse zum festen Besatz von Gesellschaftsbecken gehören. Jedoch sollte man nie einfach einen Wels kaufen. Wichtig ist es bei Welsen, sich nicht nur über die Ernährungsweise zu informieren, sondern auch über ihre Endgröße. Es gibt die Kleinen, z. B. die Panzerwelse, die sich in 40–80-cm-Becken wohlfühlen, aber auch die Großen, wie den faszinierenden, imposant aussehenden Leopard-Schilderwels, der 30–50 cm groß werden kann und ein stattliches Becken von 150–200 cm braucht.

Wissenswertes über Welse

Mit wahrscheinlich über 2000 Arten zählen Welse neben den Grundeln zu den artenreichsten Fischgruppen. Sie sind in den Süßgewässern der ganzen Welt in den unterschiedlichsten Biotopen zu Hause, wenige Arten haben sogar den Sprung ins Meer geschafft.

Die Gruppe der Welse umfaßt etwa 34 Familien; für die Aquaristik von Bedeutung sind z. B.:

- Schwielen- und Panzerwelse (*Callichthyidae*) mit den Gattungen *Corydoras, Brochis, Dianema, Hoplosternum* u. a.;
- Harnischwelse (*Loricariidae*) mit den Gattungen *Ancistrus, Leoparacanthicus, Peckoltia, Farlowella, Otocinclus, Sturisoma, Rineloricaria* u. a.;
- Fiederbartwelse (*Mochocidae*) mit der Gattung *Synodontis*.

Kennzeichen: Welse erkennt man schnell an ihren Barteln und der schuppenlosen Haut. Statt der Schuppen haben manche Familien Knochenpanzer entwickelt. Da Welse bis auf wenige Ausnahmen am Boden leben, ist ihre Unterseite abgeflacht und die Augen liegen relativ hoch am Kopf.

Haltung: Vor allem die nachtaktiven Welse brauchen Unterstände und Höhlen, in die sie sich zurückziehen können. Weicher Bodengrund ist besonders wichtig für gründelnde Arten (z. B. Panzerwelse) oder solche Arten, die sich eingraben (z. B. Knurrender Dornwels, *Amblydoras hancocki*). Das Becken so einrichten, daß sich durch viele Verstecke und Pflanzen schattige Plätzchen ergeben, an denen man die scheuen Tiere auch tagsüber betrachten kann.

Manche Tiere der nachtaktiven Wels-Arten kommen tagsüber aus ihren Verstecken, wenn gefüttert wird. Falls dies nicht der Fall ist, die »Nachtgeister« zusätzlich abends nach dem Abschalten der Beleuchtung füttern.

Hinweis: Die meisten der beliebten Panzer-und Schwielenwelse sowie die Glaswelse sind tagaktiv und lebhaft.

Wasser: Bis auf die Arten des Tanganyika- und Malawi-Sees fühlen sich alle Arten in weichem bis mittelhartem und leicht saurem (pH 6–7) Wasser wohl. Die meisten Arten zeigen aber auch in hartem, leicht alkalischem Wasser kein Unbehagen.

Vergesellschaftung: Welse sind die idealen Gesellschaftsfische, weil sie von anderen Aquarienbewohnern unbesetzte Nischen am Bodengrund und Verstecke bewohnen. Nur beim Vergesellschaften mit Cichliden kann es zu Problemen kommen, wenn die Cichliden ihre Revieransprüche auf das gesamte Becken ausdehnen.

Verhalten: Es gibt sowohl untereinander friedliche Schwarm- und Gruppenfische, als auch rauhbeinige Einzelgänger, die immer einen Mindestabstand zum Nachbarn einhalten. Zur Fortpflanzung gründen viele Welse (z. B. Harnischwelse) ein Revier um eine Höhle oder einen anderen bevorzugten Platz herum. Das Revier wird gegen Artgenossen verteidigt, wobei es zu heftigen Auseinandersetzungen kommen kann. Bei den brutpflegenden Arten übernimmt in den meisten Fällen der Vater die Brutpflege, bis die Jungen selbständig auf Futtersuche gehen.

Hinweise zur Zucht: Viele Welse laichen im Gesellschaftsbecken ab. Allerdings gibt es auch viele Arten, bei denen die Zucht bisher noch nicht gelungen ist.

Nicht brutpflegende Arten (z. B. Panzerwelse), heften ihre Eier an Pflanzen, Steinen oder an die Aquarienscheibe. Man hebt die Eier vorsichtig mit einer Rasierklinge ab und überführt sie in ein Aufzuchtbecken oder einen Ablaichkasten (Praxis »Fischzucht«, Seite 53). Wenn die Jungen ihren Dottersack aufgezehrt haben, werden sie mit Artemia und Mikro angefüttert.

Bei brutpflegenden Arten läßt man die Eier bis zum Schlupf (bei *Ancistrus*-Arten bis zum Ausschwärmen der Jungfische) im Haltungsbecken. Dann saugt man die Larven oder Jungfische ab und überführt sie in Aufzuchtbecken (Anfüttern, → nachfolgende Steckbriefe). Sehr wichtig: Während der ersten Lebenswochen muß täglich ein Teilwasserwechsel vorgenommen werden.

Leopardpanzerwels, *Corydoras trilineatus*
6 cm. Becken: 60 cm. Bereich: Unten. Wasser: pH 6–7,5; weich bis hart; 25–28 °C. Haltung: Becken mit Unterständen durch Bepflanzung oder Wurzeln, teilweise weicher Bodengrund. Gruppenfisch, tagaktiv. Vergesellschaftungstip: Keine größeren Cichliden, sonst guter Gesellschaftsfisch. Futter: Kleineres Lebend- und Trockenfutter. Geschlechtsunterschiede: Weibchen fülliger. Zucht: Wie *C. aeneus*, kommt nur nicht so leicht in Paarungsbereitschaft. Besonderes: Die Art wird oft als *C. julii* angeboten. Biotop: Über weichem Bodengrund stehender und fließender Gewässer des Amazonas-Einzugbereichs in Peru.

Panzerwelse, wie der Smaragd-Panzerwels, haben ein sehenswertes Fortpflanzungsverhalten, ein Beispiel: Zur Paarung klemmt das Männchen die Barteln des Weibchens mit seinen Brustflossen fest. Während des sekundenlangen Kontakts werden Eier und Samen abgegeben.

Smaragd-Panzerwels, *Brochis splendens*
8 cm. Becken: 80 cm. Bereich: Unten. Wasser: pH 6–7,5; weich bis hart; 23–27 °C. Haltung: Becken mit feinkörnigem Bodengrund, Unterstände (Wurzeln, großblättrige Pflanzen). Tagaktive Art. Prächtiger Smaragdglanz nur bei guter Wasserpflege. Vergesellschaftungstips: Keine größeren Cichliden, sonst guter Gesellschaftsfisch. Futter: Abwechslungsreich, Trocken- und kleineres Lebendfutter. Geschlechtsunterschiede: Weibchen plumper, größer. Zucht: Schwieriger zum Ablaichen zu bringen als *Corydoras aeneus*. Laichen nach Wechsel mit kühlerem Wasser an Pflanzenblättern und Steinen ab. Eier ablösen bzw. Blätter, Steine in Aufzuchtbecken überführen. Anfüttern mit Artemia, Mikro, Trockenfuttertabletten. Zum Fortpflanzungsverhalten: Panzerwelse laichen in Gruppen, nur im »Notfall« paarweise. Jedes Weibchen braucht 2–3 Männchen. Dem Ablaichvorgang geht ein intensives Treiben voraus. Das Weibchen nähert sich dem Männchen von der Seite und drückt sein Maul gegen dessen Brustpartie. Daraufhin klemmt das Männchen mit seinen Brustflossen die Barteln des Weibchens fest. In die zur Tasche gerundete Bauchflosse des Weibchens tritt nun eine Anzahl Eier, wo sie vom Männchen befruchtet werden. Wenn die Partner sich voneinander gelöst haben, heftet das Weibchen die Eier an einer festen Unterlage an. Biotop: Langsam fließende Gewässer mit dichtem Uferbewuchs, Peru, Brasilien, Ecuador.

Metallpanzerwels, *Corydoras aeneus*
7 cm. Becken: 60 cm. Bereich: Unten. Wasser: pH 6–7,5; weich bis hart; 25–28 °C. Haltung: Teilweise weicher Bodengrund. Tagaktive Art. Mindestens 5 Tiere pflegen. Vergesellschaftungstip: Keine größeren Cichliden, sonst guter Gesellschaftsfisch. Futter: Kleine Futtersorten und -tabletten. Geschlechtsunterschiede: Weibchen größer, fülliger. Zucht: Laichen nach Wechsel mit kühlerem Wasser an Scheiben, Blättern, Steinen ab. Eier ablösen bzw. Blätter in Aufzuchtbecken überführen. Anfüttern mit Artemia, Mikro, Trockenfuttertabletten. Biotop: Sandige Bereiche schwachströmender Gewässer, Venezuela bis zum La Plata.

Panda-Wels, *Corydoras panda*
5 cm. Becken: 60 cm. Bereich: Unten. Wasser: pH 6,5–7,5; weich bis hart; 23–26 °C. Haltung: Locker bepflanzte Becken. Gute Wasserpflege wichtig! Tagaktive Art. Im kleinen Trupp halten. Vergesellschaftungstip: Keine größeren Cichliden, sonst guter Gesellschaftsfisch. Futter: Schätzt gefrorene Cyclops und Futtertabletten, auch kleines Lebendfutter. Geschlechtsunterschiede: Weibchen fülliger. Zucht: Laichen an Scheiben und in Javamoos ab. Sonst wie *Corydoras aeneus*. Im Winterhalbjahr laichfreudiger. Biotop: Klare Fließgewässer mit teilweise sandigem Untergrund in südlichen Zuflüssen des peruanischen Amazonas.

Sichelfleck-Zwergpanzerwels, *Corydoras hastatus*
3,5 cm. Becken: 40 cm. Bereich: Mitte. Wasser: pH 6–7,5; weich bis hart; 25–28 °C. Haltung: Becken teilweise dicht bepflanzt. Tagaktiver Schwarmfisch. Vergesellschaftungstip: Kleine zarte Fische. Futter: Cyclops, kleine Wasserflöhe, Artemia, feines Flockenfutter. Geschlechtsunterschiede: Männchen etwa 1 cm kleiner, schlanker. Zucht: Nach Wasserwechsel mit kühlerem Wasser werden die Eier vor allem an Javamoos abgelegt. Eier absammeln, in Aufzuchtbecken überführen. Anfüttern mit Artemia. Biotop: Im freien Wasser in Ufernähe kleiner Seitengewässer, Mato Grosso, Brasilien. Ähnliche Art: Zwergpanzerwels (*C. pygmaeus*), 3 cm.

Schwanzstreifen-Schwielenwels, *Dianema urostriata*
Etwa 12 cm. Becken: 100 cm. Bereich: Unten, Mitte. Wasser: pH 6–7,5; weich bis hart; 25–28 °C. Haltung: Becken mit Wurzeln, größeren Pflanzen, Schwimmpflanzen. Tagaktiver Gruppenfisch. Vergesellschaftungstip: Ruhige Fische. Futter: Mückenlarven, Kleinkrebse, auch Wurmfutter. Geschlechtsunterschiede: Weibchen größer, fülliger. Zucht: Männchen betreiben Brutpflege, sie bewachen die Brut in einem Schaumnest unter der Wasseroberfläche. Freischwimmende Brut in Aufzuchtbehälter überführen. Anfüttern mit Artemia. Biotop: Oft in Restwasserbereichen und Tümpeln des Rio Negro um Manaus. Ähnliche Art: *D. longibarbis*, 9 cm.

Rüsselzahnwels,
Leparacanthicus galaxias
Etwa 30 cm. Becken: 120 cm. Bereich: Unten. Wasser: pH 6–7,5; weich bis hart; 24–28 °C. Haltung: Becken mit vielen Verstecken aus Wurzelholz. Robuste Pflanzen. Vergesellschaftungstip: Mittelgroße und große Fische, auch Cichliden. Futter: Kräftig, Grün- und Lebendfutter, Futtertabletten. Geschlechtsunterschiede: Unbekannt. Zucht: Unbekannt. Biotop: Schnellfließende Flußabschnitte (zwischen Holzeinlagerungen) des Rio Guama und Tocantins, Brasilien. Achtung: Kann beim Herausnehmen mit seinen spitzen Zähnen zwicken!

Leopard-Schilderwels, *Glyptoperichthys gibbiceps*
30–50 cm. Becken: 150–200 cm. Bereich: Unten. Wasser: pH 6,5–7,5; weich bis hart; 25–30 °C. Haltung: Große Becken mit Wurzelholz im Hintergrund und freier Bodenfläche im Vordergrund. Sehr friedliche Art. Ist dämmerungs- und nachtaktiv. Sucht alles nach Algen ab, beschädigt aber keine Pflanzen. Vergesellschaftungstip: Auch kleinere Fische. Futter: Forellenpellets, pflanzliche Kost, kleinere Tiere, auch Futtertabletten und Lebendfutter. Abends füttern. Geschlechtsunterschiede: Unbekannt. Zucht: Unbekannt. Biotop: Ruhige und langsam fließende Gewässer im Einzugsbereich des Rio Negro, Brasilien. Dort auch in Gruppen, die langsam über den Bodengrund ziehen. Ähnliche Arten: Punktierte Schilderwelse aus der Gattung *Hypostomus*. Diese Arten laichen in der Natur in Erdhöhlen. Benötigen ebenfalls große Becken mit ausreichenden Versteckplätzen. Hinweis: Der Gattungsname *Pterogoplichthys* wird für diese Art in absehbarer Zeit durch einen neuen Namen ersetzt.

Gummimaul-Harnischwels, *Chaetostoma spec.*
Etwa 7 cm. Becken: 50 cm. Bereich: Substratgebunden. Wasser: pH 6,5–7,5; weich bis mittelhart; 20–24 °C, sauerstoffreich. Haltung: Becken mit Strömung, diese über große Kieselsteine leiten. Vergesellschaftungstip: Schwarmfische. Futter: Pflanzenkost, Kleinkrebse (Frostfutter), Futtertabletten. Geschlechtsunterschiede: Männchen mit größerer, dickerer Schnauze. Zucht: Männchen bewacht die im Strömungsschatten abgelegten Eier. Aufzucht im Ablaichkasten mit Strömung. Fütterung mit Artemia, überbrühtem Spinat, Futtertabletten. Biotop: Geröllbereiche schnellfließender Bäche und Flüsse in und vor den Anden.

Zierbinden-Harnischwels, *Peckoltia pulcher*
Etwa 8 cm. Becken: 60 cm. Bereich: Substratgebunden. Wasser: pH 6,5–7,5; weich bis hart; 24–28 °C. Haltung: Becken mit Verstecken aus Holzwurzeln. Robuste Art. Vergesellschaftungstip: Guter Gesellschaftsfisch, auch gut mit größeren Cichliden. Futter: Kleines Lebend- und Trockenfutter, Pflanzenkost zum Abraspeln. Geschlechtsunterschiede: Einige Tiere entwickeln periodisch harte Borstenfelder am Kopf und auf dem Schwanzstiel, wahrscheinlich die Männchen. Zucht: Unbekannt, wahrscheinlich ähnlich wie *Ancistrus.* Biotop: Fließgewässer in Südamerika.

Blauer Antennenwels, *Ancistrus spec. aff. dolichopterus*
14 cm. Becken: 80 cm. Bereich: Substratgebunden, unten. Wasser: pH 6–8; weich bis hart; 25–29 °C. Haltung: Becken mit Holzwurzeln und Höhlenverstecken. Mehrere Männchen nur in großen Becken, da sie Reviere besetzen. Vergesellschaftungstip: Auch kleinste Fische. Futter: Lebend-, Trocken-, Grünfutter. Algenfresser, Holzwurzeln, an denen geraspelt wird, sehr wichtig! Geschlechtsunterschiede: Weibchen kleiner, kleinere Antennen auf dem Kopf. Zucht: Am Ende der Brutpflege der Männchen die ausschwärmenden Jungwelse mit Futtertabletten und Artemia gesondert aufziehen. Biotop: Stehende und fließende Gewässer mit im Wasser liegendem Holz im Amazonas-Einzugsgebiet.

Schokoladenbrauner Hexenwels,
Rineloricaria spec. aff. lanceolata
13 cm. Becken: 60 cm. Bereich: Unten. Wasser: pH 6–7,5; weich bis hart; 24–28 °C. Haltung: Becken mit röhrenartigen Verstecken (Bambus-, Tonröhren), so eng, daß das Tier gerade hineinpaßt (Laichplätze). Feinkörniger Bodengrund, gute Belüftung. Vergesellschaftungstip: Keine zu robusten Fische, keine größeren Cichliden. Futter: Futtertabletten, kleines Lebendfutter, etwas Grünfutter. Geschlechtsunterschiede: Männchen mit Backenbart. Zucht: Männchen pflegen Laich in Röhre, Brut nach Ausschwärmen in Aufzuchtbecken überführen. Anfüttern mit Artemia. Biotop: Kleine, klare Fließgewässer im Amazonas-Einzugsbereich. Ähnliche Arten: Andere Hexenwelse aus der Gattung *Rineloricaria* und *Dasyloricaria*.

Gestreifter Otocinclus, *Otocinclus spec. aff. affinis*
4 cm. Becken: 30 cm. Bereich: Substratgebunden. Wasser: pH 6–7,5; weich bis hart; 22–26 °C. Haltung: Dichter Pflanzenwuchs, klares, strömendes Wasser. Vergesellschaftungstip: Bis mittelgroße, nicht räuberische Fische. Futter: Pflanzliche Kost, kleines Lebendfutter, Futtertabletten. Geschlechtsunterschiede: Weibchen zeitweise dicker. Zucht: Selten gelungen. Eier werden an Pflanzen, Scheiben abgelegt und nicht gepflegt. Eier in Aufzuchtbecken überführen. Anfüttern mit überbrühtem Spinat, Trockenfutter. Biotop: Fließgewässer mit Pflanzenwuchs, Südostbrasilien. Ähnliche Art: *Parotocinclus maculicauda*, 5 cm.

Langflossen-Harnischwels, *Sturisoma aureum*
30 cm. Becken: 120 cm. Bereich: Unten. Wasser: pH 6–7,5; weich bis hart; 25–29 °C. Haltung: Teilweise freier Bodengrund, flach eingelegte Wurzelstücke. Leichte Strömung. Intensive Wasserpflege wichtig. Futter: Pflanzliche Kost zum Abraspeln, auch überbrühte Erbsen, kleines Lebendfutter, Futtertabletten. Geschlechtsunterschiede: Männchen mit Backenbart. Zucht: Laichen meist an Scheiben ab. Eier kurz vor dem Schlupf (am 6.–7. Tag) dem brutpflegenden Vater wegnehmen. Wenn der Dottersack aufgebraucht ist (4 Tage nach dem Schlupf), mit überbrühtem Spinat und Futtertabletten anfüttern. Gute Belüftung im Aufzuchtbecken wichtig. Künstliche Aufzucht: Wenn die Eier in hartem Wasser vom Substrat fallen, saugt man die Eier mit einem Schlauch ab. Oder: Wenn das Männchen die Eier nicht pflegt, hebt man die noch haftenden Eier vorsichtig mit einer Rasierklinge vom Substrat ab. In beiden Fällen die Eier in ein kleines Aufzuchtbecken überführen, dessen Wasser mit einem Pilzmittel versetzt wird. Zweimal am Tag etwa 80 % des Wassers gegen frisches, pilzmittelhaltiges auswechseln. Sobald man bemerkt, daß die Jungen zu schlüpfen beginnen oder einige Stunden vor dem errechneten Schlupftermin imitiert man den pflegenden Vater, indem man die Eier sehr sanft mit einem Borstenpinsel bürstet, bis die Jungen aus den Eihüllen rutschen. Biotop: Auf sandigem und schlammigem Untergrund mit Holzeinlagerungen in fließenden Gewässern im Einzugsbereich des Amazonas.

Nadelwelse muß man unbedingt abwechlungsreich und reichlich füttern! Sie fressen nachts und müssen deshalb abends gefüttert werden. Tagsüber gefütterte Tiere können verhungern. Unruhig umherwandernde und zu Stäbchen abgemagerte Fische leiden unter Hunger!

Nadelwelse, *Farlowella spec.*
15–25 cm, je nach Art. Becken: 80 cm. Bereich: Substratgebunden. Wasser: pH 6–7,5; weich bis hart; 24–28 °C. Haltung: Becken mit flachliegendem, langgestrecktem Wurzelholz. Am besten paarweise in eigenem Becken pflegen. Die Männchen bilden Reviere und hindern unterlegene Männchen am Fressen. Vergesellschaftungstip: Sehr kleine Fische, die keine Futterkonkurrenten durch Nahrungssuche am Boden sind. Die Vergesellschaftung mit Nahrungskonkurrenten kann zum Verhungern des Tieres führen! Futter: Pflanzliches Futter zum Abraspeln, tierisches Frostfutter, Futtertabletten. Wurzelholz zum Beraspeln sehr wichtig, da es ein lebenswichtiger Ballaststoff ist. Geschlechtsunterschiede: Männchen mit Backenbart. Zucht: Wie Langflossenharnischwels (*Sturisoma aureum*). Weibchen nach dem Ablaichen entfernen, damit das Männchen ungestört der Brutpflege nachgehen kann. Als Aufzuchtfutter unbedingt pflanzliche Kost anbieten, auch mit Artemia und Futtertabletten probieren. Künstliche Aufzucht der Eier möglich (wie bei *Sturisoma aureum* beschrieben). Besonderes: Es gibt viele verschiedene *Farlowella*-Arten, deren Bestimmung schwierig ist. Biotop: Flacher Uferbereich stehender oder fließender Gewässer mit viel Holz oder Pflanzen im ganzen Amazonas-Gebiet.

Bratpfannenwels, *Dysichthys coracoideus*
Etwa 12 cm. Becken: 60 cm. Bereich: Unten. Wasser: pH 6,5–7,5; weich bis hart; 25–28 °C. Haltung: Sandiger Boden. Graben sich gern in welke Buchenblätter ein. Nachtaktiv. Vergesellschaftungstip: Keine kleinen Fische. Futter: Wurmfutter, kleines Lebendfutter; abends füttern. Geschlechtsunterschiede: Weibchen fülliger. Zucht: Selten gelungen. Laichen manchmal nach plötzlicher Abkühlung durch Wasserwechsel. Eier in Aufzuchtbecken überführen. Anfüttern mit Artemia. Biotop: Zwischen Laub am Grund, Wurzelfilz der Schwimmpflanzen von stehenden und leicht fließenden Gewässern, Amazonasgebiet.

Engelwels, *Pimelodus pictus*
Etwa 12 cm. Becken: 120 cm. Bereich: Unten, Mitte. Wasser: pH 6,5–7,5; weich bis hart; 25–28 °C. Haltung: Becken mit viel Schwimmraum. Kräftige Filterung, die Strömung erzeugt. Gruppenfisch. Vergesellschaftungstip: Keine kleinen Fische, sie können gefressen werden. Futter: Kräftiges Lebend- und Trockenfutter. Geschlechtsunterschiede: Unbekannt. Zucht: Unbekannt. Besonderes: Kümmert in zu kleinen Becken durch Bewegungsmangel. Biotop: Über schlammigem, sandigem oder kiesigem Untergrund in oft trüben Flachwasserbereichen der Seitenarme größerer Fließgewässer im peruanischen Amazonien.

Knurrender Dornwels, *Amblydoras hancocki*
15 cm. Becken: 80 cm. Bereich: Unten. Wasser: pH 6–7,5; weich bis hart; 25–29 °C. Haltung: Teilweise Sand als Bodengrund, Verstecke. Nachtaktive, friedliche Art. Vergesellschaftungstip: Mindestens mittelgroße Zierfische. Futter: Kräftiges Lebend- und Trockenfutter; abends füttern. Geschlechtsunterschiede: Männchen am Bauch braun gesprenkelt. Zucht: Angeblich Nestbau der Männchen und Brutpflege. Biotop: Am Grund stehender oder leicht fließender Gewässer des Amazonas-Tieflandes. Ähnliche Arten: Streifendornwels (*Platydoras costatus*), 20 cm; Weißpunkt-Dornwels (*Agamyxis flavopictus*), 16 cm; Schokoladen-Dornwels (*Acanthodoras spinoissimus*), 15 cm.

Perlhuhnwels, *Synodontis angelicus*
Etwa 24 cm. Becken: 120 cm. Bereich: Unten. Wasser: pH 6–7,5; weich bis hart; 24–28 °C. Haltung: Becken mit vielen Wurzeln als Unterstand, freier Schwimmraum am Boden. Können untereinander unverträglich sein. Vergesellschaftungstip: Nicht zu kleine Fischarten (ab 6 cm). Futter: Mittleres Lebendfutter, Futtertabletten, pflanzliche Kost. Geschlechtsunterschiede: Unbekannt. Zucht: Unbekannt. Biotop: Unbekannt. Verbreitet im Einzugsgebiet des Zaïre in Zaïre und Südkamerun. Ähnliche Arten: *S. nigrita*, 12–18 cm; *S. schoutedeni*, 12–17 cm.

Rückenschwimmender Kongowels,
Synodontis nigriventris
10 cm. Becken: 80 cm. Bereich: Mitte, oben. Wasser: pH 6–7,5; weich bis mittelhart; 24–28 °C. Haltung: Becken mit reichlich Wurzeln, guter Bepflanzung. Im Trupp halten. Guter Gesellschaftsfisch. Futter: Vor allem Schwarze Mückenlarven, auch anderes Lebendfutter, Futtertabletten. Geschlechtsunterschiede: Weibchen bei Laichreife deutlich fülliger. Zucht: Vereinzelt gelungen. Wahrscheinlich wirkt Regenzeitimitation stimulierend. Anfüttern mit Artemia. Biotop: Häufige Art an den bewachsenen Ufern kleinerer und größerer Flüsse im Flußgebiet des Zaïre.

Kuckuckswels, *Synodontis petricola*
12 cm. Becken: 120 cm. Bereich: Unten. Wasser: pH 7,5–9; mittelhart bis hart; 25–27 °C. Haltung: Im Tanganyika-See-Becken, mit maulbrütenden Arten der Felsenzone (z. B. *Tropheus*). Kleinen Trupp pflegen. Futter: Lebend- und Trockenfutter. Geschlechtsunterschiede: Unbekannt. Zucht: Brutparasit mit »Kuckucksverhalten«: Während die Maulbrüter (Cichliden) ablaichen, laichen auch die Welse ab und mogeln ihre Eier zu den Maulbruteiern, die vom Maulbrüterweibchen aufgenommen werden. Die Welsbrut ernährt sich von den Cichlideneiern und verläßt das Maul später. Biotop: Felsenbiotope im Tanganyika-See.

Schwalbenschwanz-Schwimmwels,
Eutropiellus buffei
8 cm. Becken: 80 cm. Bereich: Mitte. Wasser: pH 6–7,5; weich bis hart; 24–27 °C. Haltung: Becken mit Strömung. Gute Wasserpflege wichtig. Tagaktiver, schwimmfreudiger Schwarmfisch. Guter Gesellschaftsfisch. Futter: Alle kleineren Futtersorten. Geschlechtsunterschiede: Weibchen fülliger. Zucht: Anregung der Laichreife durch Regenzeit-Imitation wahrscheinlich wichtig. Pflanzenlaicher, nicht brutpflegend. Anfüttern mit Artemia. Biotop: Ufer fließender Gewässer, häufig in Überschwemmungsbereichen, Nigeria. Ähnliche Art: *E. debauwi:*, unterscheidet sich u.a. durch gerundete Schwanzflossenspitzen von *E. buffei.*

Glaswels, *Kryptopterus minor*
7 cm. Becken: 80 cm. Bereich: Mitte. Wasser: pH 6–7,5; weich bis hart; 24–28 °C. Haltung: Becken mit dichter Randbepflanzung, Schwimmpflanzen, leichter Strömung. Gute Wasserpflege wichtig. Tagaktiver Schwarmfisch. Vergesellschaftungstip: Andere Welse, Schwarmfische. Futter: Kleines bis mittleres Lebendfutter; an Trockenfutter kaum zu gewöhnen. Geschlechtsunterschiede: Weibchen fülliger. Zucht: Bisher nur zufällig. Freilaicher über Pflanzen. Regenzeit-Imitation fördert Laichreife, es fehlt aber der Auslöser zum Ablaichen. Biotop: Südostasien, Sumatra, Borneo. Ähnliche Art: *K. bicirrhis*, wird größer.

Pflegetips für weitere Arten

Schlafanzugwels, *Ancistrus spec. aff. hoplogenys*
20 cm. Becken: 100 cm. Bereich: Substratgebunden. Wasser: pH 6–7; weich bis mittelhart; 25–28 °C. Becken mit Holzwurzeln, die große Löcher haben, in denen die Tiere ablaichen. Pflanzenkost zum Abraspeln wichtig.

Orangesaumwels L 18, *Baryancistrus spec.*
Etwa 30 cm. Becken: 120 cm. Bereich: Substratgebunden (unten). Wasser: pH 6–7,5; weich bis hart; 26–30 °C. Becken mit Wurzeln. Pflanzenkost zum Abraspeln wichtig.

Zebrawels, *Hypancistrus zebra*
Etwa 9 cm. Becken: 60 cm. Bereich: Unten. Wasser: pH 6–7,5; weich bis hart; 25–28 °C. Becken mit runden Kieseln, auch Holz. Tierische und pflanzliche Kost.

Flaggenschwanz-Panzerwels, *Corydoras robineae*
8 cm. Becken: 80 cm. Bereich: Unten, Mitte. Wasser: pH 6–7,5; weich bis mittelhart; 24–28 °C. Zucht möglich. Schnellwüchsige Brut.

Marmorierter Panzerwels, *Corydoras paleatus*
7 cm. Becken: 80 cm. Bereich: Unten. Wasser: pH 6,5–8; weich bis hart; 18–23 °C. Becken mit Sand und breitblättrigen Pflanzen. Futtertabletten und kleines Lebendfutter. Robust.

Brauner Schwielenwels, *Hoplosternum thoracatum*
18 cm. Becken: 100 cm. Bereich: Alle. Wasser: pH 6–7,5; weich bis hart; 25–30 °C. Ruhiger Fisch für Gesellschaftsbecken mit mittelgroßen Fischen. Schaumnestbauer.

Hummelwels, *Microglanis iheringi*
7 cm. Becken: 50 cm. Bereich: Unten. Wasser: pH 6–7,5; weich bis hart; 24–28 °C. Dunkle, dicht bepflanzte Becken. Mückenlarven und Tubifex, kleine Fische.

Siamesischer Ringelwels, *Leiocassis siamensis*
20 cm. Becken: 120 cm. Bereich: Unten. Wasser: pH 6–7,5; weich bis hart; 24–28 °C. Räuberische Art, nicht mit kleinen Zierfischen pflegen. Alle größeren Futtersorten.

Schulterfleck-Stachelwels, *Mystus micracanthus*
Etwa 10 cm. Becken: 100 cm. Bereich: Unten, Mitte. Wasser: pH 6–7; weich bis mittelhart; 26–29 °C. Gesellschaftsbecken mit mittelgroßen Fischen. Dunkle Einrichtung, Höhlenverstecke. Pflanzen.

Stromschnellen-Fiederbartwels
Synodontis brichardi
20 cm. Becken: 120 cm. Bereich: Unten. Wasser: pH 6–7,5; weich bis hart; 23–27 °C. Becken mit Strömung. Untereinander manchmal aggressiv.

Haiwelse, *Pangasius spec.*
Über 1 m. Becken: Ringbecken ab 6 000 l. Bereich: Mitte. Wasser: pH 6–7,5; weich bis hart; 25–29 °C. Wird trotz seiner Größe verkauft!
Haltung im Zimmeraquarium ist Tierquälerei.

14 Grundeln

Die meisten Grundel-Arten sind Seewasserfische, viele kommen aber auch in brackigen Flußmündungen und im Süßwasser vor.

Wissenswertes über Grundeln

Mit ungefähr 2000 Arten gehören Grundeln zu den artenreichsten Fischgruppen. Die beiden größten und bekanntesten Grundel-Familien sind die Schläfergrundeln (*Eleotrididae*) und die »echten« Grundeln (*Gobiidae*).

Kennzeichen: Der Körper der meisten Arten ist länglich und wenig seitlich abgeplattet. Gewöhnlich sind zwei Rückenflossen vorhanden. Die Bauchflossen der »echten« Grundeln sind in der Regel zu einer Saugscheibe zusammengewachsen, mit der sie sich an Steinen und anderen festen Substraten festhalten können. Die Schläfergrundeln besitzen getrennte Bauchflossen.

Haltung: Die meisten Grundeln lieben Versteckplätze. Je nach Art sind kleine Höhlen, Unterstände aus Steinen oder Holz oder Pflanzendickichte geeignet. Besonders gern werden von vielen Arten Röhren angenommen, die wenig mehr Innendurchmesser als ihr eigener Körperumfang haben. Als Laichplätze sind auch in den Bodengrund gedrückte Blumentopfstücke beliebt. Eine Schwimmpflanzendecke ist bei manchen scheuen Arten empfehlenswert. Die meisten Arten müssen Lebendfutter bekommen

Wasser: Obwohl manche Grundelarten auch in sehr weichem Wasser vorkommen, ist für die Pflege im Aquarium mittelhartes bis hartes Wasser mit neutralem bis alkalischem Charakter empfehlenswert. Bei Arten, die im Brackwasser vorkommen, ist ein Seesalzzusatz (etwa 30g auf 10l Wasser reichen meist aus) anzuraten.

Vergesellschaftung: Mit Fischen der mittleren und oberen Wasserregion lassen sich bodenlebende Grundeln meist problemlos vergesellschaften. Lebhafte Arten können Futterkonkurrenten sein, gegen die Grundeln sich nicht durchsetzen können. Andererseits sind manche Grundeln (vor allem Schläfergrundeln) sehr räuberisch und in der Lage, Fische von fast ihrer eigenen Länge zu verschlucken. Mit Fischen, die Reviere im Bodenbereich bilden (Cichliden, viele Welse) sollte man sie nicht vergesellschaften.

Verhalten: Als Revierbildner mit ausgeprägtem Brutpflegeverhalten durch den Vater zeigen Grundeln ein reiches Verhaltensrepertoire. Wenn man in größeren Becken mehrere Männchen der gleichen Art hält, kann man oft das Imponier- und Kampfverhalten beobachten. Damit es nicht zu ernsthaften Verletzungen kommt, müssen viele Versteckplätze vorhanden sein.

Hinweise für die Zucht: Die meisten Grundeln laichen in Höhlenverstecken. Die Brutpflege endet normalerweise mit dem Schlupf der Larven. Nur die Arten, die große Eier in geringer Stückzahl legen, lassen sich mit einfachen Mitteln züchten, da die Jungen sofort Artemia und andere, leicht zu beschaffende Futtermittel annehmen. Die Jungfische müssen getrennt von den Eltern aufgezogen werden. Am einfachsten ist es, wenn man das Gelege mitsamt dem Substrat, an dem es befestigt ist, kurz vor dem Schlupf der Jungen in ein Aufzuchtbecken überführt. Die Nachzucht der Arten mit freischwimmenden Larven ist bisher nur selten gelungen.

Schmetterlingsgrundel, *Euctenogobius badius*
10 cm. Becken: 80 cm. Bereich: Unten. Wasser: pH 6,5–8; mittelhart bis hart; 25–27 °C. Haltung: Becken mit Flußsand als Bodengrund, in dem die Tiere nach Nahrung suchen und graben. Jedes Tier braucht einen Versteckplatz. Vergesellschaftungstip: Keine robusten Fische. Futter: Feines Lebend- und Trockenfutter, das zu Boden sinkt. Geschlechtsunterschiede: Männchen mit größerem Maul. Zucht: Die Weibchen laichen in den Höhlen der Männchen ab. Aufzucht der winzigen Brut bisher noch nicht gelungen. Besonderes: Männchen kämpfen mit weit aufgerissenen Mäulern. Biotop: Flüsse auf der atlantischen Seite im nördlichen Südamerika, wahrscheinlich über Sandgrund.

Weißwangengrundel, *Rhinogobius wui*
5 cm. Becken: 40 cm. Bereich: Unten. Wasser: pH 6–7,5; mittelhart bis hart; 15–25 °C. Haltung: Becken mit etwas Strömung. Viele kleine Verstecke, um die die Männchen ihre kleinen Reviere aufbauen. Vergesellschaftungstip: Kleine, strömungsliebende Fische. Futter: Kleines Lebendfutter, kein Trockenfutter. Geschlechtsunterschiede: Männchen mit roten Querlinien auf den Kiemenhäuten, Körper und Flossen intensiver gefärbt. Zucht: Junge in getrennten Becken mit Artemia aufziehen. Biotop: Kleine Fließgewässer des Hügellandes von Südchina, Hongkong.

Wüstengrundel, *Chlamydogobius eremius*
6 cm. Becken: 40 cm. Bereich: Unten. Wasser: pH 7–8,5; mittelhart bis hart; 21–26 °C. Haltung: Becken mit vielen kleinen Höhlen am Boden. Ein Männchen mit mehreren Weibchen halten, in Becken ab 60 cm auch 2 Männchen. Vergesellschaftungstip: Kleine Fische des mittleren und oberen Bereichs. Futter: Lebend- und Trockenfutter, Fadenalgen. Geschlechtsunterschiede: Männchen größer, farbiger. Zucht: Junge in getrennten Becken mit Artemia und Trockenfutter aufziehen. Biotop: Verschiedene Biotope in der Nähe des Eyre-Sees und dessen Zuflüssen, Zentralaustralien.

Schwanzfleck-Schläfergrundel, *Tateurndina ocellicauda*
5 cm. Becken: 40 cm. Bereich: Unten, Mitte. Wasser: pH 6–7,5; weich bis mittelhart; 26–29 °C. Haltung: Gut bepflanzte Becken mit mehreren kleinen Höhlen. 1–2 Männchen mit mehreren Weibchen halten. Die Art hält sich auch gerne im freien Wasser auf. Futter: Kleines Lebend-, auch Trockenfutter. Geschlechtsunterschiede: Männchen mit längeren hinteren Strahlen in der zweiten Rücken- und Afterflosse. Zucht: Männchen pflegt die in der Höhle oder auf Substrat abgelaichten Eier und Larven. Junge in getrennten Becken mit Artemia aufziehen. Biotop: Klare, leicht fließende Gewässer mit starkem Pflanzenwuchs in Neuguinea.

Goldringelgrundel, *Brachygobius doriae*
4,5 cm. Becken: 40 cm. Bereich: Alle. Wasser: pH 7,5–8,5; mittelhart bis hart; 27–30 °C. Haltung: Becken ohne Strömung, kleine Bruthöhlen (Schneckenhäuser, kurze Rohrstückchen). 10 oder mehr Tiere halten. Vergesellschaftungstip: Nur kleine, friedliche Fische (z. B. andere kleine Grundeln, Glasbarsche). Futter: Wasserflöhe, Cyclops, Artemia und kleine Mückenlarven. Geschlechtsunterschiede: Weibchen fülliger. Zucht: Gelege in Aufzuchtbecken überführen. Anfüttern der Larven mit Rädertierchen. Biotop: Brackige Bereiche, oft mit Pflanzenwuchs, in dem sich die sonst freischwimmenden Tiere verstecken, westliches Indonesien.

Pflegetips für weitere Arten

Spitzkopfgrundel, *Butis butis*
15 cm. Becken: 80 cm. Bereich: Unten, Mitte. Wasser: pH 7–8; mittelhart bis hart; 25–28 °C. Räuberische Art, kräftiges Lebendfutter. Seesalzzusatz empfehlenswert.

Tüpfelgrundel, *Mogurnda mogurnda*
10–17 cm. Becken: 80 cm. Bereich: Unten, Mitte. Wasser: pH 6,5–8; mittelhart bis hart; 24–27 °C. Kräftiges Lebendfutter. Nicht mit kleinen Fischarten vergesellschaften.

Breitstreifengrundel, *Hemieleotris latifasciatus*
8–12 cm. Becken: 80 cm. Bereich: Unten, Mitte. Wasser: pH 6,5–7,5; weich bis hart; 25–28 °C. Friedliche Art, die sich gerne in dichte Bepflanzung zurückzieht.

Neongrundel, *Stiphodon elegans*
5 cm. Becken: 60 cm. Bereich: Unten. Wasser: pH 6,5–7,5; weich bis hart; 23–28 °C. Art mit blauen Neonstreifen. Braucht Strömung und Algenaufwuchs auf Steinen und Scheiben.

Rittergrundel, *Stigmatogobius sadanundio*
8 cm. Becken: 60 cm. Bereich: Unten, Mitte. Wasser: pH 7–8,5; mittelhart bis hart; 25–28 °C. Seesalzzusatz empfehlenswert.

15 Sonderlinge

Zu den Sonderlingen werden in diesem Buch alle Fischarten gezählt, die sich nicht in eine der vorherigen Großgruppen eingliedern lassen. Sie gehören zu den unterschiedlichsten, oft sehr kleinen Familien beziehungsweise Ordnungen.

Wissenswertes über Sonderlinge

Es lohnt sich, auch wenn sie nicht in den buntesten Farben schillern, den Sonderlingen Beachtung zu schenken. Viele von ihnen sind nämlich in ihrem Verhalten und Aussehen faszinierend »sonderbar«, dazu einige Beispiele:

Fische mit elektrischen Organen: Neuweltliche Messerfische, Messeraale (Ordnung *Gymnotiformes*) und Nilhechtverwandte (Ordnung *Mormyriformes*) besitzen schwach elektrische Organe und elektro-sensible Sinneszellen (Elektrorezeptoren). Mit den elektrischen Organen werden ständig schwache elektrische Impulse ausgesendet, die um den Fisch herum ein elektrisches Feld aufbauen. Gegenstände oder Lebewesen in diesem Feld verändern die Kennwerte des Feldes. Diese Veränderungen nimmt der Fisch mit seinen Elektrorezeptoren wahr, und er erkennt dadurch, was in seiner Umgebung vorgeht, auch wenn er nichts sehen kann. Messeraale und Nilhechte sind daher in der Lage, sich nachts oder in trübem Wasser zu orientieren und auf Nahrungssuche zu gehen.

Die Fische nutzen die elektrischen Organe jedoch nicht nur zum Wahrnehmen der Umgebung und zum Orten der Beute, sondern sie verständigen sich auch untereinander durch elektrische Impulse.

Im Aquarium werden in der Regel nur Arten gehalten, die schwache elektrische Impulse aussenden. Die schwache Elektrizität stört andere Fische nicht und ist auch für Menschen ungefährlich. Manche Fische aber, die allerdings nicht für Heimaquarien geeignet sind, können auch starke Stromschläge zum Beutefang austeilen, dazu gehört zum Beispiel der Zitteraal, der Stromstöße von über 500 Volt und mehr als 1 Ampere aussendet.

Urtümliche Fische: Zu den erdgeschichtlich ältesten Fischen, die im Aquarium gehalten werden können, zählen die Flösselhechte und Flösselaale (Ordnung *Polypteriformes*). Diese Fische existieren fast unverändert seit vielen Millionen Jahren. Ihre Larven haben – wie die Molchlarven – Außenkiemen, die sich nach einiger Zeit zurückbilden.

Räuber mit perfekter Tarnung: Dazu gehört der Blattfisch (*Monocirrhus polyacanthus*). Mit seiner bräunlichen Färbung sieht dieser räuberisch lebende Fisch wie ein abgestorbenes Blatt aus, wenn er mit dem Kopf nach unten schräg im Wasser steht und lauert oder sich langsam an seine Beute heranpirscht. Er macht Jagd auf kleine Fische, die er mit seinem im Verhältnis zu seiner Größe riesigen Maul regelrecht einsaugt.

Blaubarsche sind einzelgängerische, ruhige Fische, die man nicht vergesellschaften sollte. Sie sind zudem der Futterkonkurrenz in einem Gesellschaftsbecken nicht gewachsen.

Blaubarsch, *Badis badis*

7 cm. Becken: 50 cm. Bereich: Unten, Mitte. Wasser: pH 6–7,5; weich bis hart; 25–28 °C. Haltung: Dicht bepflanzte Becken mit Wurzeln und kleinen Höhlen. Einzelgängerische, ruhige Art, die der Futterkonkurrenz im Gesellschaftsbecken nicht gewachsen ist. Nicht vergesellschaften! Futter: Kleines Lebendfutter, Frostfutter wird nur nach Gewöhnung genommen. Geschlechtsunterschiede: Weibchen mit nach unten gerundetem Bauchprofil. Zucht: Eier und Larven werden vom Männchen nach der Eiablage allein in kleinen Höhlen gepflegt. Beim Freischwimmen der Jungen mit Artemia-Nauplien zufüttern. Besonderes: Vom Blaubarsch ist eine rote Unterart aus Burma beschrieben (*Badis badis burmanicus*), die zunehmend das Interesse der Aquarianer findet. Biotop: Stehende und langsam fließende, pflanzenreiche Gewässer, Indien. Hinweis: Die Familie der Blaubarsche steht verwandtschaftlich den Labyrinthfischen sehr nahe.

Bunter Schlangenkopffisch, *Channa orientalis*
15 cm. Becken: 80 cm. Bereich: Unten, Mitte. Wasser: pH 6–7,5; weich bis hart; 23–26 °C. Haltung: Versteckreiche, bepflanzte Becken mit leichter Strömung und diffuser Beleuchtung. Paarweise halten. Vergesellschaftungstip: Andere ruhige große Fische, aber nur, solange keine Brutpflege betrieben wird, denn dann sind die Eltern äußerst aggressiv. Futter: Kräftiges Lebendfutter. Geschlechtsunterschiede: Weibchen fülliger. Zucht: Maulbrüter im männlichen Geschlecht, die eine feste Paarbindung eingehen. Die freischwimmenden Jungfische werden von der Mutter mit unbefruchteten Eiern gefüttert, bis sie einige Zentimeter groß sind. Anfüttern mit kleinem Lebendfutter. Biotop: In den schneller strömenden Bereichen kleiner Urwaldbäche auf Sri Lanka. Ähnliche Art: *C. gachua*, hat im Gegensatz zu *C. orientalis* Bauchflossen, füttert ihre zahlreichen Jungen nicht. Diese Art lebt in den langsamer strömenden Bereichen der gleichen Flußläufe (eher flußabwärts). Hinweis: Ein Beispiel für die Anpassung an den Lebensraum ist die spezielle Fütterung der Larven bei *C. orientalis*. Dies ist wahrscheinlich darauf zurückzuführen, daß für die Jungfische in ihrem Biotop nicht genügend Nahrung vorhanden ist. Die Eltern dagegen kommen durch Fressen großer Insektenlarven und kleiner Fische besser über die Runden und können so Nahrungsreserven abzweigen, indem sie die »Nahrungseier« für ihre Brut produzieren.

Blattfisch, *Monocirrhus polyacanthus*
10 cm. Becken: 60 cm. Bereich: Mitte. Wasser: pH 5–6,5; weich; 26–29 °C. Haltung: Großblättrige Pflanzen, Wurzeln, dunkler Bodengrund. Verstecke für unterdrückte Weibchen bei paarweiser Haltung in kleinem Becken. Keine Vergesellschaftung. Futter: Mückenlarven, kleine Fische. Kein Trockenfutter. Geschlechtsunterschiede: Weibchen mit Laichansatz etwas fülliger. Zucht: Männchen pflegt die auf einem Blatt abgelaichten Eier. Anfüttern mit Artemia. Biotop: Ufervegetation in langsam fließenden oder stehenden Gewässern, Amazonien.

Glasbarsch, *Chanda ranga*
5 cm. Becken: 50 cm. Bereich: Mitte. Wasser: pH 7–8,5; mittelhart bis hart; 24–28 °C. Haltung: Dunkel gehaltene Becken mit dichtem, feinfiedrigem Pflanzenwuchs. Kein Moorkienholz. Schwarmfisch. Vergesellschaftungstip: Nur kleine, zarte Fische. Futter: Wasserflöhe, Cyclops, Artemia. Geschlechtsunterschiede: Männchen zur Laichzeit dunkel gefärbt mit blau irisierenden After- und Rückenflossenrändern. Zucht: Männchen bilden zur Laichzeit kleine Reviere aus. Abgelaicht wird an Pflanzen. Schlüpfende Junge mit sehr kleinem Lebendfutter (Cyclops-Nauplien) anfüttern, große Futtertierdichte sehr wichtig. Biotop: Süß- und Brackwasserbereiche, Südostasien.

Flösselaal, *Calamoichthys calabaricus*
30 (90?) cm. Becken: 100 cm. Bereich: Unten. Wasser: pH 6–7,5; weich bis hart; 26–30 °C. Haltung: Dicht abgeschlossene Becken, da die schlangenartigen Tiere leicht entweichen. Dichte Bepflanzung, Verstecke aus Wurzeln. 2 bis 5 Tiere halten. Vergesellschaftungstip: Nur mittelgroße bis große Fische, aber keine Großcichliden. Futter: Kräftiges Lebendfutter, in Streifen geschnittenes Fischfleisch. Geschlechtsunterschiede: Männchen mit größerer, olivfarbener Afterflosse; die des Weibchens ist ockerfarben. Zucht: Unbekannt. Biotop: Sumpfige, verkrautete Gewässer im Nigerdelta.

Grauer Flösselhecht, *Polypterus senegalus*
30 cm. Becken: 120 cm. Bereich: Unten. Wasser: pH 6–7,5; weich bis hart; 26–29 °C. Haltung: Versteckplätze im Beckenhintergrund. Haltung zu mehren möglich, am besten paarweise. Die Fische können sehr zutraulich werden. Vergesellschaftungstip: Nur mittelgroße Fische. Futter: Kräftiges Lebendfutter, auch in Streifen geschnittenes Fischfleisch. Geschlechtsunterschiede: Afterflosse des Männchens breiter. Zucht: Nach Anregung durch Wasserwechsel mit einige Grad kühlerem Wasser kommt es zum Ablaichen. Die verstreuten Eier absammeln, in Aufzuchtbecken überführen. Anfüttern mit Artemia, bald größeres Futter. Die Jungfische tragen Außenkiemen. Biotop: Sumpfige, verkrautete Gewässer in West- und Zentralafrika. Ähnliche Art: Schönflossenflösselhecht (*P. ornatipinnis*), 45 cm. Hinweis: Flösselhechte (Ordnung *Polypteriformes*), die nur in Afrika vorkommen, sind eine der ältesten Fischgruppen. Sie existieren unverändert seit vielen Millionen Jahren. Flösselhechte können sehr gut riechen. Mit leicht erhobenem Kopf »wittern« sie, wenn Futtergerüche im Becken sind, die Fische das Futter aber noch nicht geortet haben.

In seiner Heimat ist der Feueraal, der bis etwa 1 m groß wird, ein Speisefisch. Da diese großen Tiere im Aquarium untereinander aggressiv sind, hält man besser nur ein Tier, das man aber mit großen, großflächigen Fischen vergesellschaften kann, wie z. B. Scheibensalmler.

Feuerstachelaal, *Mastacembelus erythrotaenia*
Bis etwa 1 m. Becken: 120 cm. Bereich: Unten. Wasser: pH 6–7,5; weich bis hart; 24–28 °C. Haltung: Dunkle Becken mit weichem Bodengrund, dichtem Pflanzenwuchs und Versteckplätzen, am besten aus Tonröhren. Empfindlich gegen Außenparasiten. Vergesellschaftungstip: Scheibensalmler; nicht mit kleinen, schlanken Fischen. Futter: Kräftiges Lebendfutter, Fischfleisch, kleine tote Tiere. Geschlechtsunterschiede: Unbekannt. Zucht: Unbekannt. Biotop: Fließende Gewässer, oft mit dichten Pflanzenpolstern und/oder weichem Bodengrund Südostasiens. Ähnliche Arten: Der Pfauenaugenstachelaal (*Macrognathus spec.*) und eine kleine *Mastacembelus*-Art wurden schon gezüchtet. Es sind Pflanzenlaicher, die in Schwimmpflanzenpolstern ablaichen, z. B. in Schwimmendem Hornfarn (*Ceratopteris pteridoides*) oder Teichlebermoos (*Riccia fluitans*). Mehrere Männchen bemühen sich um ein Weibchen. Die Eier sind über 1 mm groß. Angefüttert wird mit Artemia und kleinen Cyclops. Die Jungen wachsen schnell. Die Brut darf nicht überfüttert werden, da die Jungfische eingehen, wenn sie sich überfressen.

Bei der Balz und beim Ablaichen stimmen die Grünen Messerfische spezielle »elektrische« Gesänge an. Mit Hilfe eines Verstärkers, eines Lautsprechers und zwei Elektroden kann man diese »Gesänge« hörbar machen.

Gestreifter Grüner Messerfisch, *Eigenmannia lineata*
Etwa 25 cm. Becken: 120 cm. Bereich: Mitte, oben. Wasser: pH 6–7,5; weich bis hart; 25–29 °C. Haltung: Schwimmpflanzendecke, am besten aus Muschelblumen. Kleinen Trupp aus 4–5 Tieren halten, am besten ein Männchen und 3–4 Weibchen. Im Gegensatz zu anderen Messerfischen tagaktiv. Vergesellschaftungstip: Nur Fische der Bodenzone oder friedliche Schwarmfische, die nicht an Flossen zupfen. Futter: Mückenlarven. Geschlechtsunterschiede: Männchen größer, dickerer Schwanzstiel. Zucht: Anregung der Laichreife durch Regenzeit-Imitation mit weichem Wasser (Kirschbaum-Methode). Laichreife Weibchen laichen im Wurzeldickicht »ihrer« Schwimmpflanze ab. Die Eier absammeln, in Aufzuchtbecken überführen. Anfüttern mit Artemia. Biotop: Unter Schwimmpflanzenwiesen im tropischen Südamerika. Ähnliche Arten: Andere *Eigenmannia*-Arten, die größer werden. *Eigenmannia*-Arten sind schwer auseinanderzuhalten; es werden verschiedene Arten importiert. Hinweis: Das Bild zeigt einen Jungfisch.

Schmetterlingsfisch, *Pantodon buchholzi*
10 cm. Becken: 80 cm. Bereich: Oben. Wasser: pH 6–7,5; weich bis hart; 27–30 °C. Haltung: Dunkel gehaltene Becken, teilweise mit Schwimmpflanzen abgedeckt. Das Becken gut abdecken, weil die Fische springen; zwischen Deckscheibe und Wasserspiegel 10–20 cm Platz lassen. Vergesellschaftungstip: Fische des unteren Bereichs; nicht mit Flossenzupfern. Futter: Größere Insekten, auch Fischbrut. Kein Trockenfutter. Geschlechtsunterschiede: Männchen mit eingebuchteter Afterflosse. Zucht: Laichen unter der Wasseroberfläche ab. Die schwimmenden Eier abschöpfen, in Aufzuchtbecken überführen. Anfüttern mit Artemia. Leichte Wasserbewegung durch Ausströmer wichtig, damit immer genügend Artemia in Oberflächennähe kommen, wo sich die Brut aufhält. Flacher Wasserstand in Aufzuchtbecken aus gleichem Grund. Besonderes: Den Namen trägt dieser Fisch wegen seiner Flossen, die wie Schmetterlingsflügel aussehen. Die breiten Brustflossen, die Mottenflügeln ähnlich sehen, dienen als Tragfläche bei kurzen Ausflügen über Wasser. Biotop: Stehende und langsam fließende Gewässer mit dichtem Uferbewuchs, wo die Tiere unter der Oberfläche auf Insektenfang gehen, West- und Zentralafrika.

Afrikanischer Brauner Messerfisch, *Xenomystus nigri*
20–30 cm. Becken: 100 cm. Bereich: Unten, Mitte. Wasser: pH 6–7,5; weich bis hart; 26–29 °C. Haltung: Versteckplatz für jedes Tier (z.B. Tonröhre). Einzeln in 100-cm-Becken, ab 120 cm paarweise. Untereinander aggressiv, Paare ausgenommen. Futter: Kräftiges Lebendfutter, auch Futtertabletten. Geschlechtsunterschiede: Weibchen mit stärker gerundetem Bauch. Zucht: Laicht in Löcher und Spalten ab. Eier in Aufzuchtbecken überführen. Anfüttern mit Artemia. Besonderes: Bei der Balz werden bellende Laute abgegeben. Biotop: Stehende und langsam fließende Gewässer in West- und Zentral-Afrika.

Der auffallende Rüssel, der als Tastorgan dient, gab dem Elefanten-Rüsselfisch seinen Namen. Die Fische sind sehr intelligent und stellen hohe Ansprüche an die Pflege. Leider hat sich gezeigt, daß diese sensiblen Tiere häufig falsch gepflegt werden, deshalb sollten sie nur von sehr erfahrenen Aquarianern gehalten werden.

Elefanten-Rüsselfisch, *Gnathonemus petersi*
23 cm. Becken: 100 cm. Bereich: Unten, Mitte. Wasser: pH 6–7,5; weich bis hart; 24–27 °C. Haltung: Becken mit Verstecken aus Tonröhren, Unterständen aus Holz oder Steinen für jedes Tier. In 100-cm-Becken nur 1 Tier pflegen. Erst in Becken ab 150 cm kann man 3 Tiere halten, da sie ihre Reviere sehr aggressiv gegen Artgenossen verteidigen. Nachtaktive Art. Vergesellschaftungstip: Kleine bis mittelgroße Arten, keine Cichliden! Futter: Mückenlarven, gewässerte Tubifex. Nach Abschalten der Beleuchtung füttern, sonst verhungern die nachtaktiven Tiere wegen der Futterkonkurrenz. Geschlechtsunterschiede: Unbekannt. Zucht: Unbekannt. Besonderes: Nilhechte nutzen wie Messeraale schwache Elektrizität zur Kommunikation und Orientierung. Biotop: Fließende Gewässer mit Holzeinlagerungen von Nigeria bis Kamerun. Ähnliche Art: Tamandua-Nilhecht (*Campylomormyrus tamandua*), etwa 40 cm. Hinweis: In Wasserämtern wird der Elefanten-Rüsselfisch bei der Beurteilung der Trinkwasserqualität eingesetzt: Seine elektrischen Entladungen verändern sich, wenn die Wasserqualität sich verschlechtert. Er reagiert feiner als viele chemische Meßmethoden.

Grüner Kugelfisch, *Tetraodon nigroviridis*
20 cm. Becken: 100 cm. Bereich: Unten, Mitte. Wasser: pH 7,5–8,5; mittelhart bis hart; 24–28 °C. Haltung: Verstecke aus Steinen und Wurzeln, robuste Pflanzen. Oft bissig. Am besten einzeln halten. Salzzusatz (2 Teelöffel Kochsalz pro Liter) empfehlenswert. Vergesellschaftungstip: Nur robuste, größere Fische. Futter: Kräftiges Lebendfutter, guter Schneckenvertilger. Geschlechtsunterschiede: Unbekannt. Zucht: Unbekannt. Besonderes: Wird meist fälschlicherweise als *T. fluviatilis* bezeichnet. Biotop: Küstennahe Gebiete, Indonesien. Ähnliche Art: *T. biocellatus*, 6 cm, leichter zu vergesellschaften.

Pflegetips für weitere Arten

Weißstirn-Messerfisch, *Apteronotus albifrons*
Etwa 25 cm. Becken: 100 cm. Bereich: Unten, Mitte. Wasser: pH 6–7,5; weich bis hart; 25–28 °C. Jedes Tier braucht sein Versteck, am besten Tonröhren.

Rundnasen-Nilhecht, *Pollimyrus isidori*
Etwa 8 cm. Becken: 80 cm. Bereich: Unten, Mitte. Wasser: pH 6–7,5; weich bis hart; 25–28 °C. Nur Lebend- oder Frostfutter. Kann mit »Kirschbaum-Methode«, Regenzeit-Imitation, zum Nestbau und Ablaichen gebracht werden. Untereinander aggressiv.

Martens Süßwassernadel, *Doryichthys martensi*
13 cm. Becken: 40 cm. Bereich: Unten, Mitte. Wasser: pH 6–7,5; weich bis hart; 26–29 °C. Wie alle Süßwassernadeln nur unter sich in dicht bepflanzten Becken halten. Fütterung nur mit kleinem Lebendfutter wie Artemia.

Kammkugelfisch, *Carinotretraodon lorteti*
6 cm. Becken: 50 cm. Bereich: Unten, Mitte. Wasser: pH 6–6,5; weich bis mittelhart; 24–28 °C. Sandiger Boden mit einem Stein, feinfiedrige Pflanzen. Keine Vergesellschaftung. Untereinander und gegen artfremde Fische aggressiv.

Tausend-Dollar-Fisch, *Notopterus chitala*
100 cm. Becken: 250 cm. Bereich: Unten, Mitte. Wasser: pH 6–7,5; weich bis hart; 24–28 °C. Räuber.

Arten- und Sachregister

Die **halbfett** gesetzten Seitenzahlen verweisen auf Farbfotos und Zeichnungen. U = Umschlagseite, Kl = Klappe.

Im Register wurden auch Bezeichnungen für Fische aufgenommen, die heute in der Aquaristik nicht mehr gültig sind, aber früher geläufig waren. Auf die aktuelle Namensgebung dieser Fische wird verwiesen.

Literatur

Bücher

Falls eines der genannten Bücher im Buchhandel nicht mehr erhältlich ist, können Sie es sicherlich in Bibliotheken finden.

Greger, B.: *Aquarienpflanzen*. Kosmos Verlag, Stuttgart
Hermann, H.-J.: *Die Buntbarsche der Alten Welt: Tanganyika-See*. Eugen Ulmer Verlag, Stuttgart
Hieronimus, H.: *Welse*. Eugen Ulmer Verlag, Stuttgart
Konings, A.: *Malawi-Cichliden. Verduijn Cichlids & Lake Fish Movies*. Zevenhuizen (Holland) u. Herten
Konings, A.: *Tanganyika-Cichliden. Verduijn Cichlids & Lake Fish Movies* Zevenhuizen (Holland) u. Herten
Koslowski, I.: *Die Buntbarsche der Neuen Welt: Zwergcichliden*. Eugen Ulmer Verlag, Stuttgart
Krause, H.-J.: *Wasser für unser Aquarium*. Kosmos Verlag, Stuttgart
Linke, H.: *Labyrinthfische*. Tetra Verlag, Melle
Pinter, H.: *Handbuch der Aquarienfischzucht*. Eugen Ulmer Verlag, Stuttgart
Pinter, H.: *Labyrinthfische, Schlangenköpfe und Hechtköpfe*. Eugen Ulmer Verlag, Stuttgart
Pinter, H.: *Salmler*. Eugen Ulmer Verlag, Stuttgart
Riehl, R.; Baensch, H.: *Aquarien-Atlas, Band 1-3*. Mergus Verlag, Melle
Scheuermann, I.: *Aquarienfische züchten*. Gräfe und Unzer Verlag, München
Scheuermann, I.: *Pflanzen fürs Aquarium*. Gräfe und Unzer Verlag, München
Scott, P. W.: *Lebendgebärende Fische*. Tetra Verlag, Melle
Stawikowski, R.; Werner, U.: *Die Buntbarsche der Neuen Welt: Mittelamerika*. Eugen Ulmer Verlag, Stuttgart
Stawikowski, R.; Werner, U.: *Die Buntbarsche der Neuen Welt: Südamerika*. Eugen Ulmer Verlag, Stuttgart
Untergasser, D.: *Krankheiten der Aquarienfische*. Kosmos Verlag, Stuttgart
Wit, H. C. D., de: *Aquarienpflanzen*. Eugen Ulmer Verlag, Stuttgart.
Zurlo, G.: *Buntbarsche /Cichliden*. Gräfe und Unzer Verlag, München

Zeitschriften

Aquarium heute. Aquadocumenta Verlag, Bielefeld
Das Aquarium. Birgit Schmettkamp Verlag, Bornheim
DATZ. Aquarien Terrarien. Eugen Ulmer Verlag, Stuttgart
TI. Tetra Werke, Melle

Wissenschaftliche Literatur

Für Aquarianer mit Englischkenntnissen gibt es wissenschaftliche Literatur, vor allem aber Zeitschriften, die – wie auch die *DATZ* – Neubeschreibungen von Fischen, aber auch Arbeiten, die sich mit anderen Aspekten der Fischbiologie beschäftigen, veröffentlichen. Für den Aquarianer besonders interessant: Ökologische und verhaltenskundliche Arbeiten. In den großen wissenschaftlichen Bibliotheken findet man die gesuchten Zeitschriften im Zeitschriftenkatalog unter dem Titel und dem Jahrgang.
Einige für Aquarianer wichtige Zeitschriften:
Copeia; Environmental Biology Fishes (Abkürzung: Env.Biol.Fish.); Ichthyological Exploration of Freshwaters (Abkürzung: Ichth.Expl.Freshw.); Journal of Fish Biology (Abkürzung: J.Fish.Biol.).

Adressen

Bundesrepublik Deutschland

Bundesverband für fachgerechten Natur- und Artenschutz e.V. (BNA), 76707 Hambrücken.

Hinweis: Dachverband der Vereine und Verbände der privaten Tierhalter. Vertritt deren Interessen v.a. bei Belangen der Artenschutzgesetzgebung.

Deutsche Cichliden-Gesellschaft (DCG) e.V., Winfried Poesdorf, Parkstr. 21a, 33719 Bielefeld

Deutsche Gesellschaft für Lebendgebärende Zahnkarpfen e.V., Geschäftsführer: Bernd Poßeckert, Langhansstr. 96, 13086 Berlin

Deutsche Killifisch Gemeinschaft (DKG) e.V., Markus Thun, Kolpingplatz 55, 44805 Bochum

Verband Deutscher Vereine für Aquarien- und Terrarienkunde (VDA) e.V., Geschäftsstelle: Hans und Ingrid Stiller, Luxemburger Straße 16, 44789 Bochum

Hinweis: VDA gibt Auskunft über aktuelle Adressen von Aquarienverbänden in Ihrem Wohnbereich, hilft weiter bei Vermittlung von Kontakten (z.B. Hilfe bei Fischkrankheiten, Beschaffung von seltenen Fischen).

Österreich

Österreichischer Verband für Vivaristik und Ökologie, Landesverband Niederösterreich, Richard Pfister, Langenlebarnerstr. 50, A-3430 Tulln

Niederlande

Internationale Gesellschaft für Regenbogenfische (IRG) e.V., Herrn Heemskerk, Dr. Irenestraat 6, NL-4241 AR Arkel

Nederlandse Bond "Aqua Terra" (NBAT), Administratie: Havenstraat 83, NL-1211 KH Hilversum

Belgien

Belgische Bond voor Aquarium- en Terrariumkunde V.Z.W., Ledenaministratie: L. Vermeir, Egmont & Hoornstraat 36, B-1840 Londerzeel

Schweiz

Redaktion "aquaria", Schweizerische Fachzeitschrift für Aquaristik und Terraristik, Birkenhalde Verlag, An der Mattenbachstr. 2, CH-8411 Winterthur

Hinweis:

Adressen der Vereine und ihrer Vorsitzenden sowie Nachrichten aus diesen Vereinen veröffentlicht regelmäßig die *DATZ, Aquarien Terrarien*, das Organ des Verbandes Deutscher Vereine für Aquarien- und Terrarienkunde (VDA). Die Adresse Ihres Ortsvereins erfahren Sie bei Ihrem Zoofachhändler.

Die Fotografen

Büscher: Seite 11, 32, 34 o., u., 51 o., 115 u., 130 u.; Elias: Seite 12, 13, 52, 53; Ettrich: Seite 73, 147 o.; Hartl: Seite 99 o., 148 u.; Hellner: Seite 93 r. o., 101 o., 103 l. u.; Hieronimus: Seite 1 re. m., 147 u.; Horsthemke: Seite 144 o., 145 u.; Kahl: Seite U2 Klappe r. o., 2/3, 6/7, 23, 25, 30, 31, 48/49, 76 o., 77 li. u., 78 li. o., 84 li. u., 85, 90 u., 91 o., 93 li. o., 108 re. o., u., 129 u., 136 o., 141 re. u., 158/159, 160, U3, U3 Klappe, U4 re. o.; Linke: Seite U2 li. m., 1 re. o., 9, 19, 75 re. o., 83 re. o., li. u., 88 u., 94, 95 li. o., re. o., 96 li. o., 97 o., 98 li. u., 106 o., li. u., 107 li. o., re. o., 109 u., 112 o., 121, 122 u., 123 li. u., 130 o., 136 re. u., U4 re. u.; Meyer: Seite 96 re. o., 98 re. u.; Nieuwenhuizen: Seite U1, U1 Klappe, U2 Klappe li. o., 1 li. o., li. m., 20 re. o., 36 li. o., 41, 70/71, 74 o., 75 li. o., re. u., 76 li. u., 77 li. o., re. o., 79 li. o., li. u., 80, 81, 82, 83 li. o., 84 li. o., re. o., re. u., 87, 89 re. o., 92, 95 u., 96 u., 97 li. u., 99 u., 101 re. u., 102 u., 103 li. o., re. u., 106 re. u., 107 re. u., 108 li. o., 109 o., 117 o., 118 li. o., 120, 131 li. o., 132, 135, 136 li. u., 137, 138 o., 139 re. o., u., 140 u., 141 li. u., 142 li. u., 143 o., 145 li. o., re. o., 146, 149 u., U4 li. o., li. m., U4 Klappe; Reinhard: Seite 83 re. u., 90 o., 93 u., 127 re. o., 142 re. o., 149 o., 150, 151, U4 li. u.; Rösler: Seite U2 Klappe li. u., 100 o., 107 li. u., 122 o.; Scheinert: Seite 44; Schliewen: Seite 35 u., 43 u.; Schmelzer: Seite 113 o., 115 o.; Schraml: Seite 75 li. u., 88 li. o., 97 re. u., 114 o., 123 re.u., 124 o.; Seegers: Seite 76 re. u., 79 re. u., 89 li. o., li. u., 100 u., 101 li.u., 102 li. o., re. o., 103 re. o., 104 u.; Sommer: Seite U2 Klappe li. mi., 1 u., 51 u., 104 o., 105, 140 o., 141 o., 148 li. o.; Spreinat: Seite U2 re. o., U2 Klappe re. m., 33, 37, 39, 57, 58 re., 74 u., 86, 88 re. o., 111, 112 u., 113 u., 117 u., 118 re. o., 119 re., 133 o., 142 re. u.; Staeck: Seite 36 re., 114 li. u., re. u., 116, 118 re. u., 124 u., 129 o., Stawikowski: Seite U2 li. u., re. m., U2 Klappe re. u., 15, 35 o., 40, 43 o., 118 li. u., 119 li., 123 o., 125 li. u., re. u., 126 u., 128, 131 re. o., u.; Werner: Seite 4/5, 20 li. o., m. o., m. u., re. u., 58 li., 59, 77 re. u., 78 re. o., u., 79 re. o., 91 li. u., re. u., 98 li. o., re. o., 125 o., 126 o., 127 li. o., u., 133 u., 134, 138 u., 139 li. o., 142 li. o., 143 u., 144 u., 148 re. o.

Die Fotos auf dem Umschlag

Umschlagvorderseite: Diskusfisch, *Symphysodon aequifasciata*
Umschlagrückseite: Kleiner Kampffisch, *Betta imbellis* (oben links); Gemeines Hornkraut, *Ceratophyllum demersum* (oben rechts); Papageienplaty-Zuchtform, *Xiphophorus variatus* (Mitte links); Fiederbartwels, *Synodontis spec.* (unten links); Feuermaul-Buntbarsch, *Thorichthys meeki* (unten rechts)

Hinweis und Warnung

In diesem Buch sind elektrische Geräte für die Aquarienpflege beschrieben. Beachten Sie unbedingt die Hinweise auf Seite 20, da andernfalls schwerwiegende Unfälle passieren können.
Prüfen Sie vor der Anschaffung eines großen Aquariums die Belastbarkeit des Fußbodens in Ihrer Wohnung an dem vorgesehenen Standort (→ Seite 18).
Wasserschäden durch Glasbruch, Überlaufen oder Leckwerden des Beckens können nicht immer vermieden werden. Schließen Sie daher unbedingt eine Versicherung ab (→ Seite 18).
Achten Sie streng darauf, daß Kinder oder auch Erwachsene Aquarienpflanzen nicht essen. Es können erhebliche gesundheitliche Störungen eintreten.
Fischmedikamente und andere Mittel zur Krankheitsbehandlung sind vor Kindern zu sichern.
Ätzende Chemikalien dürfen nicht mit Augen, Haut oder Schleimhäuten in Berührung kommen. Im Falle ansteckender Fischkrankheiten (z.B. Fischtuberkulose) infizierte Fische nicht mit bloßen Händen anfassen oder ins Becken greifen.
Man kann sich am Unteraugenstachel von Schmerlen und an den Flossenstacheln einiger Welsarten verletzen. Da diese Stichverletzungen allergische Reaktionen auslösen können, muß unbedingt sofort zum Arzt gegangen werden.

Der Autor

Ulrich Schliewen, leidenschaftlicher Aquarianer seit frühester Kindheit, Studium Biologie mit Schwerpunkt Zoologie, Universität München, intensive Kontakte zum Max-Planck-Institut für Verhaltensphysiologie sowie zur Zoologischen Staatssammlung München, ichthyologische Studienreisen nach Südamerika, Zentralafrika und Südostasien um Fische in ihrem natürlichen Lebensraum kennenzulernen. Redaktionsmitglied von DCG-Info (Deutsche Cichliden Gesellschaft), Fachbeiträge in Aquarienzeitschriften.

Lektorat: Andrea Hennis, Mirjam Baumann
Herstellung: Johannes Schmidt-Thomé
Layout: Christine Paxmann
Zeichnungen: Heiner O. Neuendorf
Umschlaggestaltung: Heinz Kraxenberger
Satz: Typo-Data
Reproduktion: Czech
Druck: Stürtz AG, Würzburg
Bindung: Stürtz AG, Würzburg

ISBN: 3-7742-1555-3

Auflage 5. 4. 3. 2. 1.
Jahr 04 03 02 01 00

Üppig bepflanztes Aquarium, in dem nur wenige Fische leben.

Pflanzen fürs Aquarium

Großes Fettblatt

Gemeines Hornkraut

Haertel's Wasserkelch

Großer Wasserfreund

Pflanzen fürs Aquarium

Genoppter Wasserkelch

Amazonas-Schwertpflanze

Zierliche Kognakpflanze

Blüte einer Cryptocoryne

Schöne Aquarienpflanzen

Pflanzen verschönern ein Aquarium, erfüllen aber auch wichtige Aufgaben, so zum Beispiel als Schadstoffminderer.
Damit sie gut gedeihen, muß man sie richtig pflegen. Worauf es bei der Pflege von Aquarienpflanzen ankommt, erfahren Sie auf den Seiten 26 bis 29.